W0393004

# LE THÉÂTRE

*Dans la même collection*

L'AUTEUR, textes choisis et présentés par Alain Brunn.

LE COMIQUE, textes choisis et présentés par Véronique Sternberg.

LE FANTASTIQUE, textes choisis et présentés par Michel Viegnes.

LA FICTION, textes choisis et présentés par Christine Montalbetti.

LES GENRES LITTÉRAIRES, textes choisis et présentés par Marielle Macé.

L'INTERTEXTUALITÉ, textes choisis et présentés par Sophie Rabau.

LE LECTEUR, textes choisis et présentés par Nathalie Piégay-Gros.

LA MIMÉSIS, textes choisis et présentés par Alexandre Gefen.

LA POÉSIE, textes choisis et présentés par Hugues Marchal.

LE PERSONNAGE, textes choisis et présentés par Christine Montalbetti.

LE ROMAN, textes choisis et présentés par Nathalie Piégay-Gros.

LE STYLE, textes choisis et présentés par Christine Noille-Clauzade.

LE TRAGIQUE, textes choisis et présentés par Marc Escola.

*Cet ouvrage est publié sous la direction de Marc Escola.*

# LE THÉÂTRE

INTRODUCTION

CHOIX DE TEXTES

COMMENTAIRES

VADE-MECUM

ET BIBLIOGRAPHIE

par

Bénédicte Louvat-Molozay

GF CORPUS

GF Flammarion

© Éditions Flammarion, Paris, 2007.
ISBN : 978-2-0807-3077-0

## SOMMAIRE

INTRODUCTION 11

I

LA THÉÂTRALITÉ

I. CRAIG 51
L'art du théâtre de demain

II. BARTHES 55
Théâtralité du théâtre
et théâtralité hors théâtre

III. GUÉNOUN 60
Le « devenir-théâtre »

IV. CALDERÓN 65
*Theatrum mundi*

II

*MIMÈSIS* ET ILLUSION THÉÂTRALE

V. HUGO 75
Le drame comme
miroir concentrique

VI. ARISTOTE 79
L'action de représenter
des actions

VII. MOLIÈRE 83
Le portrait incarné du siècle

VIII. D'AUBIGNAC 88
L'envers et l'endroit
de la scène

IX. GENET 92
La figuration intermittente
du réel

X. FLAUBERT 95
Le théâtre vu
depuis le roman :
illusion théâtrale
et bovarysme

XI. MARMONTEL 101
Jouir de la nature
et de l'art

XII. STENDHAL 108
La relativité
de l'illusion théâtrale

XIII. BRECHT 111
L'effet de distanciation

## III
## Les genres du théâtre

XIV. MAIRET 119
La tragédie et la comédie,
deux genres symétriques

XV. CORNEILLE 122
Tragédie et comédie héroïque

XVI. DIDEROT 124
Bornes et pentes
du genre sérieux

XVII. BEAUMARCHAIS 131
La pluralité générique

XVIII. SHAKESPEARE 137
L'interpolation comique

XIX. KOLTÈS 143
La permanence
des schèmes tragiques

XX. CRÉBILLON FILS 146
Frontières du dialogue

## IV
## Le langage dramatique

XXI. D'AUBIGNAC 153
Parler, c'est agir

XXII. RACINE 155
Exposition
et double énonciation

XXIII. JARRY 160
Néologisme et déréalisation

XXIV. [ANONYME] 162
Le langage en folie
de la farce

XXV. MARIVAUX 167
La langue du cœur

## V
## Le texte et la scène

XXVI. [ANONYME] /
MOLIÈRE 173
L'école des Italiens

XXVII. BECKETT 180
Polyvalence
de l'écriture didascalique

XXVIII. JOUVET 184
La respiration du texte

XXIX. VITEZ 186
La mise en scène
des classiques

XXX. NOVARINA 190
Danser dans le texte

XXXI. ARTAUD 193
Le paradigme
extrême-oriental

## VI
## Le théâtre et la cité

XXXII. SOPHOCLE 199
Tragédie et droit de la cité

XXXIII. MUSSET 202
La parole collective

XXXIV. CORNEILLE 206
Politique et tragédie

XXXV. SARTRE 213
Un théâtre de situations politiques

XXXVI. ROUSSEAU 217
La fête citoyenne

—

VADE-MECUM 225

—

BIBLIOGRAPHIE 247

# INTRODUCTION

À l'orée du XXIe siècle, les frontières du théâtre ne se situent plus à l'intérieur du champ relativement clos des éléments qui, depuis des millénaires, composent le spectacle théâtral, mais aux marges de ce champ, dans la relation avec les arts frères et rivaux que sont la danse, la musique, le cirque, le cinéma, la vidéo et les installations. L'actualité du théâtre n'est plus la revendication d'une théâtralité bridée par plusieurs siècles de déférence au texte, mais le positionnement de ce qui constituait traditionnellement le théâtre – au premier rang de quoi le texte –, par rapport aux autres arts de la scène autant que par rapport au cinéma. C'est ce qu'indiquaient, de manière contrastée, deux événements de l'été 2005 : alors qu'un numéro de la revue *Littératures* rassemblant les contributions d'universitaires, d'auteurs de théâtre et de comédiens titrait « Théâtre : le retour du texte [1] ? », la 49e édition du festival d'Avignon donnait lieu à l'une des plus vives controverses qu'ait connues la manifestation depuis sa création. Olivier Py en résumait les lignes de force dans un article du *Monde* daté du 30 juillet : « Pour la première fois dans l'histoire du Festival, le théâtre du dire est mis en minorité par rapport à toutes les autres formes. [...] La plaque tectonique d'une ère de l'écrit et celle d'une ère de l'image ouvrent leurs points de fracture, et nous sommes exactement à l'endroit de ce tremblement : évidemment, le théâtre en est l'indicateur sismique le plus juste. »

Y a-t-il là, cependant, un phénomène radicalement nouveau, de nature à bouleverser l'essence même du théâtre ? Et, par ailleurs, l'édition 2005 du festival d'Avignon, pour être

1. *Littératures*, no 138, juin 2005.

symptomatique d'une mutation réelle, engage-t-elle de manière décisive et unilatérale les destinées du théâtre contemporain ? Le numéro de *Littératures* autant que les trajectoires d'un grand nombre de dramaturges contemporains, au premier rang desquels Michel Vinaver (*Les Coréens*, *Iphigénie Hôtel* et, plus récemment, *L'Émission de télévision*), Valère Novarina (*Le Drame de la vie*, *La Chair de l'homme*) ou Olivier Py lui-même (*La Servante*, *Les Vainqueurs* et *Illusions comiques*) témoignent qu'il n'en est rien, et qu'à côté d'un théâtre du visuel, du corps, s'épanouit, avec une vivacité remarquable, un théâtre du texte ou peut-être plus justement de la parole. La 50e édition du festival d'Avignon a, de son côté, montré que les remous de 2005 étaient peut-être, sinon un feu de paille, du moins l'expression d'une certaine orientation du théâtre, en grande partie imputable aux choix et aux goûts des metteurs en scène et artistes invités cette année-là.

La mutation majeure du dernier siècle concerne d'ailleurs tout autant le théâtre lui-même que les lieux où se construit le discours sur le théâtre et les différentes formes de légitimité qui s'y élaborent. Conçu en Occident comme « une branche de la littérature, une sorte de variété sonore du langage [1] », le théâtre fut longtemps réservé aux seuls spécialistes du texte et étudié autant que théorisé comme genre littéraire. Un genre certes un peu particulier, une forme d'« art à deux temps », où le temps de la « re-création », celui de la représentation, succède au temps de la création [2], mais dont une partie seulement était objet d'étude. La fin du XIXe siècle et surtout le XXe siècle ont vu l'éclosion d'un autre type de discours : celui des praticiens, auteurs, metteurs en scène, scénographes ou comédiens tels que André Antoine (*Causeries sur la mise en scène*), Constantin Stanislavski (*La Construction du personnage* et *La Formation de l'acteur*), Edward Gordon Craig (*De l'art du théâtre*), Vsevolod Emilevitch Meyerhold (*Un théâtre théâtral*), Adolphe Appia (*L'Œuvre d'art vivant*), Antonin Artaud (*Le Théâtre et son double*) et, plus près de nous, Louis Jouvet (*Le Comédien désincarné*), Antoine Vitez (les cinq

1. Artaud, « Théâtre oriental et théâtre occidental », dans *Le Théâtre et son double* (1938), Gallimard, « Folio », 1964, p. 105.

2. Voir H. Gouhier, *Le Théâtre et les arts à deux temps*, Flammarion, 1989.

volumes des *Écrits sur le théâtre*), ou encore Peter Brook (*L'Espace vide*, *Points de suspension*). Largement relayée par celle de critiques (Roland Barthes et Bernard Dort notamment, animateurs dans les années 1950 de la revue *Théâtre populaire*), d'universitaires (Anne Ubersfeld, Jean-Pierre Sarrazac, Jean-Pierre Ryngaert) ou de philosophes (Peter Szondi, Jacques Taminiaux et Denis Guénoun) qui travaillent et analysent le théâtre depuis ce lieu où le texte devient théâtre, nourrissent leur réflexion par un contact permanent avec la scène, forgent pour l'étude de la mise en scène des outils conceptuels et lexicaux spécifiques, l'émergence de cette parole a bouleversé les conditions d'exercice d'un discours sur le théâtre et les enjeux autant que les contours de la poétique dramatique.

De quel lieu, depuis quel horizon doit-on ou peut-on aujourd'hui non seulement « lire le théâtre », pour reprendre le titre d'une œuvre d'Anne Ubersfeld, mais l'étudier dans sa globalité, analyser ses invariants et les enjeux théoriques qui sont les siens ? À quel champ disciplinaire doit-il être rattaché ? Et quel discours la théorie littéraire peut-elle tenir sur un objet qui lui échappe en partie ? C'est à ces questions, et à quelques autres, que l'on tentera de répondre ici. On commencera par examiner le lexique dont le discours sur le théâtre s'est doté, et qui fait apparaître une assez nette partition entre deux champs ou deux sèmes, celui du spectacle et celui de l'action ; puisqu'il n'est désormais plus possible de « lire le théâtre » sans prêter attention à la théâtralité qui en constitue l'essence distinctive, on s'attachera ensuite à déterminer la nature des relations entre le texte et la scène autant que du devenir scénique inscrit dans le texte même ; puis on montrera comment le théâtre, art par excellence de la *mimèsis*, représente et dit le monde dans le simulacre de réel ou le petit monde qu'il constitue tous les soirs face au spectateur. On interrogera ensuite le théâtre comme genre ou archigenre subsumant une pluralité de catégories génériques, lesquelles se positionnent toutefois par rapport aux deux polarités ou registres fondamentaux du tragique et du comique. Tragique ou comique, le théâtre, enfin, a-t-il une fonction, une utilité, morale ou sociale, individuelle ou collective ?

## Un univers à deux faces

### Le lexique du théâtre : voir et faire

Depuis l'Antiquité, le lexique utilisé pour nommer le théâtre et ses constituants se noue autour de deux séries hétérogènes : l'une qui trouve son unité autour du sème de la vue et plus généralement du spectacle – le théâtre vu par le spectateur ; l'autre qui désigne le théâtre comme *drama* ou comme *praxis*, c'est-à-dire comme action – le théâtre vu depuis l'acteur, ou peut-être plus justement depuis le personnage. Pour Denis Guénoun, qui s'emploie à montrer comment se lient puis se délient ces deux séries dans l'histoire du théâtre et de sa théorie, « le moment où nous sommes est marqué par leur divorce » : les salles de théâtre se vident alors que les ateliers de théâtre ne cessent de se remplir, « l'écart se creuse entre le théâtre qu'on fait (ou qu'on veut faire) et le théâtre qu'on voit (ou qu'on ne veut plus voir). Acteurs et spectateurs marchent sur deux chemins dont les tracés divergent : le théâtre vacille, l'édifice ne tient plus [1] ». En réalité, en a-t-il jamais été autrement ? Et la singularité de ce lexique double ne dit-elle pas, dès l'origine, la difficulté d'articuler les points de vue autant que les constituants du théâtre ?

D'un côté, donc, une série de termes dont les deux plus importants sont celui de « théâtre » – du grec *theatron*, soit le « lieu où l'on voit » – et celui de « spectacle », du latin *spectaculum*, lui-même issu du verbe *spectare* (« regarder ») et transposition de l'équivalent grec *opsis* que l'on trouve dans la *Poétique* d'Aristote. De l'autre côté, une série beaucoup plus nourrie, qui se subdivise elle-même en deux. Ce sont, d'une part, les termes directement dérivés du grec *drama*, au premier rang desquels l'adjectif « dramatique » puis le substantif « drame », utilisé dans des emplois et des extensions diverses, jusqu'à recouvrir la pièce de théâtre, voire le théâtre dans son ensemble. C'est à partir de ce substantif que Beaumarchais forge le néologisme « dramique » (voir

1. D. Guénoun, *Le Théâtre est-il nécessaire ?*, Circé, « Penser le théâtre », 1997, p. 12.

texte XVII), et que sont inventés les termes plus techniques de « dramaturge » (l'auteur dramatique ou, dans un emploi spécialisé, le conseiller littéraire du metteur en scène), « dramaturgie » (l'art de composer une pièce de théâtre et l'ensemble des règles et principes qui en guident l'écriture) ou « dramaturgique ». Dans cette seconde série figurent d'autre part les termes appartenant à la famille lexicale de l'*action*, traduction d'une série grecque largement représentée dans la *Poétique* d'Aristote par les mots *praxis* (le théâtre et plus spécifiquement la tragédie s'y trouvent définis comme *mimèsis praxeos* ou « représentation d'actions ») et l'adjectif substantivé *prattontes* ou « agissants », qui désigne généralement les personnages. Au croisement du théâtre et de la rhétorique – dont elle constitue une partie, celle qui est précisément consacrée à la profération du discours –, l'action et ses dérivés sont extrêmement présents dans le lexique du théâtre. Au IVe siècle de notre ère, le grammairien Diomède désigne le théâtre comme genre « actif » : « le genre dramatique ou actif est celui dans lequel les personnages agissent par eux-mêmes [1] ». L'adjectif est notamment repris par Mairet dans la *Préface en forme de discours poétique* qu'il place en tête de *La Silvanire* en 1630, où il évoque « l'ouvrage dramatique, autrement dit actif, imitatif, ou représentatif [2] » ; l'acte, division essentielle du texte dramatique, est dit dériver de l'action, et Laudun d'Aigaliers affirme ainsi, à la fin du XVIe siècle, que selon l'Italien Viperano, auteur d'un commentaire de la *Poétique* d'Aristote, « les actes sont du verbe *ago*, qui signifie agir, c'est-à-dire auxquels les personnages agissent [3] ». Quant à l'*acteur*, pièce maîtresse de l'édifice, il désigne, jusqu'au XVIIIe siècle au moins, à la fois le comédien et le personnage, qui portent tous deux, à des niveaux différents, l'« action » dramatique (voir « Acteur » dans le Vade-mecum).

Une telle partition du lexique fait nécessairement sens, et explique que l'on ait pu concevoir la fabrique d'une pièce de

---

1. *Ars grammatica*, cité par H. Lawton, *Handbook of French Renaissance Dramatic Theory*, Manchester University Press, 1949, p. 21-22.

2. *Théâtre du XVIIe siècle*, éd. J. Scherer, Gallimard, « Bibliothèque de la Pléiade », 1975, t. I, p. 481.

3. *Art poétique françois* (1597), V, VI, éd. J.-Ch. Monferran *et al.*, STFM, 2000, p. 208.

théâtre sans se soucier de sa représentation, ériger les principes de poétiques théâtrales analogues aux poétiques narratives ou lyriques et renvoyer, comme le fait Aristote lui-même, le spectacle aux marges du théâtre comme de la poétique : « Quant au spectacle [*opsis*], qui exerce la plus grande séduction, il est totalement étranger à l'art et n'a rien à voir avec la poétique, car la tragédie réalise sa finalité même sans concours et sans acteurs [1]. » Et ce sont d'abord ses ennemis qui analysent le théâtre comme un spectacle (l'un des tout premiers d'entre eux, l'écrivain chrétien Tertullien, rédige ainsi un traité *Sur les spectacles*), d'autant plus dangereux qu'il se donne généralement des prétentions morales et qu'il sollicite l'un des organes les plus sensibles, à savoir l'œil et avec lui la vue.

## Trois unités et un quatrième mur

Dans l'histoire de la théorie dramatique, il revient à l'abbé d'Aubignac, qui publie en 1657 un ouvrage rédigé dix ans auparavant et dont le titre complet est *La Pratique du théâtre, œuvre très nécessaire à tous ceux qui veulent s'appliquer à la composition des poèmes dramatiques, qui font profession de les réciter en public, ou qui prennent plaisir d'en voir les représentations*, d'avoir tenté d'articuler les deux séries lexicales ou, pour mieux dire, les deux régimes du théâtre – et il reviendra à Bertolt Brecht, trois siècles plus tard, de prononcer leur divorce.

L'abbé d'Aubignac distingue en effet la « vérité de l'action théâtrale » et la « représentation » (voir texte VIII), soit d'un côté l'univers de la fiction, possédant ses coordonnées spatio-temporelles propres (une salle de la maison d'Horace à Rome, au VII^e siècle avant notre ère, ou le salon de la coquette Célimène à Paris dans les années 1660), sa durée (quelques heures ou dizaines d'heures) et ses personnages, de l'autre les éléments qui entrent dans la représentation théâtrale, soit les acteurs, la scène, la durée réelle du spectacle (quatre heures au XVII^e siècle). Et la tâche à laquelle s'attelle d'Aubignac tout au long du livre – poursuivant ainsi l'effort entrepris en 1630 par Jean Chapelain, le promoteur de la règle des vingt-quatre heures (voir « Unités » dans le Vade-

1. *Poétique*, chap. VI, éd. et trad. R. Dupont-Roc et J. Lallot, Seuil, « Poétique », 1980, p. 57.

mecum) – consiste à faire coïncider ces deux régimes de manière que le régime de la représentation, la réalité tangible de l'univers de la scène et de ses acteurs, se fasse oublier dans sa matérialité pour que puisse advenir le grand rêve classique, celui de l'autonomie de la fiction théâtrale. Ainsi les acteurs Floridor et Beau-Château « ne doivent être considérés que comme représentants » au regard des « véritables personnages » que sont Horace et Cinna, ceux-là mêmes que « l'on suppose agir et parler », « comme si Floridor et Beau-Château cessaient d'être en nature, et se trouvaient transformés en ces Hommes, dont ils portent les noms et les intérêts » ; de la même manière, le palais d'Horace ou celui d'Auguste, « lieu véritable, ou du moins qu'il faut regarder comme véritable » – la précision est significative –, doit faire oublier « la partie de l'hôtel de Bourgogne élevée et environnée de toile peinte, où se joue la tragédie », qui n'est que « le lieu représentant et l'image d'un autre [1] ».

Deux des fondements du théâtre classique et post-classique sont directement impliqués par une telle conception du fait théâtral : les trois unités ainsi que le « quatrième mur ». La notion de « quatrième mur » est, à la vérité, indissociable de la réflexion classique sur le spectateur, lequel fait l'objet d'un curieux paradoxe : alors que le destinataire du spectacle est toujours à l'horizon de la réflexion sur la représentation théâtrale, puisque les récits d'exposition autant que les scènes pathétiques ou spectaculaires sont conçus pour répondre à son besoin d'information ou à ses attentes esthétiques, l'élaboration de la fiction théâtrale doit être pensée « comme s'il n'y avait pas de spectateurs ». Chez d'Aubignac, cette injonction est d'abord destinée aux poètes (« Quand il [le poète] considère en sa tragédie l'histoire véritable ou qu'il suppose être véritable, il n'a soin que [...] d'en composer les actions, les discours, les incidents, comme s'ils étaient véritablement arrivés. [...] Il fait tout comme s'il n'y avait point de spectateurs »), avant d'être étendue aux acteurs : « tous les personnages doivent agir et parler comme s'ils étaient véritablement roi, et non pas comme étant Bel-

1. *La Pratique du théâtre*, I, 7, « Du mélange de la représentation avec la vérité de l'action théâtrale », éd. H. Baby, Honoré Champion, 2001, p. 86-87 (voir texte VIII).

lerose, ou Montdory [acteurs célèbres] [...] et comme si personne ne les voyait et ne les entendait que ceux qui sont sur le théâtre agissants et comme dans le lieu représenté [1] ». Diderot franchit un pas supplémentaire en forgeant l'idée du « quatrième mur ». Il la formule pour la première fois dans l'essai *De la poésie dramatique* : « Soit donc que vous composiez, soit que vous jouiez, ne pensez non plus au spectateur que s'il n'existait pas. Imaginez sur le bord du théâtre un grand mur qui vous sépare du parterre. Jouez comme si la toile ne se levait pas [2]. » Davantage, l'idée se trouve au fondement même de sa conception du genre sérieux (ce que nous appelons le « drame bourgeois »), ce dernier se définissant à la fois comme imitation « moyenne » de la vie, également éloignée du comique et du tragique, et comme spectacle surpris, le spectateur ayant chez Diderot le statut d'un voyeur. En ce sens, il n'est pas indifférent que la pièce *Le Fils naturel*, terrain d'expérimentation des potentialités du genre sérieux, soit adossée à des *Entretiens sur Le Fils naturel* qui permettent de l'inscrire dans un dispositif tout à fait particulier, puisqu'elle apparaît comme une manière de jeu de rôles ou de théâtre de salon, où les membres d'une famille interprètent pour eux-mêmes leurs propres rôles... sans savoir qu'ils sont observés par un spectateur caché, le « Moi » qui dialogue avec Dorval dans les *Entretiens* (voir texte XVI).

Les trois unités qui s'imposent dans les années 1630-1640 sont quant à elles pensées en termes d'adéquation entre les coordonnées spatio-temporelles de la fiction et celles de la représentation : s'il est vrai que la représentation dure tout au plus quatre heures, et que le lieu réel où se déroule l'action ne change pas, le poète doit, autant que possible, rapporter la durée de l'action représentée à celle de la représentation. Pour l'espace, le raisonnement ne se fonde pas sur l'idée d'une proportion, mais d'une coïncidence véritable. Pendant quelques années, on accepte en réalité une application souple de l'unité de lieu – située dans la ville de Séville, l'action du

---

1. *La Pratique du théâtre*, I, 6, « Des spectateurs et comment le poète les doit considérer », éd. citée, p. 81-82.

2. *De la poésie dramatique*, chap. XI, dans *Entretiens sur Le Fils naturel*, *De la poésie dramatique. Paradoxe sur le comédien*, éd. J. Goldzink, GF-Flammarion, 2005, p. 210-211.

*Cid* se déroule ainsi tour à tour dans la demeure de Chimène, dans l'appartement de l'Infante, dans la salle du conseil du palais royal et dans une rue aux abords du palais, sans que les doctes aient rien trouvé à redire sur ce point précis –, mais c'est progressivement le principe du lieu unique (palais à volonté pour la tragédie, carrefour urbain ou intérieur bourgeois pour la comédie) qui s'impose, au nom de l'adéquation absolue entre le lieu fictionnel et une aire de jeu ou un plateau qui demeure, d'un bout à l'autre de la représentation, unique et inchangé.

Le quatrième mur autant que les unités et la règle de la liaison des scènes ont pour seule finalité la production de l'illusion théâtrale, clef de voûte de la dramaturgie occidentale jusqu'à la mise en place par Brecht d'un appareil conceptuel radicalement distinct du premier et fondé sur la distanciation. Processus esthétique autant que politique, l'effet de distanciation, ou *Verfremdungseffekt*, rend étranger ce qui semblait familier et fait du spectateur, ainsi soustrait aux mécanismes de l'identification, un observateur critique et actif de la pièce qui lui est donnée à voir (voir « Distanciation » dans le Vade-mecum). Avec Brecht, surtout, il ne s'agit plus de recouvrir la réalité de la scène par celle de la fiction, de masquer l'une pour que triomphe l'autre : les deux séries sont résolument disjointes et l'acteur a pour fonction principale de travailler, tout au long de la représentation, à leur disjonction, en montrant le personnage sans l'incarner et en « citant » le texte des répliques sans plus prétendre les faire siennes (voir texte XIII).

## Le personnage et l'acteur

La relation entre le personnage et l'acteur est l'un des lieux où se joue, de la manière la plus mystérieuse en même temps que la plus décisive, à la fois le passage, physique, du texte à la scène, et la mise en contact de l'univers fictionnel et de l'univers matériel de la représentation.

Qu'est-ce, en effet, qu'un personnage de théâtre ? Un ensemble disparate de traits moraux, sociaux et éventuellement physiques affleurant dans les discours que tient le personnage ou que les autres personnages tiennent sur lui, parfois simplement le support d'une parole qui n'est plus corrélée à un caractère. Dès lors, l'acteur a pour fonction – ou à tout le moins sa présence sur scène a pour effet – de fédérer les différents traits dispersés dans le texte théâtral et de matérialiser l'origine de la parole. C'est à ce dernier aspect que le poète et auteur dramatique Valère Novarina accorde la primauté absolue, faisant du corps de l'acteur – et notamment de celui, paradigmatique à ses yeux, de Louis de Funès – le lieu où naît véritablement la parole théâtrale (*Pour Louis de Funès*, 1986 ; voir aussi texte XXX). Une telle conception de la fonction de l'acteur autant que du personnage – la notion est totalement remise en question dans un théâtre comme celui de Valère Novarina, qui vide les personnages de toute intériorité et en multiplie le nombre jusqu'à imaginer 2587 « personnages » dans *Le Drame de la vie* – rompt notablement avec l'idée de l'incarnation du personnage par l'acteur.

Mais a-t-on jamais cru à l'incarnation véritable, à la métamorphose de l'acteur en son rôle ? La formulation par Diderot du paradoxe sur le comédien en témoigne : l'acteur n'est jamais aussi « crédible », ne donne jamais autant à voir et à éprouver le personnage que lorsqu'il offre au spectateur le simulacre longtemps mûri et répété d'émotions, qui concourt à l'illusion d'une existence du personnage et d'une identification de l'acteur à son rôle. « Ce tremblement de la voix, ces mots suspendus, ces sons étouffés ou traînés, ce frémissement des membres, ce vacillement des genoux, ces évanouissements, ces fureurs, pure imitation, leçon recordée d'avance, grimace pathétique, singerie sublime [...]. [L'acteur] n'est pas le personnage, il le joue et le joue si bien que vous le prenez pour tel : l'illusion n'est que pour vous ; il sait bien, lui, qu'il ne l'est pas [1]. »

Aussi l'essentiel se joue-t-il dans la relation qui lie non seulement l'acteur au personnage, mais encore cette identité bifrons à celui-là même qui la fait exister en tant qu'il est son destinataire exclusif, à savoir le spectateur, car « le théâtre se définit par la relation triangulaire qu'il met en œuvre entre le personnage, l'acteur et le spectateur [2] ». Et si, contraire-

1. *Paradoxe sur le comédien* (1769), éd. citée, p. 281.
2. R. Abirached, *La Crise du personnage dans le théâtre moderne*, Grasset, 1978 ; rééd. Gallimard, « Tel », 1994, p. 9.

ment au personnage de roman, le personnage de théâtre a « besoin d'être reconnu charnellement » et « confondu pour un soir [1] » avec le comédien qui en joue le rôle, l'interprétation du personnage, remise en jeu chaque soir et, à une autre échelle, à chaque époque, n'épuise pas le personnage. C'est ce que Sartre exprime magnifiquement dans un passage de *L'Idiot de la famille* consacré au comédien : Kean, acteur anglais du début du XIXe siècle, « peut offrir *son être* à Hamlet, celui-ci ne lui prêtera jamais le sien : Kean *est* Hamlet, frénétiquement, entièrement, à *corps perdu* mais sans réciprocité, c'est-à-dire à cette réserve près qu'Hamlet *n'est pas* Kean [2] ».

On peut dès lors considérer que c'est dans le tremblé de la relation entre personnage et acteur, autant que dans la projection imaginaire que suscite ou favorise l'interprétation du personnage par l'acteur, que se trouve le personnage de théâtre, nourrissant l'acteur autant que l'acteur le nourrit.

## Théâtralité et devenir scénique

L'interprétation du personnage par l'acteur est ainsi symptomatique du devenir scénique du texte théâtral et de ce que l'on a pris l'habitude d'appeler, à la suite notamment de Roland Barthes, la « théâtralité ». Contemporaine de celle de la mise en scène, « l'invention de la théâtralité [3] » a lieu à l'orée du XXe siècle et fédère des auteurs venus de l'Europe entière – Artaud, mais avant lui l'Anglais Edward Gordon Craig (voir texte I) ou le Russe Vsevolod Emilevitch Meyerhold, dont l'essai le plus important s'intitule *Un théâtre théâtral* –, qui ont en commun la critique du réalisme et du primat accordé au texte dans la définition et la mise en scène du théâtre. Et s'il peut désigner, de manière tautologique, la somme des constituants du théâtre (de même que la tragédie se définit, chez Aristote, comme la somme des six parties qui

1. *Ibid.*, p. 7.
2. Sartre, *L'Idiot de la famille* (1971), repris dans *Un théâtre de situations*, Gallimard, « Folio Essais », 1973, rééd. 1992, p. 218.
3. J.-P. Sarrazac, *Critique du théâtre*, Circé, « Penser le théâtre », 2000, p. 53-114.

la constituent), le terme renvoie fondamentalement, chez la plupart de ses utilisateurs, à l'essence distinctive et irréductible du théâtre, c'est-à-dire à l'actualisation scénique et à la représentation. La notion de théâtralité porte toujours trace d'une réflexion sur les relations entre le texte et la scène, qu'il s'agisse de dénier au texte toute participation à la théâtralité en condamnant, comme Artaud, le textocentrisme occidental et l'annexion pure et simple du théâtre à la littérature (voir texte XXXI) ou d'affirmer brutalement, comme Roland Barthes, que la théâtralité « c'est le théâtre moins le texte » (voir texte II), ou encore d'interroger l'intention théâtrale ou le « devenir-théâtre » à l'œuvre dans le texte même (voir Denis Guénoun, texte III). Car Roland Barthes affirme aussi que la théâtralité est « une donnée de création, non de réalisation », propos qui fait écho à celui d'Henri Gouhier : « La représentation n'est pas une sorte d'épisode qui s'ajoute à l'œuvre ; la représentation tient à l'essence même du théâtre ; l'œuvre dramatique est *faite* pour être représentée : cette intention la définit [1]. » La représentation ne fait au fond qu'actualiser un constituant essentiel et distinctif du texte de théâtre qui préexiste à tout passage à la scène.

Historiquement, l'avènement de la théâtralité coïncide avec deux faits esthétiques majeurs pour le devenir du théâtre : la naissance de la mise en scène à la charnière des XIX^e^ et XX^e^ siècles et l'invention du cinéma. La première fait exister, aux côtés des deux figures traditionnelles de l'auteur dramatique et de l'acteur, une figure qui les subsume et dont le regard ou, pour mieux dire, l'interprétation ordonne et oriente le passage du texte à la scène : celle du metteur en scène. Auparavant réduits au rang de pratiques marginales et à la lettre accessoires, la scénographie, la musique, le costume et l'art de l'éclairage, tout récent dans les années 1890, constituent dès lors des langages à part entière, partenaires du texte et de l'acteur et qui concourent autant que lui à l'élaboration du sens. La seconde invention, rigoureusement contemporaine de la première, est doublement liée aux destinées du théâtre. D'abord parce que le théâtre constitue, à l'origine tout au moins, une référence centrale pour le cinéma, qui lui emprunte ses acteurs et ses metteurs en scène (Sergueï

1. H. Gouhier, *L'Essence du théâtre* (1943), Vrin, 2002, p. 23.

Eisenstein, Friedrich Wilhelm Murnau, Louis Jouvet), ses décors et, plus encore, le principe de la relation triangulaire entre acteur, personnage et spectateur : largement fondé sur la projection imaginaire – le spectateur de théâtre ne confond pas l'acteur avec le personnage, mais l'acteur l'aide à se figurer le personnage –, le processus de l'identification trouve à se fixer, définitivement, dans l'image en mouvement du cinéma de sorte que, selon Denis Guénoun, « c'est désormais au cinéma que l'on se rend si l'on veut voir des personnages (et s'identifier à eux), ou si l'on veut s'éprouver comme sujet-spectateur de la représentation [1] ». Ensuite parce que l'invention du cinéma a en un sens libéré le théâtre de cette fonction et rendu progressivement caduc le principe de l'illusion théâtrale. N'ayant plus à produire un simulacre de réel, à faire oublier l'acteur pour qu'advienne le personnage, à raconter même des histoires, le théâtre a pu se retrouver autour de cela même qui fondait sa spécificité radicale et distinctive et que l'on nomma dès lors la « théâtralité », voire la « théâtralité pure ».

Les représentants les plus illustres de la théâtralité « pure » sont particulièrement nombreux dans le premier tiers du XX<sup>e</sup> siècle, et se comptent aussi bien parmi les scénographes (Craig) que chez les metteurs en scène (Meyerhold) ou les écrivains (Artaud). En rupture avec le théâtre occidental de leur temps, ils cherchent des modèles dans un ailleurs – l'Extrême-Orient notamment, qui prend la forme du théâtre balinais chez Artaud (voir texte XXXI) – ou dans un autrefois (le spectacle total des Grecs ou les « masques » de la Renaissance anglaise pour Craig, deux formes de « spectacle total » mêlant théâtre, musique et danse ; voir texte I). C'est dans ce contexte qu'émerge le paradigme extrême-oriental, très fécond tout au long du XX<sup>e</sup> siècle, et qui nourrit encore, au début des années 1980, les trois pièces de Shakespeare (*Richard II*, *La Nuit des rois*, *Henry IV*) montées par Ariane Mnouchkine à la Cartoucherie de Vincennes dans l'esprit du kabuki japonais et du kathakali indien. Dans ce contexte s'élabore aussi, notamment chez Meyerhold – qui, dans les années 1910, œuvre à la formation d'acteurs polyvalents, sachant utiliser leur corps autant que leur voix – et chez

1. D. Guénoun, *Le Théâtre est-il nécessaire ?*, *op. cit.*, p. 143.

Jacques Copeau, qui a en tête le modèle d'un théâtre non réaliste autant que populaire, le mythe de la *commedia dell'arte*, celui d'un théâtre de tréteaux, fondé sur la seule improvisation et sur la virtuosité autant que sur l'engagement physique de l'acteur. Et si les travaux menés par les chercheurs sur cette tradition théâtrale [1] prouvent que les spectacles de *commedia dell'arte* faisaient, en réalité, une large place aux échanges verbaux et respectaient les contraintes imposées par un *scenario* souvent très détaillé (voir texte XXVI), il n'en demeure pas moins que l'esprit du théâtre italien a, tout au long du XXe siècle, fécondé la création théâtrale et le jeu de l'acteur.

De cette théâtralité pure – qui trouve aujourd'hui à s'exprimer sous d'autres formes et par le biais d'autres esthétiques : celles de la danse, des arts de la rue et du cirque notamment –, cependant, la poétique a peu à dire ; les évolutions récentes du théâtre occidental prouvent qu'elle représenta surtout un moment, et un moment décisif, de son histoire, qui a permis de valoriser, aux côtés du langage verbal, les langages du corps, de la scénographie, de la musique ou de l'éclairage, et de prendre véritablement acte de la « polyphonie informationnelle » que constitue le théâtre [2]. Car la théâtralité est d'abord, pour la théorie littéraire, une « donnée de création » qui s'inscrit dans les constituants du texte et porte en creux un « devenir-théâtre [3] ». Qu'est-ce à dire ? Que le dialogue dramatique, par exemple, met en jeu deux séries d'émetteurs et de récepteurs, et que tout énoncé théâtral s'adresse à la fois à un allocutaire fictif, le personnage, et à un allocutaire réel mais supposé absent dans la dramaturgie illusionniste, le spectateur : c'est là la définition même de la double énonciation (voir Racine, texte XXII, et « Dialogue dramatique » dans le Vade-mecum). Qu'il n'est pas, en vérité, de théâtre à lire : « on sait bien que les comédies ne sont faites que pour être jouées ; et je ne conseille de lire celle-ci qu'aux personnes qui ont des yeux pour découvrir

1. Voir notamment C. Bourqui, *La Commedia dell'arte*, SEDES, 1999.

2. R. Barthes, « Littérature et signification », 1963 ; repris dans *Essais critiques*, éd. citée, p. 258.

3. D. Guénoun, *Le Théâtre est-il nécessaire ?*, *op. cit.*, p. 154 (voir texte III).

dans la lecture tout le jeu du théâtre », écrit Molière dans l'avis « Au lecteur » de *L'Amour médecin* (1665). Mais, dira-t-on, qu'en est-il de *Lorenzaccio* et des autres pièces qui forment le « Spectacle dans un fauteuil » de Musset (voir texte XXXIII) ? *Lorenzaccio*, que Musset compose après l'échec au théâtre de *La Nuit vénitienne* et en le destinant à la seule lecture, n'est pas un roman ni un récit – toutes formes que l'auteur aurait pu élire. Le choix de l'écriture théâtrale, du déroulement de l'histoire par alternance de dialogues et de monologues, de la division en actes ne s'expliquent pas seulement par les affinités et les échos entre la forme théâtrale et les thèmes de l'œuvre (ceux notamment du masque et du visage, de l'être et du paraître) ou par la volonté d'exposer un « héros romantique », mais par l'inscription délibérée dans une forme qui appelle plus tard, ailleurs, pour un autre public – par exemple le public moderne, nullement décontenancé par l'éclatement spatial et la multiplication des personnages – le devenir scénique. Faire le choix du mode dramatique signifie non seulement prendre acte de cette « donnée de création » qu'est la théâtralité, qu'elle soit ou non concrétisée par le passage effectif à la scène, mais accepter en outre un protocole spécifique de représentation du monde, radicalement différent dans ses potentialités comme dans ses enjeux de celui qui caractérise la narration.

## Le théâtre est un monde

Renversons la perspective, et rendons au théâtre ce que lui ont pris théologiens, philosophes, écrivains et dramaturges : si le monde est un théâtre, théâtre d'ombres sur lequel défilent des figures humaines appelées à jouer brièvement leur rôle avant de céder la place à d'autres, sous le regard d'un *Autor*, metteur en scène et Créateur, s'il n'est de réalité que celle de la foi, si tout le reste est pur songe (voir Calderón, texte IV), le théâtre rivalise depuis toujours avec le monde en élaborant, sur l'étroite aire de jeu bordée par les rideaux, coulisses et décors, un microcosme, un petit monde qui a la prétention de réfléchir le grand.

## La *mimèsis* théâtrale

La représentation théâtrale est-elle simplement l'actualisation scénique d'une représentation première (*mimèsis*) dont les modalités ne différeraient pas fondamentalement de celles mises en œuvre par le roman ? Il n'en est rien, comme on s'en doute, et la représentation du réel est de part en part informée, au théâtre, par les contraintes de la scène et du jeu de l'acteur. L'exemple de la comédie moliéresque en fait foi : désignée par ses admirateurs autant que par ses détracteurs comme une comédie-miroir, renvoyant au public le « portrait du siècle » – pour reprendre la formule de Donneau de Visé dans sa *Lettre sur la comédie du Misanthrope* (1666) –, elle représente les travers de la société par des moyens spécifiquement théâtraux. Si, en effet, la peinture des vices et des ridicules se donne à lire dans des tirades à thèse (la condamnation de la fausse dévotion et la défense de la vraie par Cléante dans *Tartuffe*) ou des portraits (ceux qui ponctuent *Le Misanthrope*), on oublie trop souvent que cette peinture est d'abord prise en charge par les acteurs qui, grâce à une gestuelle autant qu'à une diction particulières, font exister la coquette, le poète, le marquis, la fausse prude ou l'honnête homme, comme en témoigne la distribution des rôles dans la « comédie des comédiens » qu'est *L'Impromptu de Versailles*. Mais lorsque Molière affirme que « le marquis aujourd'hui est le plaisant de la comédie ; et comme dans toutes les comédies anciennes on voit toujours un valet bouffon qui fait rire les auditeurs, de même, dans toutes nos pièces de maintenant, il faut toujours un marquis ridicule qui divertisse la compagnie [1] », on voit que la peinture n'est pas, loin s'en faut, une copie, et que les personnages offerts au regard des spectateurs sont à la fois reconnaissables et partiellement affranchis de leurs référents contemporains.

Le théâtre repose ainsi sur une stylisation du jeu et de la représentation des caractères, mais également sur une sélection des événements et des lieux ; il ne donne à voir qu'un (ou des) fragment(s) d'action, et généralement par le biais du

1. Molière, *L'Impromptu de Versailles*, dans *Œuvres complètes*, éd. G. Mongrédien, GF-Flammarion, 1965, t. II, p. 152 (voir texte VII).

dialogue. D'où la tentation qui s'est manifestée dans les années 1950 notamment de faire coïncider *littéralement* la scène et ce qu'elle raconte, le plateau et le lieu fictionnel, le dialogue théâtral et son modèle supposé, la conversation courante. C'est une telle *littéralité* de la scène qu'exploitent Arthur Adamov, Eugène Ionesco ou Samuel Beckett (voir texte XXVII), ne faisant advenir rien d'autre que ce qui, véritablement et physiquement, advient sur scène : un échange qui n'en est pas un et qui pourtant se met en place, sur fond d'un ennui sans fin, des personnages à moitié enterrés ou se transformant en rhinocéros, toutes situations et données qui ne signifient rien d'autre qu'elles-mêmes. Jean-Pierre Sarrazac analyse en ces termes une mutation qui n'est pas sans lien avec l'utopie artaudienne de la théâtralité absolue : « Au théâtre, comme dans le roman, l'objectif principal des années 1950 semble être d'en finir une fois pour toutes, à travers ce recours à une littéralité absolue, avec la mythologie "bourgeoise" de l'intériorité [...]. En rester à la lettre, ne pas céder [...] à la lecture allégorique ou seulement métaphorique des "images" théâtrales ou romanesques, c'est refuser, au nom d'une autre idéologie, la partition idéologique entre le sens propre et le sens figuré [1]. »

Cette postulation qui fonde le théâtre des années 1950 se trouve radicalisée dans certaines pratiques contemporaines. Exploitant les potentialités de l'ici et maintenant de la scène autant que l'immédiateté de la relation avec le spectateur – ce que ne permet pas le cinéma –, l'anglaise Sarah Kane, dans *Anéantis* (1995) ou *Purifiés* (1998), jette ainsi à la face du spectateur des fragments d'actions et d'échanges sur fond de viols, d'incestes, de mutilations, de crimes de guerre et autres perversions, sans indiquer nécessairement qu'il y ait là matière à penser, fonctionnement métaphorique ou métonymique, stratégie du détour pour signifier autre chose.

## Le théâtre et l'Histoire

De telles pratiques de l'écriture et de la scène rompent doublement avec une conception pluriséculaire des rapports

1. J.-P. Sarrazac, *La Parabole ou l'Enfance du théâtre*, Circé, « Penser le théâtre », 2002, p. 59.

entre le théâtre et le monde qui intéresse à la fois la fiction théâtrale et sa mise en scène.

La fiction théâtrale d'abord, et ce, de différentes manières. On en retiendra deux : d'une part, la légitimation des unités classiques dans la mesure où elles permettent de penser et d'abord de donner à voir le rapport au monde ; d'autre part, la tension, chez certains auteurs modernes, entre la représentation directe et la représentation indirecte de l'Histoire.

Quel est le sens ultime des unités du théâtre classique ? Prélever, sélectionner dans la vaste histoire des hommes une action, portée par un nombre réduit de personnages, la faire tenir dans une durée n'excédant pas vingt-quatre heures et l'inscrire dans un lieu unique, mais en cherchant à exprimer, au-delà de ces limites, des enjeux qui les débordent, le personnel de haut rang fonctionnant comme paradigme de l'humanité, d'une humanité moyenne, ou plus exactement « ni tout à fait coupable, ni tout à fait innocente » – ainsi que l'affirme Racine, glosant Aristote, à propos de Phèdre dans la Préface de la pièce éponyme – et l'espace et le temps renvoyant, métonymiquement, à une durée et à des territoires bien plus vastes. *Athalie* (1691) témoigne magistralement, dans le *corpus* des tragédies classiques, d'un tel fonctionnement métonymique des unités : en amont et en aval du conflit entre la reine païenne et le descendant de David appelé à devenir roi des Juifs, c'est toute l'histoire du peuple juif qui se joue et, derrière elle, celle du peuple chrétien, la pièce posant la question des conditions de possibilité de la venue du Messie, descendant de Joas qu'Athalie cherche à supprimer. Et l'extrême concentration temporelle, renforcée dans *Athalie* par la pratique de la liaison des actes et la quasi-équivalence entre la durée de l'action représentée et la durée de la représentation, contraste avec l'amplitude temporelle des événements évoqués par le chœur notamment, lequel figure sur scène la communauté des chrétiens.

À la relation métonymique on a pu préférer, au cours de l'histoire du théâtre, la relation métaphorique ou, mieux encore, allégorique, fondée sur un transfert de sens, un jeu entre sens propre et sens figuré. Une telle relation allégorique est au fondement du théâtre symboliste, dans lequel la réalité de la scène et la fiction qui s'y représente désignent et expriment des vérités plus hautes, fonctionnement qu'Alfred Jarry radicalise et détourne à certains égards dans son *Ubu roi* (1896), plaçant la scène « en Pologne, c'est-à-dire nulle part » (c'est sur cette formule célèbre que s'achevait la présentation de la pièce par son auteur le soir de la première), inventant une langue grossière, faisant grimacer ses personnages et utilisant volontiers les ressorts de la farce sans indiquer véritablement à quel « plus haut sens » renvoyait l'ensemble (voir texte XXIII). Un pas de plus, et c'est la littéralité de la scène qui triomphe, comme on l'a vu avec Ionesco, Adamov ou Beckett dans les années 1950. Mais un pas de côté, et c'est alors l'espace de la parabole, l'art du détour et du « théâtre à mi-pente [1] » qui se dessine, un théâtre qu'ont pratiqué notamment Claudel et Brecht. La didascalie liminaire de la Première Journée du *Soulier de satin* de Claudel témoigne de l'ambition du propos : « La scène de ce drame est le monde et plus spécialement l'Espagne à la fin du XVIe siècle, à moins que ce ne soit le commencement du XVIIe siècle. L'auteur s'est permis de comprimer les pays et les époques, de même qu'à la distance voulue plusieurs lignes de montagnes séparées ne sont qu'un seul horizon [2]. » À la manière des *autos sacramentales* du Siècle d'or espagnol comme *Le Grand Théâtre du monde* de Calderón (voir texte IV), *Le Soulier de satin* est une méditation universelle sur l'action divine et la manière dont elle entre en conflit avec la liberté humaine ; mais la pièce possède aussi une dimension cosmique, que le propos religieux n'épuise pas, et dont certains personnages – l'Annoncier, l'Ombre double, la Lune ou saint Jacques de Compostelle – se font les porte-parole ou, plus justement, les médiateurs.

La posture de Brecht se fonde sur des présupposés et sur une idéologie bien distincts de ceux qui animent le théâtre de Claudel, mais elle recourt, paradoxalement, à des modalités d'action semblables. L'ambition de Brecht est d'inviter le spectateur à réfléchir sur l'Histoire la plus contemporaine et, dans une perspective marxiste, sur les mécanismes économiques et sociaux de domination. Pour ce faire, il tourne le dos aux expériences menées à Berlin dans les années 1920 par

---

1. *Ibid.*, p. 11.
2. Claudel, *Le Soulier de satin*, Gallimard, « Folio », 1972, p. 13.

le metteur en scène Piscator, promoteur essentiel d'un « théâtre politique » (titre de l'un de ses ouvrages) et dont il fut le collaborateur occasionnel. Piscator, en effet, fait le choix d'une représentation directe, non médiatisée de l'Histoire, et, par le recours à des dispositifs tels que la scène hémisphérique à plans multiples – qu'il utilise pour *Raspoutine*, pièce de Tolstoï représentée en 1929 –, le tapis roulant ou le film, il réserve une place égale aux grands hommes qui font l'Histoire et aux représentants du peuple qui la subissent. Piscator, selon Bernard Dort, « veut tout montrer [...], veut montrer l'Histoire qui se fait, comment et par qui elle se fait [...], Brecht, lui, veut d'abord nous dévoiler le rapport d'un homme à l'Histoire [1] ». Le dramaturge allemand commence ainsi par expérimenter le genre du *Lehrstück* ou pièce didactique (*Celui qui dit oui, celui qui dit non*, 1930), dont le fonctionnement est ouvertement et presque caricaturalement allégorique, ainsi que des formes apparentées pour *Têtes rondes et têtes pointues* (1933) ou *Grand-peur et misère du IIIe Reich* (1938), par exemple, qui prennent pour cible la montée au pouvoir des nazis mais dont l'inscription spatiotemporelle est délibérément antiréaliste. Avec le *Parabelstück* (« pièce-parabole »), il opte pour une relation à l'Histoire contemporaine et aux problématiques politiques médiatisée par un autre référent historique – la guerre de Trente Ans dans *Mère Courage*, pièce créée en 1941 – ou par un référent parfaitement fictionnel, comme dans *La Résistible Ascension d'Arturo Ui* (1941), et par des personnages *a priori* très éloignés de toute forme d'abstraction. Paradoxalement, c'est en incarnant très concrètement les enjeux – la thématique de l'exil exprimée par la carriole que Mère Courage traîne de champ de bataille en champ de bataille –, en faisant place au familier – il est toujours question d'argent et de nourriture chez Brecht –, que le dramaturge invite le spectateur à chercher ailleurs, dans un au-delà du texte et de sa représentation, le sens ultime de l'œuvre.

Sans produire explicitement des pièces allégoriques, d'autres dramaturges ont, avant et après Brecht, utilisé la fiction ou le référent historique secondaire pour interroger et

1. B. Dort, « Un réalisme épique », *Les Temps modernes*, n° 161, juillet 1959 ; repris dans *Théâtre public*, Seuil, 1967, p. 151.

problématiser un référent historique premier, généralement contemporain. C'est à ce protocole que recourt Corneille dans la plupart de ses tragédies, et notamment, en 1642, dans *Cinna* (voir texte XXXIV), dramatisation d'un sujet historique autant que moral fourni par Sénèque, celui de la clémence d'Auguste, mais qui fut reçue par les contemporains comme une réflexion sur les conjurations successives contre Richelieu, voire comme une proposition de sortie de crise. Le théâtre engagé de l'après-guerre, notamment celui de Sartre, mobilise régulièrement de son côté un référent historique ou mythologique secondaire, qui recouvre ou dialogue avec un référent contemporain comme celui de la Trêve de Paris – brève cessation des combats au mois d'août 1944 – dans *Les Mains sales* (voir texte XXXV).

Dès lors que *Cinna*, *Mère Courage* ou *Les Mains sales* sont portés à la scène, un autre référent historique, explicite dans certains cas, implicite dans d'autres (parce qu'il appartient à l'imaginaire culturel commun au metteur en scène et au public), se greffe sur le texte, élargissant encore le champ de ses significations. L'horizon d'attente du spectateur contemporain de ces trois pièces intègre d'autres conflits, d'autres figures de tyrans sanguinaires ou de chefs politiques prompts à se compromettre pour survivre que ceux auxquels pouvaient penser Corneille, Brecht ou Sartre. Le metteur en scène peut en effet expliciter le rapprochement, utiliser le texte de *Tartuffe* pour livrer une réflexion sur l'islamisme radical comme l'a fait Ariane Mnouchkine en 1995, ou celui d'*Horace* pour évoquer la guerre d'Algérie, à l'instar d'Hubert Gignoux dans sa mise en scène de 1963. Il peut aussi adopter la position qui fut celle d'Antoine Vitez, metteur en scène engagé, mais qui se garda toujours d'une instrumentalisation du texte théâtral, considérant que « le théâtre est un art qui ne parle pas d'ici et maintenant, mais d'ailleurs autrefois [1] ». Reprenant la formule, Régis Debray juge avec une sévérité un peu méprisante les spectacles présentés à Avignon en 2005, arrimés sans distance critique selon lui à l'ici et au maintenant, comme si « *Lorenzaccio* ne nous avait pas parlé de Staline, ou *L'Alcade de Zalamea* [de Calderón], des putchistes

1. A. Vitez, « Ici et maintenant... », dans *Le Théâtre des idées*, éd. D. Sallenave et G. Banu, Gallimard, 1991, p. 129.

d'Alger, ou le *Meurtre dans la cathédrale* d'Eliot, des pouvoirs totalitaires… Pour l'ici et maintenant, n'y a-t-il pas la télé [1] ? »

## Les genres dramatiques

La mise en scène d'un texte n'est pas seulement porteuse, explicitement ou implicitement, d'une idéologie. Elle engage en outre l'inscription du texte dans un horizon générique, lequel n'est pas nécessairement celui dont il relève à l'origine. Le fait intéresse particulièrement la mise en scène des classiques : telle tragédie ou séquence de tragédie de Racine pourra faire l'objet d'une interprétation comique (après tout, les chassés-croisés amoureux d'*Andromaque* justifient assez qu'on puisse traiter la pièce comme une comédie) ; et *Le Misanthrope* est devenu, depuis la lecture qu'en a proposée Rousseau dans la *Lettre à d'Alembert* puis celle des romantiques, une pièce grave, voire une vraie tragédie où un homme juste et bon est sacrifié sur l'autel de l'hypocrisie et du conformisme. Car le théâtre permet de vérifier la formule de Gérard Genette selon laquelle « à la limite, la détermination du statut générique d'un texte n'est pas son affaire, mais celle du lecteur, du critique, du public, qui peuvent fort bien récuser le statut revendiqué par voie de paratexte [2] ».

Cette fluctuation générique peut affecter tout à la fois la relation que le texte entretient avec l'un des trois « grands genres » – la triade que forment le dramatique, le narratif et le lyrique – et celle qu'il entretient avec le niveau de spécification immédiatement inférieur – tragédie, comédie, drame pour ce qui concerne les sous-catégories du genre dramatique –, et expliquer qu'Antoine Vitez ait, en 1975, transformé en pièce de théâtre un roman comme *Les Cloches de Bâle* d'Aragon ou que *Le Misanthrope*, pour reprendre cet exemple, puisse être joué comme tragédie. Une telle souplesse, cepen-

1. R. Debray, *Sur le pont d'Avignon*, Flammarion, « Café Voltaire », 2005, p. 31.
2. G. Genette, *Palimpsestes* (1982), Seuil, « Points Essais », 1992, p. 12.

dant, est affaire de mise en scène, et n'engage pas la création : de même que *Les Cloches de Bâle* sont, aux yeux d'Aragon, un roman, de même *Le Misanthrope* est pour Molière une comédie, et non une tragédie.

## Les polarités tragique et comique

L'histoire du théâtre s'est longtemps confondue avec celle de la tragédie et de la comédie et des expériences entreprises pour composer avec cette alternative, à défaut de la dépasser. Au commencement étaient ces deux genres considérés comme antithétiques autant que symétriques. Antithétiques, ils le sont par leur genèse même : née à Athènes en 486 avant notre ère, soit cinquante ans après la tragédie (536 avant J.-C., avec l'institution des premiers concours tragiques à Athènes), la comédie, dont Aristophane et Ménandre fixeront les formes, se conçoit à son origine comme « para-tragédie » ou parodie de tragédie [1], reprenant à la tragédie nombre de ses éléments constitutifs, mais pour s'en moquer. Les théoriciens n'auront ensuite de cesse d'opposer les deux genres et d'énumérer une liste toujours plus longue de critères distinctifs. Chez Aristote, ces derniers sont au nombre de deux : d'une part la caractérisation morale – et donc aussi sociale – des personnages, c'est-à-dire tout à la fois des modèles ou des référents et des copies que le dramaturge en propose, le poète comique représentant des personnages « bas », c'est-à-dire « pires que nous », le poète tragique des personnages « nobles », c'est-à-dire « meilleurs que nous [2] » ; d'autre part, la nature du sujet, sujet inventé pour la comédie, sujet reçu pour la tragédie [3]. Aristote ne dit rien du dénouement et n'évoque qu'à propos de la tragédie la finalité et l'effet propre du genre – tout au moins dans les chapitres de la *Poétique* qui nous ont été conservés, une deuxième partie concernant la comédie ayant probablement été perdue. Ces éléments distinctifs, qui se sont peu à peu ajoutés – les grammairiens latins Diomède

---

1. P. Demont et A. Lebeau, *Introduction au théâtre grec antique*, Le Livre de Poche, 1996.

2. Aristote, *Poétique*, chap. II, éd. citée, p. 37, et notes 1 et 2, p. 156-158.

3. *Ibid.*, chap. IX.

et Donat (ce dernier comme auteur d'un traité *De tragœdia et comœdia* placé en tête de son commentaire de Térence) jouant au IV<sup>e</sup> siècle de notre ère un rôle décisif dans l'histoire de la théorie des deux genres –, constituent à partir de la Renaissance un ensemble de lieux communs répétés de traité en traité et que synthétisent par exemple Laudun d'Aigaliers (*Art poétique françois*, 1597) et Mairet (*Préface en forme de discours poétique* en tête de *La Silvanire*, 1631 ; voir texte XIV). Dès lors, les deux genres se mettent à fonctionner en miroir : l'un présente un renversement du bonheur au malheur, l'autre un passage du malheur au bonheur ; l'un suscite les larmes, l'autre le rire ; l'un tend un miroir aux rois, l'autre au peuple.

C'est par rapport à l'un ou à l'autre de ces genres, et bien souvent par rapport aux deux que s'édifient les genres nouveaux, à commencer par la tragi-comédie, genre majeur dans les décennies 1620 et 1630 – *Le Cid*, créé en 1637, fut le plus grand succès théâtral de la première moitié du XVII<sup>e</sup> siècle. La tragi-comédie emprunte à la tragédie ses personnages principaux et à la comédie certains de ses personnages secondaires (comme le type du soldat fanfaron) ; elle renverse la hiérarchie qui prévaut dans la tragédie en subordonnant les enjeux politiques aux enjeux amoureux, et partage avec la comédie son dénouement heureux, et même régulièrement nuptial, mais avec la tragédie la présence de nombreux périls de mort, voire de morts effectives, comme celle du père de Chimène dans *Le Cid*. À l'étroit dans les catégories génériques en place et soucieux d'expérimenter les limites des genres, Corneille invente en 1649 la « comédie héroïque » (voir texte XV). Alors que la tragi-comédie était – comme le sera, deux siècles plus tard, le drame romantique – un genre mixte ou hybride, mêlant éléments empruntés à la tragédie et éléments empruntés à la comédie, la comédie héroïque est un genre moyen, homogène, qui insère un personnel dramatique de tragédie dans une intrigue de comédie ou, plus justement, dans une intrigue où l'amour occupe le premier rang. Ainsi peut-on comprendre qu'en 1670 l'adaptation par Corneille de l'histoire de Tite et Bérénice (*Tite et Bérénice*) puisse relever de cette catégorie marginale, alors que celle de Racine (*Bérénice*) est donnée comme tragédie.

Au XVIIIe siècle, les mutations essentielles proviennent de Beaumarchais et, avant lui, de Diderot. Le premier pratique tous les genres existants à l'exception de la tragédie (parade, comédie, opéra, drame), passe de l'un à l'autre, et proclame l'indifférence générique des sujets dramatiques et la parenté, sur ce plan, entre tragédie et comédie. Au fond, *Mithridate* et *L'Avare* dramatisent le même sujet : « Un vieillard amoureux prétend épouser demain sa pupille ; un jeune amant plus adroit le prévient, et ce jour même en fait sa femme, à la barbe et dans la maison du tuteur. Voilà le fond, dont on eût pu faire, avec un égal succès, une tragédie, une comédie, un drame, un opéra, *et cœtera* [1]. » Le second substitue à la tragédie et à la comédie autant qu'à leurs combinaisons un genre moyen qu'il nomme le « genre sérieux », lequel n'est plus même un genre *stricto sensu*, mais couvre en droit la totalité de l'intervalle séparant le tragique du comique ; et « c'est l'avantage du genre sérieux que, placé entre les deux autres, il a des ressources, soit qu'il s'élève, soit qu'il descende [2] ». La réforme de Diderot pouvait mettre à bas les deux grands genres. Il n'en fut rien, et le drame romantique lui-même ne doit presque rien à son prédécesseur diderotien puisque, fort des exemples anglais et allemand, il réhabilite l'hybride plutôt que le moyen, sous la forme, chère à Hugo, du mélange du sublime et du grotesque, théorisé notamment dans la Préface de *Cromwell* (voir texte V) et mis en œuvre dans une pièce comme *Ruy Blas*, qui fait alterner séquences sublimes cristallisées autour du protagoniste et de la reine d'Espagne et séquences grotesques confiées à don César, personnage qui fait son entrée en tombant d'une cheminée. Il semble impossible, au fond, de sortir de la bipolarité pluriséculaire, que le comique ou la comédie trouvent à se prolonger dans les formes du théâtre de boulevard ou que le tragique réinvestisse l'espace du drame moderne, sous la forme de schèmes ou de structures éprouvés (voir Koltès, texte XIX) ou encore de réseaux thématiques et lexicaux spé-

---

1. Beaumarchais, « Lettre modérée sur la chute et la critique du *Barbier de Séville* » (1775), dans *Le Barbier de Séville*, éd. J. Goldzink, GF-Flammarion, 2001, p. 53 (voir texte XVII).

2. Diderot, « Troisième Entretien sur *Le Fils naturel* » (1757), dans *Le Fils naturel. Le Père de famille. Est-il bon ? Est-il méchant ?*, éd. J. Goldzink, GF-Flammarion, 2005, p. 120 (voir texte XVI).

cifiques, interrogeant la liberté humaine, l'exercice d'une transcendance ou de son avatar moderne, soit le déterminisme social ou psychique. Et Ionesco peut bien voir dans le tragique et le comique deux faces ou deux désignations concurrentes d'un même objet et expliquer « J'ai intitulé mes comédies “anti-pièces”, “drames comiques” et mes drames “pseudo-drames”, ou “farces tragiques”, car, me semble-t-il, le comique est tragique, et la tragédie de l'homme, dérisoire [1] », le geste même qui consiste à recourir à ces deux horizons génériques pour classer ses productions signifie bien la difficulté de penser la question du genre au théâtre indépendamment de ce cadre.

## Dramatique, c'est-à-dire tragique

Le tragique et le comique, en réalité, ne constituent pas deux concepts également opératoires pour rendre compte des genres au théâtre. Le second n'est qu'un registre solidaire d'un dispositif destiné à susciter le rire et mettant en relation un sujet rieur et l'objet de son rire. Comme tel, le comique n'a rien de spécifiquement théâtral et peut, par son caractère protéiforme, irriguer des genres non théâtraux – le fabliau, le roman, la nouvelle – ainsi que des genres dramatiques autres que la comédie *stricto sensu* : la farce, le vaudeville, ou encore le théâtre moderne, émancipé des catégories génériques. Défini exclusivement comme un registre, dont l'amplitude peut être variée – un bon mot, une scène ou l'œuvre entière –, le comique n'engage pas un agencement spécifique des faits non plus qu'une structure particulière.

Là se trouve la première différence entre le comique et le tragique, autant qu'entre la comédie et la tragédie, et elle est capitale. La comédie, en effet, progresse de façon accumulative, par ajouts successifs de séquences et de numéros plus ou moins rattachés les uns aux autres autant qu'à la trame qui leur sert de prétexte, de sorte que « l'on ne s'achemine pas vers le dénouement par une véritable progression, mais

1. Ionesco, « L'expérience du théâtre », *NRF*, février 1958, repris dans *Notes et contre-notes*, Gallimard, 1966 ; cité par M. Escola dans *Le Tragique*, GF-Flammarion, « Corpus », 2002, p. 219.

plutôt par une suite de retards [1] ». Les choses se présentent différemment pour la tragédie et pour le tragique. Si elle survit pendant quelques décennies à la fin du Grand Siècle, la tragédie, contrairement à la comédie, est un genre aujourd'hui véritablement défunt. Mais la mort de la tragédie coïncide peu ou prou avec la naissance du tragique, concept philosophique déduit d'un petit *corpus* de tragédies grecques, au premier rang desquelles l'*Antigone* de Sophocle (voir texte XXXII), et aisément exportable vers d'autres genres, dramatiques ou non dramatiques. Pour Schelling à la fin du XVIII^e siècle et surtout pour Hegel et Nietzsche au siècle suivant, le tragique se définit comme conflit entre la liberté et l'exercice d'une forme de nécessité, généralement identifiée à la transcendance [2]. Formulé *a posteriori* pour rendre compte moins du genre théâtral où il se trouve mis en œuvre à l'origine que d'un certain nombre d'enjeux contemporains, le tragique défini en ces termes s'applique assez mal, paradoxalement, aux tragédies, notamment au *corpus* français. Mais l'on peut considérer que le concept ne se réduit pas à cette acception philosophique moderne. L'une de ses spécificités les plus remarquables tient au fait qu'il se donne aussi, chez Aristote le premier, comme une « syntaxe ». La *Poétique* d'Aristote, en effet, édifie les principes et les règles qui permettent de produire l'effet propre à la tragédie, ce que l'on peut à bon droit nommer le « tragique » et que le théoricien identifie comme la *catharsis*. Parmi ces principes et ces règles figurent la définition du personnage, ni parfaitement vertueux, ni entièrement méchant, la division de l'action en trois temps (le commencement, le milieu et la fin), « le renversement du malheur au bonheur ou du bonheur au malheur par une série d'événements enchaînés selon le vraisemblable et le nécessaire [3] » et l'idée, répétée tout au long de la *Poétique*, d'une progression irréversible de l'action dramatique vers son dénouement, heureux ou funeste. Il apparaît ainsi que chez le premier théoricien du théâtre, la réflexion

1. V. Sternberg, *La Poétique de la comédie*, SEDES, « Campus », 1999, notamment p. 66.

2. Voir *Le Tragique*, textes choisis et présentés par M. Escola, GF-Flammarion, « Corpus », 2002, p. 22 *sq*.

3. Aristote, *Poétique*, chap. VII, éd. citée, p. 61.

sur les conditions d'exercice du tragique n'est pas dissociable de la définition de l'action dramatique. Qu'est-ce à dire ? Que tous les concepts utilisés pour penser le théâtre occidental ont été à l'origine définis et exemplifiés pour la tragédie, et en vue de produire l'effet propre à la tragédie, ce qui explique en grande partie pourquoi le théâtre a les plus grandes peines à se débarrasser du tragique autant que des structures de la tragédie.

C'est ce que disent implicitement Peter Szondi et Denis Guénoun. Le premier, dans *La Crise du drame moderne* (1983), définit rétrospectivement, à la lumière de sa remise en question, ce qu'il nomme le « drame » et qu'il présente comme la forme qu'a prise le théâtre occidental depuis la Renaissance jusqu'à la fin du XIXe siècle (voir « Drame » dans le Vade-mecum). Quant à Denis Guénoun, il considère, dans *Actions et acteurs* (2005), que la structure de l'action préconisée par Aristote « n'est rien d'autre [...] que l'élaboration logico-métaphysique du schème de la vie comme *destin* [1] ». Élaborée à partir de la référence à Aristote, l'action dramatique est donc toujours pensée sur le modèle de l'action tragique, comme enchaînement des faits menant à un dénouement, non nécessairement funeste, mais qui transforme rétrospectivement cette action en destin. Le fait est particulièrement visible dans le théâtre classique, dont Georges Forestier a pu montrer que, tragédie et comédie confondues, il reposait sur le principe d'une composition à rebours, conçue rétrospectivement à partir du dénouement, qu'il s'agisse de l'issue généralement funeste empruntée à l'Histoire ou à la légende pour la tragédie, du dénouement nuptial pour la comédie [2]. Mais si l'on y regarde d'un peu près, c'est aussi le théâtre de Marivaux, souvent conçu comme une série de mises à l'épreuve trouvant leur aboutissement dans un mariage, le drame hugolien (*Hernani* et *Ruy Blas* s'achèvent comme des tragédies) et, en définitive, une partie essentielle du théâtre français et européen qui se trouvent concernés.

---

1. D. Guénoun, « Problèmes d'écriture orpheline » (2000), repris dans *Actions et acteurs. Raisons du drame sur scène*, Belin, « L'Extrême contemporain », 2005, p. 57.

2. G. Forestier, *Essai de génétique théâtrale. Corneille à l'œuvre*, Klincksieck, 1995, et « Structure de la comédie française classique », *Littératures classiques*, nº 27, 1996, p. 243-257.

C'est en raison de cette consubstantialité entre le tragique et le dramatique qu'il ne devient véritablement possible de penser la question des genres du théâtre en dehors de la référence à la tragédie et au tragique que lorsque le théâtre s'élabore et se pense en dehors… du genre dramatique. Cette mutation a lieu à la charnière des XIXe et XXe siècles, lorsque le théâtre commence à se nourrir d'éléments venus des deux autres archigenres, soit le lyrique, qui est au fondement par exemple de la « choralité », principe d'éclatement de l'action entre plusieurs voix, et surtout le narratif ou l'épique à l'œuvre dans la « romanisation » (Mikhaïl Bakhtine) ou l'« épicisation » (traduction de l'allemand *Episierung* utilisé par Brecht) du théâtre. C'est dire que l'abandon de la référence au tragique s'accompagne d'une refondation de l'action, de la fable et de la construction de l'« intrigue », soit des constituants essentiels d'une pièce de théâtre, et que Brecht joue encore, dans cette mutation, un rôle décisif, en proposant la première véritable alternative à la forme aristotélicienne, c'est-à-dire dramatique, du théâtre (voir « Épique » dans le Vade-mecum). Émancipé de la structure « destinale » de l'action, où l'intrigue est commandée à rebours par son dénouement et progresse linéairement, le théâtre moderne et contemporain peut explorer la juxtaposition de fragments, le suspens du sens, le refus de finir, voire de commencer. C'est ce dont témoigne par exemple le théâtre de Beckett, et notamment *En attendant Godot*, pièce en deux actes (et non en un, trois ou cinq), qui s'ouvre sur la phrase « Rien à faire » et s'achève sur la contradiction entre le texte (« Allons-y ») et la didascalie qui l'accompagne (« *Ils ne bougent pas* »).

La remise en question de la consubstantialité entre dramatique et tragique ainsi que la redéfinition des frontières du théâtre modifient-elles la fonction assignée au spectacle dramatique ? Que devient la *catharsis* une fois abandonnée la référence à la tragédie autant que le principe de l'identification ?

## De l'utilité du spectacle dramatique

La question de l'utilité du spectacle dramatique est loin d'être secondaire, si l'on en juge par le nombre et la multiplicité des textes qui lui ont été consacrés autant que par la belle constance avec laquelle la théorie du théâtre lui fait place, depuis l'Antiquité jusqu'à Artaud et ses héritiers. Elle engage, en vérité, des plans et des acceptions différents, selon que l'on envisage la fonction sociale et politique du théâtre – c'est-à-dire tout à la fois son inscription dans la cité et la manière dont la cité vient s'y regarder ou s'y interroger –, son utilité morale, laquelle peut également faire l'objet d'analyses différenciées (cette utilité est-elle considérée comme la finalité véritable et exclusive du théâtre ou est-elle donnée en plus ?), ou l'effet que le théâtre produit sur la psyché, effet moins évidemment collectif, encore que son utilisation puisse intéresser la collectivité.

### Le modèle grec

La fonction sociale et politique du théâtre concerne de manière privilégiée certains genres ou courants dramatiques, au premier rang desquels la tragédie, le théâtre romantique – que Victor Hugo définit en 1833, dans la Préface de *Lucrèce Borgia*, comme une « tribune » – et le théâtre dit engagé (voir Sartre, texte XXXV), mais elle peut également être assumée par la seule mise en scène et le dialogue entre l'« ici et maintenant » de la représentation et l'« ailleurs autrefois » de la fiction.

Cette capacité intrinsèque du théâtre à réfléchir les problématiques de la cité, à les mettre en question, remonte comme on sait à la tragédie grecque. Jean-Pierre Vernant et Pierre Vidal-Naquet l'analysent comme un genre constitutivement politique dont l'avènement à Athènes coïncide avec la naissance de la démocratie et du droit, et dont la « matière » est « la pensée sociale propre à la cité, spécialement la pensée juridique en plein travail d'élaboration [1] », qui dans ses

1. J.-P. Vernant et P. Vidal-Naquet, *Mythe et tragédie en Grèce ancienne*, Maspero, 1972 ; rééd. La Découverte, 2001, p. 15.

structures mêmes (la tension entre le héros et le chœur notamment) substitue à un mode de pensée mythique un mode de pensée moderne fondé sur les valeurs de la collectivité et d'une nouvelle forme de religion. L'exemple d'*Antigone* (voir Sophocle, texte XXXII) revêt, dans cette perspective, une valeur paradigmatique puisque la pièce dramatise précisément le conflit entre deux lois, l'une archaïque (celle d'Antigone), l'autre moderne et arrimée aux valeurs nouvelles de la cité (celle de Créon).

Ces belles analyses, toutefois, ont été frontalement remises en question par Nicole Loraux, qui dans *La Voix endeuillée. Essai sur la tragédie grecque* [1] envisage la tragédie grecque comme un genre apolitique dont la caractéristique principale serait la mise en voix du deuil et dont l'une des formes maîtresses serait le chant de déploration. Elle brandit, face aux exemples archétypaux d'*Antigone* et d'*Œdipe Roi* de Sophocle, d'autres types de tragédies, notamment *Les Troyennes* ou *Les Phéniciennes* d'Euripide, pièces portées par des femmes dans lesquelles la donnée politique est régulièrement recouverte par les enjeux familiaux et le pathétique. Les conséquences de la thèse engagent la conception même du théâtre comme genre constitutivement politique, ancré dans la cité et réfléchissant les enjeux de la cité. Ce qu'indique Nicole Loraux, en effet, c'est que ce *leitmotiv* de bien des discours sur le théâtre – notamment lorsqu'il est attaqué ou fragilisé – relève probablement d'une forme de mythe ou d'injonction mythique, dont le modèle même, le référent grec, est peut-être caduc.

## La *catharsis*

Il reste, à tout le moins, la fonction morale du théâtre, celle-là même que les classiques nomment son « utilité ». Quelle est-elle et dans quelles formes ou quels lieux du texte théâtral se niche-t-elle ? Par la déformation comique, par l'optique ridicule, la comédie aurait pour tâche, sinon pour effet, de corriger les mœurs des contemporains (*castigat ridendo mores*) ; quant à la tragédie, son effet propre est la *catharsis*, soit la purgation des passions par le moyen de la

1. Gallimard, 1999.

crainte et de la pitié. Et si Aristote est très disert sur les conditions de production de la crainte et de la pitié, il ne dit rien de cette mystérieuse purgation qui pourrait bien être, comme le dialogue entre le théâtre et la cité, une forme de mirage, sauf à s'en tenir à la stricte interprétation médicale relayée par la lecture psychanalytique.

La question, centrale, de la *catharsis* intéresse en effet la fonction individuelle ou collective que l'on attribue au spectacle théâtral, la tragédie ayant très vite été considérée, sur ce point encore, comme un archétype du théâtre dans son ensemble. Centrale, mais néanmoins énigmatique, la *catharsis* est présentée en ces (seuls) termes chez Aristote : « en représentant la pitié et la frayeur, la tragédie réalise une épuration [*catharsis*] de ce genre d'émotions [1] ». La formule a suscité, au fil des siècles, trois interprétations majeures : l'interprétation morale, l'interprétation médicale et l'interprétation esthétique. La première, prédominante et quasiment exclusive jusqu'au XVIIIe siècle, lit Aristote à la lumière d'Horace et projette sur la *catharsis* la notion d'utilité. Si, comme le dit Horace, le poète doit chercher à mêler plaisir et instruction (*Art poétique*, v. 343), c'est par le jeu de la *catharsis* – alors traduit par « purgation des passions » – que l'instruction opère dans la tragédie : attachant le spectateur au sort du personnage en suscitant en lui la pitié (émotion qui s'adresse à l'autre) puis le conduisant, par un processus de retour sur lui-même, à craindre pour lui les conséquences funestes des passions qu'il voit à l'œuvre sur scène, le spectacle tragique aurait pour effet de guérir les hommes des passions, par essence mauvaises.

De manière significative, l'interprétation morale de la *catharsis* ne fait aucune place à la notion de plaisir, pourtant liée par Horace à celle de l'utilité et régulièrement évoquée par Aristote dans la *Poétique* (chapitres XIII et XIV notamment), qui ne le distingue pas de l'effet propre à la tragédie, c'est-à-dire précisément de la *catharsis*. C'est sur ce point que l'interprétation « classique » se distingue radicalement des deux autres interprétations, l'interprétation médicale et la très récente interprétation strictement esthétique, qui font de la mise en relation des deux notions un levier essentiel.

1. Aristote, *Poétique*, chap. VI, éd. citée, p. 53.

Dans le premier cas, la *catharsis* est analysée comme un processus thérapeutique visant, par la représentation de la crainte et de la pitié, à guérir les hommes de ces *mêmes* émotions, dans un fonctionnement littéralement *homéopathique* identique à celui que décrit Aristote à propos de la *catharsis* musicale, cette fois au livre VII des *Politiques*. Évoquant des chants sacrés dits de « purgation », il écrit ainsi : « nous voyons que quand ils [les auditeurs qui sont possédés par l'enthousiasme] ont eu recours aux mélodies qui jettent l'âme hors d'elle-même, ils sont ramenés, du fait des mélodies sacrées, à leur état normal comme s'ils avaient pris un remède et subi une purification [1] ».

Le plaisir du spectateur consisterait ainsi en une décharge émotionnelle d'autant plus vive que les émotions éprouvées au théâtre sont épurées, délestées de leur caractère pénible. Sans qu'elles renvoient explicitement à la *catharsis*, c'est ce protocole de lecture qui est majoritairement à l'œuvre dans les interprétations psychanalytiques du théâtre et de l'illusion théâtrale, celles de Freud ou d'Octave Mannoni notamment : la représentation théâtrale, consciemment éprouvée par le spectateur comme un processus de dénégation, lui permet par l'identification au personnage de libérer les images et les pulsions d'un inconscient qu'il n'a plus à refouler [2]. Charles Mauron, de son côté, fonde ce que l'on peut nommer la *catharsis* comique sur la notion de « fantaisies de triomphe », formes de revanches enfantines ou néo-enfantines prises sur le Père et les figures d'autorité, elles aussi sans risque puisque la comédie se donne, traditionnellement, comme l'histoire d'un autre (la représentation du personnage ridicule fait l'objet, chez Molière par exemple, de procédures visibles d'exclusion et de marginalisation) et que l'illusion qu'elle suscite est, par nature, beaucoup plus fragmentaire et discontinue que celle que fait naître le spectacle tragique [3].

---

1. Aristote, *Politiques*, éd. et trad. P. Pellegrin, GF-Flammarion, 1990, p. 542-543.

2. O. Mannoni, « L'illusion comique ou le théâtre du point de vue de l'imaginaire », dans *Clefs pour l'imaginaire* (1969), Seuil, « Points », 1985, p. 165-172.

3. Voir *Le Comique*, textes choisis et présentés par V. Sternberg, GF-Flammarion, « Corpus », 2003, p. 221-222.

On doit à Roselyne Dupont-Roc et Jean Lallot la formulation la plus radicale de l'interprétation strictement esthétique de la *catharsis* [1]. Plaisir intellectuel fondé sur la reconnaissance de l'expression ou, plus justement, de la représentation quintessenciée des formes ou concepts de la frayeur et de la pitié, le plaisir que suscite la *catharsis* ne s'accompagne d'aucune décharge, sublimation ou triomphe, non plus bien sûr qu'elle n'engage, au sortir de la salle, une réforme des mœurs. Mettant en relation l'énigmatique phrase sur la *catharsis* avec les chapitres liminaires de la *Poétique* consacrés à l'activité mimétique, les commentateurs d'Aristote analysent en ces termes le processus : « mis en présence d'une histoire (*muthos*) où il reconnaît les *formes*, savamment élaborées par le poète, qui définissent l'essence du pitoyable et de l'effrayant, le spectateur éprouve lui-même la pitié et la frayeur, mais sous une forme quintessenciée, et l'émotion épurée qui le saisit alors et que nous qualifierons d'esthétique s'accompagne de plaisir [2] ».

Au fil des siècles et des interprétations, la question de la *catharsis* a ainsi été progressivement pensée indépendamment de celle de l'utilité. Mais le ver était déjà dans le fruit et en marge de la *doxa*, certains auteurs ou théoriciens ont, dans l'Antiquité et pendant la période classique, fait état de leur perplexité quant à l'efficacité morale d'un processus censé purger l'homme de ses passions.

## Le théâtre et la peste

Paradoxalement, ce sont bien souvent les adversaires du théâtre qui démontent avec le plus de pertinence et de perspicacité ses mécanismes autant que l'envers du discours moral dans lequel on tente parfois de l'envelopper. Ces adversaires sont nombreux, et divers : chrétiens comme Tertullien et saint Augustin, et plus tard comme Conti et Nicole, protagonistes de la Querelle de la moralité du théâtre dans la seconde moitié du XVII^e^ siècle, ou laïcs comme Rousseau (voir texte XXXVI), ils proposent la réflexion la plus convaincante sur la puissance de la représentation et du spectacle

1. Dans leur édition de la *Poétique* d'Aristote, éd. citée, p. 188-193.
2. *Ibid.*, p. 190.

théâtral. Aux yeux de ces auteurs en effet, la puissance du théâtre, art d'imitation et de simulacre servi par des comédiens à la moralité douteuse, est d'autant plus pernicieuse que ce dernier est offert aux sens d'une collectivité. Loin de purger les hommes, fût-ce en leur inoculant le mal même – processus qu'indique l'interprétation médicale de la *catharsis* –, le théâtre agit ainsi, aux yeux de saint Augustin, comme une véritable peste. Dans une page célèbre de *La Cité de Dieu* (livre I, XXXI), il s'élève contre les jeux scéniques, peste des âmes infiniment plus pernicieuse que celle des corps et responsable de l'effondrement moral de Rome.

Il n'est pas indifférent qu'une telle image ait été reprise par Artaud pour promouvoir la conception d'un spectacle théâtral nouveau, ressourcé au contact de cultures orientales et dont la puissance est essentiellement subversive : « comme la peste, le jeu théâtral [est] un délire et [il est] communicatif [1] ». Telle peut être l'utilité du théâtre : non pas mettre en débat les fondements de la cité, sur le modèle réel ou supposé de la tragédie grecque, mais ébranler ces fondements, mettre à bas toutes les certitudes en faisant entrer le spectateur dans une commotion collective qui ne fera l'objet d'aucune sublimation.

Mais quelle que soit, en dernière instance, la réalité autant que les modalités de l'utilité du théâtre, il apparaît que celle-ci est indissociable de la forme du théâtre et de ce qui fait son caractère irréductible : sa vocation à devenir spectacle ou le « devenir-théâtre » (Denis Guénoun) que porte en lui tout texte dramatique.

1. Artaud, « Le théâtre et la peste », dans *Le Théâtre et son double*, éd. citée, p. 39.

# I

# LA THÉÂTRALITÉ

# I

# CRAIG

## L'ART DU THÉÂTRE DE DEMAIN

Edward Gordon Craig, *De l'art du théâtre*,
« Premier dialogue entre le régisseur et l'amateur
de théâtre » (1905), dans *De l'art du théâtre*
(Londres, 1911), trad. C. Pedotti, éd. M. Borie
et G. Banu, © Circé, « Penser le théâtre »,
1999, p. 137-138 et 140-141.

Le développement du concept de théâtralité dans l'Europe du premier tiers du XX^e^ siècle en fait un objet polémique, cheval de bataille lancé contre une conception du théâtre qui a élevé le texte – à la fois l'intrigue et l'expression – au sommet de la hiérarchie des parties constitutives du théâtre (voir Aristote, texte VI) et qui a subordonné au texte la mise en scène alors naissante (voir Introduction, p. 23 *sq.*).

Les pages liminaires du dialogue intitulé *De l'art du théâtre* que Craig publia en 1905, et qui fut traduit en français en 1920, proposent deux acceptions successives de la notion de théâtralité : la première, vite contestée, est une définition extensive faisant de la théâtralité la somme des constituants et des disciplines qui forment le théâtre ; la seconde, qui est la seule qui intéresse l'auteur, est une définition intensive, qui isole au sein de ces constituants celui qui permet d'identifier l'essence distinctive et irréductible du théâtre, et que Craig nomme le geste.

Metteur en scène et théoricien, l'Anglais Edward Gordon Craig est en effet le promoteur, près de trente ans avant Artaud (voir texte XXXI), d'une rupture radicale avec une conception à la fois bourgeoise et textocentriste du théâtre. Le théâtre futur qu'il appelle de ses vœux dans ce traité qu'il avait songé à intituler « De l'art du théâtre de demain » doit renouer avec une forme de théâtre archaïque ou à tout le moins oublié (celui de la Grèce antique et des mystères ou des « masques » anglais) pour redonner au théâtre sa puissance de rituel. Le maître d'œuvre de ce théâtre à venir est le « régisseur », c'est-à-dire non seulement le metteur en scène et celui qui prend en charge l'organisation matérielle du spectacle – le dialogue commence d'ailleurs par une présentation des lieux et techniques de la scène –, mais aussi, étymologiquement, celui qui dirige l'ensemble et assure la cohérence entre les différents constituants du théâtre. Auparavant tout-puissants, l'auteur et l'acteur devront soumettre leur art au projet du régisseur, le premier en composant des textes qui, à l'instar des livrets d'opéra, n'aient d'existence et de sens que par l'actualisation scénique ; le second en se débarrassant de sa sensibilité, en devenant un pur exécutant, une *surmarionnette* – qui peut même, à l'occasion, céder la place à une vraie marionnette.

Une telle réforme croise nécessairement la question de la mise en scène des classiques (voir aussi textes III et XXIX et Vademecum), c'est-à-dire, pour un Anglais, celle de la mise en scène de Shakespeare. Or « *Hamlet* n'est pas de nature à être représenté à la scène », parce que le sens ultime de la pièce est tout entier contenu dans le texte. Pourtant, Craig choisira la pièce de Shakespeare lorsqu'en 1912 il sera invité par Stanislavski au Théâtre de l'art à Moscou ; mais il en fera alors un terrain d'expérimentation pour des innovations scénographiques et imaginera de représenter la pièce à partir du point de vue du seul Hamlet.

## Premier dialogue entre le régisseur et un amateur de théâtre [1]

LE RÉGISSEUR. Maintenant que nous avons parcouru ensemble tout le Théâtre, que je vous ai montré sa construction générale, la scène, la machinerie des décors, les appareils

1. Ce premier dialogue écrit en 1905 a été bientôt épuisé, et les exemplaires en ont été introuvables. On l'a réimprimé trois ans plus tard sous son titre original ; j'eusse préféré le désigner sous le nom de *L'Art du théâtre de demain*, car il représente assez bien ce théâtre. Au jour qui vient « après demain », c'est-à-dire à l'avenir, il faudra un théâtre plus neuf, plus parfait que celui décrit ici, car ce jour-là nous connaîtrons la Sur-Marionnette et le drame mimé dont il a été question plus haut [notamment dans « L'acteur et la sur-marionnette », essai qui fut ajouté avec dix autres aux deux dialogues entre l'amateur de théâtre et le régisseur pour composer le recueil intitulé *De l'art du théâtre* que Craig publia en 1911]. (*N.d.A.*)

d'éclairage et le reste, et que vous avez vu le mécanisme du Théâtre, asseyons-nous un moment dans la salle et parlons de son art. Dites-moi, savez-vous ce que c'est que l'Art du Théâtre ?

L'AMATEUR DE THÉÂTRE. Il me semble que c'est l'art dramatique, l'interprétation des acteurs ?

LE RÉGISSEUR. La partie vaut donc le tout ?

L'AMATEUR DE THÉÂTRE. Non, bien sûr. Mais voulez-vous dire que c'est en la pièce que consiste l'Art du Théâtre ?

LE RÉGISSEUR. La pièce est une œuvre littéraire. Comment un art en serait-il un autre en même temps ?

L'AMATEUR DE THÉÂTRE. Si cet art ne consiste point dans le jeu des acteurs, ni dans la pièce, faut-il conclure que c'est dans la mise en scène ou la danse ? Ce n'est pas là votre pensée ?

LE RÉGISSEUR. Non. L'art du théâtre n'est ni le jeu des acteurs, ni la pièce, ni la mise en scène, ni la danse ; il est formé des éléments qui les composent : du geste qui est l'âme du jeu ; des mots qui sont le corps de la pièce ; des lignes et des couleurs qui sont l'existence même du décor ; du rythme qui est l'essence de la danse.

L'AMATEUR DE THÉÂTRE. Et du geste, des mots, des lignes et des couleurs, du rythme – lequel est le plus essentiel à cet Art ?

LE RÉGISSEUR. L'un n'importe pas plus que l'autre. De même qu'une couleur n'est pas plus qu'une autre utile au peintre, un son plus qu'un autre employé par le musicien. Toutefois le geste est peut-être le plus important : il est à l'Art du Théâtre ce que le dessin est à la peinture, la mélodie à la musique. L'Art du Théâtre est né du geste – du mouvement – de la danse.

L'AMATEUR DE THÉÂTRE. J'avais toujours pensé qu'il était né du discours, et que le Poète avait présidé à sa destinée.

LE RÉGISSEUR. C'est l'opinion courante, mais veuillez réfléchir un instant. L'imagination du poète s'exprime en paroles harmonieuses ; il récite ou chante ces paroles et s'en tient là. Ce poème, dit ou chanté, s'adresse à nos oreilles et, par là, à notre imagination. Nous ne gagnerons rien à ce que le poète joigne le geste au récit ou au chant ; bien au contraire, cela ne fera que nous troubler.

L'AMATEUR DE THÉÂTRE. Oui, je me rends compte que le geste ne peut rien ajouter à un parfait poème lyrique, sans causer une désharmonie. Mais est-ce applicable également à la poésie dramatique ?

LE RÉGISSEUR. Sans aucun doute. Rappelez-vous qu'il s'agit du poème dramatique, et non du drame. Ce sont deux choses différentes. Le premier est écrit pour être *lu*, le second doit être *vu*, joué à la scène. Le geste est nécessaire au drame, inutile au poème. Le geste et la poésie n'ont rien à voir ensemble. Et de même qu'il ne faut point confondre le poète dramatique avec le dramaturge. L'un écrit pour le lecteur, ou l'auditeur – l'autre pour le public d'un théâtre. [...]

LE RÉGISSEUR. [...] Le public vient au théâtre pour voir et non pour entendre. Qu'est-ce que cela prouve, sinon que le public d'aujourd'hui est demeuré le même que jadis ? Fait d'autant plus curieux, que les pièces et les auteurs dramatiques ont, eux, varié. Les pièces ne sont plus une harmonieuse combinaison de gestes, de paroles, de danses et d'images ; elles consistent tout en paroles, ou tout en images. Les pièces de Shakespeare, par exemple, diffèrent grandement des anciens « mystères » composés uniquement pour le théâtre. *Hamlet* n'est pas de nature à être représenté à la scène. *Hamlet* et les autres pièces shakespeariennes sont à la lecture des œuvres si vastes et si complètes qu'elles ne peuvent que perdre beaucoup à être interprétées à la scène. Le fait qu'on les jouait du temps de Shakespeare ne prouve rien. Les vraies œuvres du théâtre à cette époque, c'étaient les « Masques [1] », les « Pageants [2] », légères et charmantes illustrations de l'Art du Théâtre. Si les drames shakespeariens avaient été composés pour être *vus*, ils nous paraîtraient incomplets à la lecture. Or, personne lisant *Hamlet* ne trouvera la pièce ennuyeuse ou incomplète, alors que plus d'un, après avoir assisté à la représentation du drame, dira avec regret : « Non, ce n'est pas le *Hamlet* de Shakespeare. » Lorsqu'on ne peut rien ajouter à une œuvre d'art, elle est « achevée », complète. Or, la pièce de *Hamlet* était « achevée » lorsque Shakespeare en eut tracé le

1. Forme de spectacle mêlant musique, danse et théâtre qui se développa en Angleterre dans la première moitié du XVII^e siècle, sous les règnes de Jacques I^er et de Charles I^er. L'un des spécialistes de ce spectacle de cour fut le dramaturge Ben Jonson, dont plus de la moitié de la production dramatique consiste en masques.

2. Équivalents de nos mystères, les *pageants* sont des tableaux vivants, d'inspiration religieuse au Moyen Âge, puis civique après la Réforme.

dernier vers. Vouloir y joindre le geste, le décor, les costumes et la danse, c'est suggérer qu'elle est incomplète et a besoin d'être perfectionnée.

L'AMATEUR DE THÉÂTRE. Est-ce à dire qu'on ne devrait jamais jouer *Hamlet* ?

LE RÉGISSEUR. À quoi bon l'affirmer ! On continuera de le jouer d'ici quelque temps encore, et le devoir de ses interprètes sera de faire de leur mieux. Mais viendra le jour où le théâtre n'aura plus de pièces à représenter et créera des œuvres propres à son Art.

L'AMATEUR DE THÉÂTRE. Et ces œuvres paraîtront incomplètes à la lecture ou à la récitation ?

LE RÉGISSEUR. Certes, elles seront incomplètes partout ailleurs qu'à la scène, insuffisantes partout où leur manquerait l'action, la couleur, la ligne, l'harmonie du mouvement et du décor.

# II

# BARTHES

## THÉÂTRALITÉ DU THÉÂTRE ET THÉÂTRALITÉ HORS THÉÂTRE

Roland Barthes, « Le théâtre de Baudelaire », dans Préface aux *Œuvres* de Baudelaire, Club du Meilleur Livre, 1954 ; repris dans *Essais critiques*, © Seuil, 1964 ; rééd. « Points », 1971, p. 41-47.

Une formule a consacré l'étude par Roland Barthes du théâtre de Baudelaire et établi cet article comme l'une des réflexions séminales sur la théâtralité : la théâtralité, « c'est le théâtre moins le texte ». Ainsi définie, la théâtralité apparaît comme l'ensemble des signes qui, inscrits en creux dans le texte et actualisés à la scène seulement – par la scénographie, la lumière, le décor, le jeu de l'acteur, la musique, etc. –, viennent parachever la signification de la pièce. Ce que Barthes reformule, en 1963, en définissant le théâtre comme « une espèce de machine cybernétique » délivrant simultanément un grand nombre d'« informations (venues du décor, du costume, de l'éclairage, de la place des acteurs, de leurs gestes, de leur mimique, de leur parole) », et en affirmant : « on a donc affaire à une véritable polyphonie informationnelle, et c'est cela, la théâtralité : *une épaisseur de signes* » (« Littérature et signification », entretien publié dans *Tel Quel*, 1963 ; repris dans *Essais critiques*, éd. citée, p. 258). On n'a pas toujours pris garde, cependant, à la suite de ce texte troublant dans laquelle Barthes poursuit en réalité deux objets : l'un, principal, est la présentation des quatre projets de théâtre de Baudelaire – *Idéolus*, drame de jeunesse demeuré inachevé, *Marquis du Ier Houzards*, *La Fin de Don Juan* et *L'Ivrogne*, qui sont trois scénarios ; l'autre, secondaire, est la définition de la théâtralité, à commencer par celle du théâtre et plus largement de l'œuvre de Baudelaire. Or c'est à partir d'une thèse paradoxale que s'édifie, patiemment, la réflexion de Barthes sur la théâtralité : les projets de théâtre de Baudelaire sont, en effet, dénués de toute théâtralité ; mais, absente de son théâtre, la théâtralité hante toute l'œuvre non théâtrale de l'auteur. Aussi est-ce tour à tour en creux, comme ce qui manque au théâtre de Baudelaire, et en plein, comme ce dont son œuvre non théâtrale déborde, que Barthes étudie la théâtralité et détermine ses constituants propres. Ces derniers sont l'artificialité, un fonctionnement génétique spécifique, qui fait du théâtre la « concrétion ultérieure d'une fiction autour d'une donnée initiale, qui est toujours d'ordre gestuel » et l'« ultra-incarnation » par le corps de l'acteur et même très exactement par « les deux corps » de l'acteur, son corps réel, vivant, et son corps « emphatique », symbolique (voir « Acteur » dans le Vade-mecum). La perspective adoptée par Barthes le conduit à un véritable tour de force conceptuel, auquel on a pu opposer une autre manière d'articuler la théâtralité du théâtre et la théâtralité hors théâtre, c'est-à-dire une théâtralité d'ordre métaphorique. Cette théâtralité seconde, non littérale, et qui hante le lexique métapoétique (La Fontaine parlant de son recueil de fables comme d'une « ample comédie à cent actes divers », Balzac nommant son grand œuvre « la comédie humaine »...) ne va pas sans déplacements et malentendus : « Les genres littéraires autres que le théâtre définissent [...] en creux une théâtralité qui n'est pas celle du théâtre, mais qui relève en fait d'une projection de leur part. » Car « dès que les traits de la théâtralité s'évadent du théâtre, dès qu'ils migrent dans l'univers d'autres genres littéraires, [...] la référence au système esthétique originel devient plus lâche, plus lointaine. On isole dès lors des éléments épars, présumés théâtraux parce qu'ils sont frappants, qu'ils émeuvent, qu'ils relèvent d'un art de la parole, ou du décor, mais ces éléments ne sont plus assujettis à une esthétique réellement théâtrale » (A. Larue, Avant-propos de *Théâtralité et genres littéraires*, Publications de La Licorne, Hors série – Colloques II, 1996, p. 13).

Qu'est-ce que la théâtralité ? c'est le théâtre moins le texte, c'est une épaisseur de signes et de sensations qui s'édifie sur la scène à partir de l'argument écrit, c'est cette sorte de perception œcuménique des artifices sensuels, gestes, tons, distances, substances, lumières, qui submerge le texte sous la plénitude de son langage extérieur. Naturellement, la théâtralité doit être présente dès le premier germe écrit d'une œuvre, elle est une donnée de création, non de réalisation. Il n'y a pas de grand théâtre sans théâtralité dévorante, chez Eschyle, chez Shakespeare, chez Brecht, le texte écrit est d'avance emporté par l'extériorité des corps, des objets, des situations ; la parole fuse aussitôt en substances. Une chose frappe au contraire dans les trois scénarios de Baudelaire que nous connaissons (j'accorde peu de crédit à *Idéolus*, œuvre à peine baudelairienne) : ce sont des scénarios purement narratifs, la théâtralité, même virtuelle, y est très faible. [...]

Ce n'est donc pas lorsque Baudelaire parle de mise en scène, qu'il est le plus près d'un théâtre concret. Ce qui appartient chez lui à une théâtralité authentique, c'est le sentiment, le tourment même, pourrait-on dire, de la corporéité troublante de l'acteur. Baudelaire propose ici que le fils de Don Juan soit joué par une jeune fille, là que le héros soit entouré de belles femmes chargées toutes d'une fonction domestique, là encore que l'épouse de l'Ivrogne présente dans son corps même cette apparence de modestie et de fragilité, qui appelle le viol et le meurtre. C'est que pour Baudelaire, la condition de l'acteur, c'est d'être prostitué (« Dans un spectacle, dans un bal, chacun jouit de tous ») : sa vénusté [1] n'est donc pas sentie comme un caractère épisodique et décoratif (contrairement à la mise en scène « remuante », aux mouvements de bohémiens, ou à l'atmosphère des guinguettes), elle est nécessaire au théâtre comme manifestation d'une catégorie première de l'univers baudelairien : l'artificialité.

Le corps de l'acteur est artificiel, mais sa duplicité est bien autrement profonde que celle des décors peints ou des meubles faux du théâtre ; le fard, l'emprunt des gestes ou des intonations, la disponibilité d'un corps exposé, tout cela est artificiel, mais non factice, et rejoint par là ce léger dépassement, de saveur exquise, essentielle, par lequel Baudelaire a défini le pouvoir des paradis artificiels : l'acteur porte en lui la sur-précision même d'un monde excessif, comme celui du haschisch, où rien n'est inventé, mais où tout existe dans une

1. Ici : sa sensualité.

intensité multipliée. On peut deviner par là que Baudelaire avait un sens aigu de la théâtralité la plus secrète et aussi la plus troublante, celle qui met l'acteur au centre du prodige théâtral et constitue le théâtre comme le lieu d'une ultra-incarnation, où le corps est double, à la fois corps vivant venu d'une nature triviale, et corps emphatique, solennel, glacé par sa fonction d'objet artificiel.

Seulement, cette théâtralité puissante, elle n'est qu'à l'état de trace dans les projets de Baudelaire, alors qu'elle coule largement dans le reste de l'œuvre baudelairienne. Tout se passe comme si Baudelaire avait mis son théâtre partout, sauf précisément dans ses projets de théâtre. C'est d'ailleurs un fait général de création que cette sorte de développement marginal des éléments d'un genre, théâtre, roman ou poésie, à l'intérieur d'œuvres qui nominalement ne sont pas faites pour les recevoir : par exemple, la France a mis son théâtre historique partout dans sa littérature sauf sur la scène. La théâtralité de Baudelaire est animée de la même force de fuite : elle fuse partout où on ne l'attend pas ; d'abord et surtout dans *Les Paradis artificiels* : Baudelaire y décrit une transmutation sensorielle qui est de même nature que la perception théâtrale, puisque dans l'un et l'autre cas la réalité est affectée d'une emphase aiguë et légère, qui est celle-là même d'une idéalité des choses. Ensuite dans sa poésie, du moins partout où les objets sont unis par le poète dans une sorte de perception rayonnante de la matière, amassés, condensés comme sur une scène, embrasés de couleurs, de lumières et de fard, touchés ici et là par la grâce de l'*artificiel* ; dans toutes les descriptions de tableaux, enfin, puisqu'ici le goût d'un espace approfondi et stabilisé par le geste théocratique du peintre est satisfait de la même manière qu'au théâtre (inversement les « tableaux » abondent dans le scénario du *Marquis du Ier Houzards*, que l'on dirait tout entier sorti de Gros ou de Delacroix, tout comme *La Fin de Don Juan* ou *L'Ivrogne* semblent venir d'un premier dessein poétique plus que d'un dessein proprement théâtral).

Ainsi la théâtralité de Baudelaire fuit son théâtre pour s'étendre dans le reste de son œuvre. Par un procès inverse mais tout aussi révélateur, des éléments issus d'ordres extra-dramatiques affluent dans ces projets de pièces, comme si ce théâtre s'acharnait à se détruire par un double mouvement de fuite et d'empoisonnement. À peine conçu, le scénario baudelairien se pénètre aussitôt des catégories romanesques : *La Fin de Don Juan*, du moins le fragment initial qui nous en est livré, s'achève curieusement sur un pastiche de Stendhal ; Don Juan parle à peu près comme Mosca : dans les quelques mots que Don Juan échange avec son domestique, règne un air général qui est celui du dialogue de roman, où la parole des personnages, pour directe qu'elle soit, garde ce glacis précieux, cette transparence châtiée dont on sait que Baudelaire revêtait tous les objets de sa création. Sans doute, il ne s'agit ici que d'un schéma, et Baudelaire eût peut-être donné à son dialogue cette littéralité absolue qui est le statut fondamental du langage de théâtre. Mais on analyse ici la vocation d'un échec et non la virtualité d'un projet : il est significatif qu'à l'état naissant, cette ombre de scénario ait la couleur même d'une littérature écrite, glacée par la page, sans gosier et sans viscères.

Temps et lieux, chaque fois qu'ils sont indiqués, témoignent de la même horreur du théâtre, du moins du théâtre tel qu'on pouvait l'imaginer à l'époque de Baudelaire : l'acte, la scène sont des unités dont Baudelaire s'embarrasse tout de suite, qu'il déborde sans cesse et qu'il remet toujours à plus tard de maîtriser : tantôt il sent que l'acte est trop court, tantôt trop long ; ici (*Marquis du Ier Houzards*, acte III), il place un retour en arrière, que seul aujourd'hui le cinéma pourrait accomplir ; là (*La Fin de Don Juan*), le lieu est ambulant, passage insensible de la ville à la campagne, comme dans le théâtre abstrait (*Faust*) ; d'une manière générale, dans son germe même, ce théâtre éclate, *tourne*, comme un élément chimique mal fixé, se divise en « tableaux » (au sens pictural du terme) ou en récits. C'est que, contrairement à tout homme de théâtre véritable, Baudelaire imagine une histoire toute narrée, au lieu de partir de la scène ; génétiquement, le théâtre n'est jamais que la concrétion ultérieure d'une fiction autour d'une donnée initiale, qui est toujours d'ordre gestuel (liturgie chez Eschyle, schèmes d'acteurs chez Molière) : ici, le théâtre est visiblement pensé comme un avatar purement formel, imposé après coup à un principe créateur d'ordre symbolique (*Marquis du Ier Houzards*) ou existentiel (*L'Ivrogne*). « J'avoue que je n'ai pas du tout pensé à la mise en scène » dit

Baudelaire à un moment ; naïveté impossible chez le moindre dramaturge. [...]

Que reste-t-il donc de proprement théâtral dans les projets de Baudelaire ? rien, sauf précisément un pur recours au théâtre. Tout se passe comme si la simple intention d'écrire un jour quelques drames avait suffi à Baudelaire, et l'avait dispensé de nourrir ces projets d'une substance proprement théâtrale, étendue à travers l'œuvre, mais refusée aux seuls lieux où elle aurait pu s'accomplir pleinement. Car ce théâtre que Baudelaire prétend rejoindre un instant, il s'empresse de lui prêter les traits les plus propres à l'en faire fuir aussitôt : une certaine trivialité, une certaine puérilité (surprenantes par rapport au dandysme baudelairien), issues visiblement des plaisirs supposés de la foule, l'imagination « odéonienne » des tableaux spectaculaires (une bataille, l'Empereur passant une revue, un bal de guinguette, un camp de Tsiganes, un meurtre compliqué), toute une esthétique de l'impressivité grossière, coupée de ses motifs dramatiques, ou, si l'on préfère, un formalisme de l'acte théâtral conçu dans ses effets les plus flatteurs pour la sensibilité petite-bourgeoise.

Le théâtre ainsi posé, Baudelaire ne pouvait que mettre la théâtralité à l'abri du théâtre ; comme s'il sentait l'artifice souverain menacé par le caractère collectif de la fête, il l'a caché loin de la scène, il lui a donné refuge dans sa littérature solitaire, dans ses poèmes, ses essais, ses Salons ; et il n'est plus resté dans ce théâtre imaginaire que la prostitution de l'acteur, la volupté supposée du public pour les mensonges (et non l'artifice) d'une mise en scène grandiloquente.

# III

# GUÉNOUN

## LE « DEVENIR-THÉÂTRE »

Denis Guénoun, *Le Théâtre est-il nécessaire ?*,
© Circé, « Penser le théâtre », 2002,
p. 144-145, 148-149 et 153-155.

À quoi tient la crise que traverse actuellement le théâtre ? Au fait que le cinéma remplit désormais la fonction qui fut la sienne, ou dont on le crédite à tout le moins : celle de proposer des figures auxquelles les spectateurs puissent s'identifier, ou qui puissent servir de supports à l'imagination ; mais également à l'hiatus qui s'est instauré, au fil des siècles, entre le théâtre comme spectacle et le théâtre comme pratique, à la dissociation entre un « voir » et un « faire » dont la *Poétique* d'Aristote, par exemple, montrait la solidarité. C'est à cette démonstration que s'emploie Denis Guénoun dans *Le Théâtre est-il nécessaire ?*, qui s'est imposé en quelques années comme un ouvrage de référence pour penser le fait théâtral et la représentation.

Le théâtre, cependant, peut tirer de cette situation de fait un bénéfice secondaire : dès lors qu'est tombé le « quatrième mur », qui était le support de l'illusion théâtrale, et que les mécanismes identificatoires vecteurs de la *catharsis* n'y ont plus vraiment cours, le théâtre s'offre au spectateur dans sa théâtralité véritable, c'est-à-dire comme « opération de théâtralisation », pure actualisation scénique d'un texte que l'on peut connaître, que l'on ne vient plus pour découvrir ni pour éprouver comme histoire, mais dont on vient voir la mise en jeu. Le théâtre devient un « voir faire », où des spectateurs viennent « voir *comment ils font*, ceux-là qui s[e] produisent » sur scène, disant des textes sans plus prétendre incarner des personnages. Dans ce contexte, la mise en scène des classiques constitue un paradigme idéal, qui permet précisément de mesurer, éventuellement en comparant différentes propositions de mises en scène, le « devenir-théâtre » d'un texte.

Une telle position est emblématique du renouvellement de la réflexion sur la théâtralité que mènent ou menèrent à leur manière, en France, Bernard Dort et Jean-Pierre Sarrazac notamment, laquelle substitue une définition proprement active du concept à des définitions qui, malgré leur diversité, demeurent essentialistes et statiques. Et si, en dernière instance, il s'agit toujours de définir l'essence distinctive du théâtre, la substitution de la « théâtralisation » à la « théâtralité » porte en elle tout le passage d'un état (ce qu'indique encore Barthes, dans le texte II) à un processus dynamique et éphémère.

Inspectons la scène, d'abord. Elle était le lieu d'existence conjointe d'une pratique effective – le jeu [1] –, et de ses effets de figuration – les personnages. Elle s'était peu à peu acclimatée à leur coexistence, partagée pour ménager leurs deux

1. Il y aurait beaucoup à dire sur le processus qui a progressivement déterminé cette pratique comme *jeu*, plutôt que comme imitation, ou récitation. C'est l'histoire du théâtre à l'époque de l'esthétique [laquelle succède, dans la seconde moitié du XVIIIe siècle, à l'époque de la rhétorique et de la *mimèsis*] qu'il faudrait, pour cela, attentivement considérer. (*N.d.A.*)

espaces distincts : espace pratique, espace figural ; espace concret, espace fictif. On a vu d'Aubignac [1] travailler, patiemment, à cette disjonction. De façon abrupte, on peut formuler ainsi le constat : si le personnage, ou au moins son efficacité, sa puissance imaginaires (et avec lui tout l'appareil de ses lieux, temps, actions supposés, ou au moins leur capacité d'envoûtement), ont déserté l'espace de la représentation théâtrale, cela signifie que *sur scène, désormais, ne reste que le jeu*. Bien sûr, on y croise encore des personnages, et des effets imaginaires liés aux rôles. Mais ce sont désormais des effets secondaires, qui ne soutiennent plus la singularité du théâtre, et ne portent plus en eux, ni avec eux, la raison de sa nécessité. Cela qu'on appelle *le jeu* occupe désormais tout l'espace laissé libre, habite tout le plateau. Sa nécessité intrinsèque ne se déduit plus du besoin de donner vie à des personnages. Il n'a plus à répondre à cette commande. Il structure seul le domaine, répond de soi : *la nécessité du jeu, c'est le jeu*. [...]

Ce déplacement de la normativité scénique vers la présentation sèche, vers la justesse d'un exister renvoyé à lui-même et cependant offert au regard (ou à l'écoute), affecte toutes les exigences de la scène : la profondeur ou légèreté de la voix (mais qui répugne à la portée soutenue, toujours-pleine, dont s'arrondit la diction de chanteurs) ; la disponibilité aux partenaires ; l'accueil des aléas ; et surtout : la grâce, le non-affecté, l'être jubilant, digne, ouvert, librement tendu [...]. Mais le fait concerne, peut-être plus encore, l'exhibition des mots. Car le représenté n'est plus la vérité du texte. La vérité du texte théâtral est désormais, intempestivement, *poétique*. Elle l'est de longue date : mais elle aussi s'offre aujourd'hui à nu. L'invention, l'acuité du jeu ne s'autorise plus, à son extrême pointe, d'une identité plausible de Bérénice, de Tartuffe, de Louis Laine [2]. Elle vise, d'abord, à « faire entendre » la plus grande portée – le meilleur porté – poétique des mots enchaînés. Bien sûr, la poésie n'est pas quitte d'effets de personnalisation. Il est vrai qu'on peut voir une Bérénice, une Phèdre. Mais on les verra d'abord parce qu'on les entend. Et cette entente naîtra d'abord de la mise au jour, et à vif, de la *constitution poétique* de leur parole – et de ses ouvertures visuelles. Les

1. Voir Introduction, p. 18, et d'Aubignac, textes VIII et XXI.
2. Personnage de *L'Échange* de Claudel.

grands textes, même contemporains, même comiques (Beckett, Vauthier, Bernhard) valent d'abord comme poèmes, et c'est dans les plis de cette effectivité poétique que nichent les devenirs-personnes : Hamm, le Personnage combattant, le Réformateur du monde [1]. On ne pénètre pas Beckett en cherchant qui est Hamm, et en voulant s'identifier à lui. Mais aucune Phèdre d'importance n'est ainsi produite non plus. Les acteurs redeviennent rhapsodes [2]. Leur travail est de phrasé, de respiration, d'exhibition des ressources physiques d'une langue [3]. Et la *tenue* poétique du discours est un mode d'élection de leur jeu, qui s'affaire à des rigueurs et des libertés prosodiques ou métriques, syntaxiques ou tropiques, onomastiques même, laissant filer entre les mailles d'un *style* les échappées du sentiment ou du caractère. Le jeu n'est plus vassalisé sous les identités fictives, et l'attirail de leur mise à jour. Ce sont ces identités qui valent comme effets, ou points de passage, du jeu. [...]

Depuis que les héros ont filé dans les images, *on ne va plus au théâtre pour y jouir de personnages ni de situations*. Ce qui n'entraîne pas qu'on se plaint si on en trouve : ce peuvent être des suppléments bienvenus. Mais c'est vers le cinéma, et non le théâtre, que nous porte la recherche de gratifications situationnelles, dramatiques, identificatoires [...]. Nul ne s'achemine plus vers un théâtre dans l'espoir de s'y laisser capter, envoûter, illusionner par les prestiges oniriques ou fantasmatiques d'un récit ou d'une figure. Les spectateurs assoiffés d'histoires entrent dans un cinéma, ou connectent des moniteurs vidéo. Ouvrent des livres, avec ou sans images. Peut-être, en d'autres temps, le théâtre a-t-il répondu à cette fonction, il est difficile de le savoir avec certitude : de ces époques, nous connaissons l'idéologie, et mal l'effectivité. Mais aujourd'hui on ne s'installe plus dans un fauteuil pour apprendre ce qu'il adviendra d'Agrippine [4], ni suivre à nouveau, même connus, les démêlés d'Œdipe, ni de Clov [5] – pour eux-mêmes,

1. Respectivement, personnages de *Fin de partie* de Samuel Beckett, du *Personnage combattant ou Fortissimo* de Jean Vauthier et du *Réformateur du monde* de Thomas Bernhard.

2. Ce dernier concept est un de ceux qui guident la recherche de J.-P. Sarrazac. (*N.d.A.*)

3. Cf. J.-Cl. Milner et F. Regnault, *Dire le vers*, Seuil, 1987. (*N.d.A.*)

4. Dans *Britannicus* de Racine.

5. Dans *Fin de partie* de Beckett.

dans l'autonomie de leur fiction. On va au théâtre pour *voir un spectacle*, selon l'expression maintenant familière. Qu'est-ce que cela veut dire ? Exactement ceci : qu'on s'y rend dans l'intention de s'y faire présenter une *opération de théâtralisation*. On veut voir le *devenir-théâtre* d'une action, d'une histoire, d'un rôle. Les spectateurs de théâtre, la formule est peut-être moins niaise qu'il y paraît, *vont au théâtre pour y voir du théâtre*. On pourrait même dire : y voir *le théâtre*, l'incidence, l'avènement événementiel et singularisé du théâtre, en ce lieu et à cette heure. C'est-à-dire cela même qui advient sur la scène en tant que scène : les pratiques de la scène en tant que pratiques. Voir *comment ils font*, ceux-là qui s'y produisent [...].

C'est pourquoi la représentation des classiques a tant de succès. Il est stupide et méprisant d'attribuer le succès des classiques à un conformisme du public, à sa volonté de revoir ce qu'il a déjà vu. C'est souvent l'inverse : on va voir un classique pour découvrir ce qui, dans sa présentation, diffère de celles qu'on a pu connaître. Or, ce qui diffère, c'est le mode déterminé de sa théâtralisation. On ne va voir la chose qu'on connaît que pour jouir du *comment* de sa présentation nouvelle – de sa différance. En cela, les classiques permettent d'exercer un regard proprement théâtral, de regarder exactement cela qu'est le théâtre, la conduite de la monstration sur la scène. Parce qu'on est supposé en connaître le texte, l'histoire, les rôles : ce qui est donné à voir, c'est alors exactement l'acte de leur présentation, la théâtralité même – la venue à la scène du texte, dans son transfert comme décapé, mis à nu. En ce sens, aller *voir un spectacle* est bien différent de ce qu'était aller *voir une pièce* : voir une pièce, c'était suivre une histoire, des situations et des personnages en conflits. Voir un spectacle, c'est voir la théâtralité dans son opération propre : la mise en œuvre, le versement (la *version*) au théâtre, le geste de basculement sur la scène d'une réalité non-scénique, poème ou récit. Aller voir un spectacle, c'est exactement se porter au devant d'une mise-en-scène, d'une mise à la scène, d'une opération d'exhibition comme telle, autonome et singulière par rapport aux entités imaginaires dont elle matérialise l'existence jusque-là réservée. Opération qui n'est qu'un mode de ce qu'on tente ici de déterminer comme *jeu*.

# IV

# CALDERÓN

## *THEATRUM MUNDI*

Pedro Calderón de la Barca, *Le Grand Théâtre du monde* (*ca*. 1633-1635), éd. et trad. de F. Bonfils, GF-Flammarion, 2003, p. 67-69, 89-93 et 148-149.

La théâtralité fonctionne aussi comme métaphore de la condition humaine dans le motif pluriséculaire du *theatrum mundi*, selon lequel le monde est une scène sur laquelle défilent des hommes qui disparaissent après avoir joué leur rôle. Omniprésent dans la littérature européenne de la période baroque, le motif est, d'abord, un *topos* philosophique qui apparaît déjà chez les présocratiques, que se réapproprient ensuite les stoïciens et qui est très largement récupéré par les Pères de l'Église. Il est l'expression d'une anthropologie pessimiste et émane d'auteurs qui sont, par leur fonction autant que par goût, hostiles au théâtre. C'est dans cette perspective que Bossuet (*Sermon sur la mort*, 1662) ou La Bruyère ont recours à la métaphore, pour signifier la fragilité autant que la vanité de l'existence humaine ou des agitations de la cour : « Tout ce qui se réjouit sur une grâce reçue, ou ce qui s'attriste et se désespère sur un refus, tous auront disparu de dessus la scène ; il s'avance déjà sur le théâtre d'autres hommes qui vont jouer dans une même pièce les mêmes rôles, ils s'évanouiront à leur tour, et ceux qui ne sont pas encore, un jour ne seront plus : de nouveaux acteurs ont pris leur place ? Quel fond à faire sur un personnage de comédie ! » (*Les Caractères*, « De la Cour », remarque 99, éd. E. Bury, Le Livre de Poche, 1995, p. 343).

L'actualisation par Calderón de ce *topos* chrétien et antithéâtral est, en ce sens, particulièrement remarquable. *Le Grand Théâtre du monde* n'est pas, comme *La vie est un songe* (1635), une *comedia* fondée sur une intrigue mêlant romanesque et comique, assez analogue dans son esthétique à la tragi-comédie française des années 1630 (voir Mairet, texte XIV, et Corneille, texte XV). La pièce ressortit à la catégorie de l'*auto sacramental* qui est, avec la *comedia*, l'un des genres phares du Siècle d'or espagnol : spectacle paraliturgique, un *auto sacramental* est une pièce allégorique ayant pour thème le sacrement de l'Eucharistie (d'où son nom), représentée le jour de la Fête-Dieu. Créé entre 1633 et 1635, *Le Grand Théâtre du monde* présente néanmoins une réelle originalité au sein de l'immense *corpus* des *autos sacramentales* composés par Calderón – plus de quatre-vingts pièces –, qui tient précisément à l'utilisation, dans ce cadre paraliturgique, du motif du *theatrum mundi* ainsi qu'au traitement lit-

téral et, de ce fait, particulièrement saisissant qu'il lui réserve.
À la suite d'un premier échange entre le Monde et l'Auteur (c'est-à-dire à la fois le Créateur et le chef de troupe), le spectateur est convié à une sorte de danse macabre : après avoir été choisis par l'Auteur, les « acteurs », personnages allégoriques tels que le roi, le riche, le pauvre, le laboureur, la beauté, la sagesse sont appelés à jouer leur rôle – dans une pièce intérieure – puis à s'en défaire à la fin de cette « comédie de la vie ».

LE MONDE

Qui m'appelle
et, du noyau insensible
de cette sphère qui me cache [1],
d'ailes rapides me revêt ?
Qui m'arrache à moi-même ? Qui me lance des cris ?

L'AUTEUR

C'est ton Auteur souverain.
Un soupir de ma voix,
un signe de ma main t'informent,
et à ton obscure matière ils donnent forme.

LE MONDE

Eh bien ! que m'ordonnes-tu ? Que me veux-tu ?

L'AUTEUR

Puisque je suis ton Auteur, et toi ma créature,
aujourd'hui, je veux soumettre
à ton approbation la réalisation de l'un de mes desseins.
Je veux donner une fête
en l'honneur de mon propre pouvoir, car je sais
que la vaste nature n'en donnera
que pour l'ostentation de ma grandeur.
Et comme une représentation bien applaudie
est ce qui a toujours le mieux réjoui, le mieux plu,
et que la vie humaine est une représentation,

1. Le globe représentant l'espace céleste et où se tient l'Auteur, à l'une des extrémités de la scène (l'autre extrémité est occupée par un autre globe représentant l'espace terrestre et le Monde se tient entre les deux).

je veux que ce soit une pièce de théâtre
que le ciel puisse voir aujourd'hui sur ton théâtre.
Si je suis l'auteur, et si la fête est mienne,
ma compagnie forcément la jouera.
Et puisque j'ai choisi les hommes pour les premiers rôles
et qu'ils sont les acteurs de ma compagnie,
c'est à eux qu'il revient,
sur le théâtre
du monde, qui contient quatre parties [1],
de jouer
avec le style qui convient.
Je donnerai à chacun le rôle qu'il lui faut.
Et pour qu'en cette fête
le bel apparat des machines et la richesse
des costumes jouent un même rôle,
je veux aujourd'hui que, par moi préparé,
joyeux, libéral et charmant,
tu fasses des décors
qui de douteux qu'ils sont passent pour certitudes.
Nous serons, moi l'auteur, en un instant,
toi, le théâtre, et l'homme, le récitant.

LE MONDE

Auteur généreux de mon être,
dont le pouvoir, dont la voix
soumettent toute chose,
je serai, moi, le grand théâtre du monde,
afin que les hommes puissent jouer
sur moi la comédie,
et que chacun puisse trouver en moi
tout ce qu'il faut, bien préparé, pour jouer son rôle. [...]

L'AUTEUR

Toi, tu feras la Sagesse.

LA SAGESSE

C'est un état bienheureux.

1. Calderón et ses contemporains ne connaissaient que quatre continents : l'Europe, l'Afrique, l'Amérique et l'Asie.

L'AUTEUR

Toi, fais le misérable, le mendiant.

LE PAUVRE

C'est ce rôle que tu me donnes ?

L'AUTEUR

Toi, tu mourras avant même de naître.

L'ENFANT

Ce rôle me demande peu de travail.

L'AUTEUR

C'est ainsi que ma science prévoit
que tout vivant joue son rôle :
je suis justice distributive [1] ;
voilà ce qui vous convient.

LE PAUVRE

Si je pouvais refuser
ce rôle, je le refuserais,
quand bien même ma vie accepte de considérer
celui que tu as voulu me donner.
Et puisque je n'ai pas le droit de
dire mon avis, même si je pourrais en avoir l'audace,
j'endosse ce rôle, mais considère, Seigneur,
puisque je suis obligé de jouer le rôle du mendiant,
non pas ce que je te dis,
mais ce que je voudrais te dire.
Pourquoi m'incombe-t-il
de faire le pauvre en cette comédie ?
Doit-elle être une tragédie pour moi,
et pour les autres pas ?
Lorsque ta main m'a assigné
ce rôle, ne m'a-t-elle pas donné avec lui
une âme pareille à celle de qui fait
le Roi, un même sens,

1. En vertu du principe de justice distributive, Dieu donne à chacun selon son mérite.

un même être ? Pourquoi donc mon rôle
a-t-il été si dissemblable ?
Si tu m'avais fait d'une autre argile,
si tu m'avais paré d'une autre âme,
tu aurais pu m'octroyer moins de vie,
me donner moins de facultés ;
tu avais bien, semble-t-il,
un autre motif, Seigneur,
mais il semble bien rigoureux,
permets-moi de dire « cruel »,
que son rôle soit meilleur
alors que son être ne l'est pas.

L'AUTEUR

Au cours de la représentation
l'acteur qui joue correctement le rôle du Pauvre,
avec passion, âme et vivacité,
donne autant de satisfaction
que celui qui joue le rôle du Roi,
et les deux acteurs
sont égaux quand leur rôle s'achève :
toi, joue correctement le tien, et songe
que pour la récompense,
je te ferai son égal.
Quoique tu aies un surcroît de peine
dans ton rôle de Pauvre, devant ma loi
le rôle du Roi n'est pas meilleur,
du moment que le Pauvre joue bien le sien :
que l'un et l'autre touchent de moi
tout leur salaire,
s'ils ont bien mérité, car
l'on peut gagner quel que soit le rôle,
puisque la vie humaine tout entière
n'est qu'une série de représentations.
Et quand la comédie sera finie,
il festoiera à mes côtés,
celui qui, sans commettre de faute en rien,
aura joué
sa partie en l'accomplissant le mieux,
et là je vous rendrai égaux tous les deux. [...]

LE MONDE

La pièce a été brève, mais quand donc la comédie de cette vie
ne l'a-t-elle pas été,
et plus encore pour l'homme qui considère
que la vie n'est qu'une entrée, qu'une sortie ?
Voici que tous quittent progressivement la scène,
et la forme qu'ils ont reçue et possédée
est réduite à sa première matière :
qu'ils me quittent poussière, puisque poussière ils sont entrés.
Je veux à tous reprendre avec soin
les bijoux que je leur ai donnés pour embellir
la représentation sur les planches,
car ils ne les ont reçus que pour le temps de la représentation.
Je vais me placer devant cette porte et, bien attentif,
je ferai en sorte qu'ils ne passent pas mon seuil
sans avoir laissé les costumes qu'ils ont pris :
qu'ils me quittent poussière, puisque poussière ils sont entrés.

*(Entre le Roi.)*

Dis-moi, quel rôle as-tu joué, toi qui es à présent
le premier à venir te remettre entre mes mains ?

LE ROI

Le Monde ignore donc si vite celui que je fus ?

LE MONDE

Le Monde place très vite dans l'oubli tout ce qui fut.

LE ROI

Je fus celui qui commandait à tout ce que dore
le soleil, vêtu de lumière et de splendeur,
depuis sa naissance dans les bras de l'aurore,
jusqu'à ce qu'il repose dans ceux de l'ombre.
J'ai gouverné, jugé, régi bien des États ;
j'ai trouvé, reçu, acquis une grande renommée ;
j'ai vu, obtenu, conçu de sages desseins ;
j'ai possédé, gagné, remporté plusieurs victoires.
J'ai formé, promu, soutenu plusieurs favoris ;
j'ai accompli, écrit, laissé des histoires extraordinaires ;
sous des dais somptueux, j'ai revêtu la pourpre,

empoigné le sceptre, ceint le laurier.

LE MONDE

Eh bien, laisse, lâche, retire ta couronne ;
ta majesté, dépouille-la, perds-la, oublie-la.

*(Il lui retire ses attributs.)*

Que ta personne s'en revienne, s'en retourne et s'en aille
toute nue de la farce de cette vie.
Cette pourpre, dont tes propos ne cessent de s'enorgueillir,
se verra bientôt revêtue par un autre,
car tu ne garderas de mes mains cruelles
ni pourpres, ni sceptres, ni lauriers.

# II

# *MIMÈSIS* ET ILLUSION THÉÂTRALE

# V

# HUGO

## LE DRAME COMME MIROIR CONCENTRIQUE

Victor Hugo, Préface de *Cromwell* (1827), éd. A. Ubersfeld, GF-Flammarion, 1968, p. 90-92 et 94-95.

L'essor du drame romantique est contemporain de celui du roman « réaliste » ; les auteurs qui s'illustrent dans l'un et l'autre genres et qui, dans le cas de Hugo, sont les mêmes, partagent une conception semblable de la représentation littéraire du réel (voir *La Mimèsis*, textes choisis et présentés par A. Gefen, GF-Corpus, 2002, p. 153-167). Traduite par un même lexique, cette conception s'exprime notamment par l'image du miroir, qui circule de texte en texte et fait naître des échos entre la Préface de *Cromwell* (1827), la première préface de *La Peau de chagrin* de Balzac (1831), ou encore telle page bien connue du *Rouge et le Noir* (1830) où Stendhal affirme : « un roman est un miroir qui se promène sur une grande route. Tantôt il reflète à vos yeux l'azur des cieux, tantôt la fange des bourbiers de la route ».

Critiquant la notion de belle nature, hostile à l'idéalisme dans l'art, Hugo prône une appréhension totalisante du réel, mais c'est pour mieux affirmer le rôle décisif que joue, dans le processus mimétique, le prisme de l'art et, en l'occurrence, de la scène. Le drame romantique prend ainsi acte des contraintes qu'exerce la *dispositio* classique (les trois unités) sur l'*inventio* et plus largement sur la sélection des éléments du réel (voir « Unités » dans le Vade-mecum), et se définit notamment contre les vingt-quatre heures et l'unité de lieu. C'est ce qu'avaient fait, deux siècles auparavant, les défenseurs de la tragi-comédie : l'un d'entre eux ne déclarait-il pas, au chapitre de l'action, que « par l'unité d'action » les tenants des règles

« n'accommodent le Théâtre qu'à une sorte d'histoires, au lieu d'accommoder toutes sortes d'histoires au théâtre » (anonyme, *Discours à Cliton* [1637], dans *Temps de Préfaces. Le débat théâtral en France de Hardy à la Querelle du Cid*, éd. G. Dotoli, Klincksieck, 1996, p. 280) ?
Hugo toutefois – et lui seul – conserve un élément clé du théâtre classique et néo-classique : le vers, dont les autres romantiques, Stendhal en tête (voir texte XII), souhaitent la disparition. C'est que la conception du vers au théâtre est solidaire, chez Hugo, de la conception de la *mimèsis* : si « le théâtre est un point d'optique », il l'est grâce au vers, « forme optique de la pensée », doté d'une puissance de concentration que ne saurait atteindre la prose et qui doit néanmoins égaler cette dernière sur le plan du naturel.
Le drame hugolien, dont *Cromwell* forme le premier aboutissement, témoigne, de fait, d'une ambitieuse réforme du vers, qui concerne à la fois les coupes et accents de l'alexandrin, son démembrement possible entre plusieurs locuteurs, et l'élargissement du lexique à des termes et images auparavant sentis comme triviaux. L'attestent quelques spécimens bien connus d'*Hernani*, dont ce « Vous êtes mon lion superbe et généreux » que Mlle Mars, créatrice du rôle de doña Sol en 1830, ne voulut pas prononcer…

D'autres, ce nous semble, l'ont déjà dit : le drame est un miroir où se réfléchit la nature. Mais si ce miroir est un miroir ordinaire, une surface plane et unie, il ne renverra des objets qu'une image terne et sans relief, fidèle, mais décolorée ; on sait ce que la couleur et la lumière perdent à la réflexion simple. Il faut donc que le drame soit un miroir de concentration qui, loin de les affaiblir, ramasse et condense les rayons colorants, qui fasse d'une lueur une lumière, d'une lumière une flamme. Alors seulement le drame est avoué de l'art.

Le théâtre est un point d'optique. Tout ce qui existe dans le monde, dans l'histoire, dans la vie, dans l'homme, tout doit et peut s'y réfléchir, mais sous la baguette magique de l'art. L'art feuillette les siècles, feuillette la nature, interroge les chroniques, s'étudie à reproduire la réalité des faits, surtout celle des mœurs et des caractères, moins léguée au doute et à la contradiction que les faits, restaure ce que les annalistes ont tronqué, harmonise ce qu'ils ont dépareillé, devine leurs omissions et les répare, comble leurs lacunes par des imaginations qui aient la couleur du temps, groupe ce qu'ils ont laissé épars, rétablit le jeu des fils de la providence sous les marionnettes humaines, revêt le tout d'une forme poétique et naturelle à la fois, et lui donne cette vie de vérité et de saillie qui enfante l'illusion, ce prestige de réalité qui passionne le spectateur, et le poète le premier, car le poète est de bonne foi. Ainsi le but de l'art est presque divin : ressusciter, s'il fait de l'histoire ; créer, s'il fait de la poésie.

C'est une grande et belle chose que de voir se déployer avec cette largeur un drame où l'art développe puissamment la nature ; un drame où l'action marche à la conclusion d'une allure ferme et facile, sans diffusion et sans étranglement ; un drame enfin où le poète remplisse pleinement le but multiple de l'art, qui est d'ouvrir au spectateur un double horizon, d'illuminer à la fois l'intérieur et l'extérieur des hommes ; l'extérieur, par leurs discours et leurs actions ; l'intérieur, par les *a parte* et les monologues ; de croiser, en un mot, dans le même tableau, le drame de la vie et le drame de la conscience.

On conçoit que, pour une œuvre de ce genre, si le poète doit *choisir* dans les choses (et il le doit), ce n'est pas le *beau*, mais le *caractéristique*. Non qu'il convienne de *faire*, comme on dit aujourd'hui, *de la couleur locale*, c'est-à-dire d'ajouter après coup quelques touches criardes çà et là sur un ensemble du reste parfaitement faux et conventionnel. Ce n'est point à la surface du drame que doit être la couleur locale, mais au fond, dans le cœur même de l'œuvre, d'où elle se répand au dehors, d'elle-même, naturellement, également, et, pour ainsi parler, dans tous les coins du drame, comme la sève qui monte de la racine à la dernière feuille de l'arbre. Le drame doit être radicalement imprégné de cette couleur des temps ; elle doit en quelque sorte y être dans l'air, de façon qu'on ne s'aperçoive qu'en y entrant et qu'en en sortant qu'on a changé de siècle et d'atmosphère. Il faut quelque étude, quelque labeur pour en venir là ; tant mieux. Il est bon que les avenues de l'art soient obstruées de ces ronces devant lesquelles tout recule, excepté les volontés fortes. C'est d'ailleurs cette étude, soutenue d'une ardente inspiration, qui garantira le drame d'un vice qui le tue, le *commun*. Le commun est le défaut des poètes à courte vue et à courte haleine. Il faut qu'à cette optique de la scène, toute figure soit ramenée à son trait le plus saillant, le plus individuel, le plus précis. Le vulgaire et le trivial même doit avoir un accent. Rien ne doit être abandonné. Comme Dieu, le vrai poète est présent partout à la fois dans son œuvre. Le génie ressemble au balancier qui imprime l'effigie royale aux pièces de cuivre comme aux écus d'or.

Nous n'hésitons pas, et ceci prouverait encore aux hommes de bonne foi combien peu nous cherchons à déformer l'art, nous n'hésitons point à considérer le vers comme un des moyens les plus propres à préserver le drame du fléau que nous venons de signaler, comme une des digues les plus puissantes contre l'irruption du *commun*, qui, ainsi que la démocratie, coule toujours à pleins bords dans les esprits. [...]

Pour se convaincre du peu d'obstacles que la nature de notre poésie oppose à la libre expression de tout ce qui est vrai, ce n'est peut-être pas dans Racine qu'il faut étudier notre vers, mais souvent dans Corneille, toujours dans Molière. Racine, divin poète, est élégiaque, lyrique, épique ; Molière est dramatique. Il est temps de faire justice des critiques entassées par le mauvais goût du dernier siècle sur ce style admirable, et de dire hautement que Molière occupe la sommité de notre drame, non seulement comme poète, mais encore comme écrivain. *Palmas vere habet iste duas* [1].

Chez lui, le vers embrasse l'idée, s'y incorpore étroitement, la resserre et la développe tout à la fois, lui prête une figure plus svelte, plus stricte, plus complète, et nous la donne en quelque sorte en élixir. Le vers est la forme optique de la pensée. Voilà pourquoi il convient surtout à la perspective scénique. Fait d'une certaine façon, il communique son relief à des choses qui, sans lui, passeraient pour insignifiantes et vulgaires. Il rend plus solide et plus fin le tissu du style. C'est le nœud qui arrête le fil. C'est la ceinture qui soutient le vêtement et lui donne tous ses plis. Que pourraient donc perdre à entrer dans le vers la nature et le vrai ? Nous le demandons à nos prosaïstes eux-mêmes, que perdent-ils à la poésie de Molière ? Le vin, qu'on nous permette une trivialité de plus, cesse-t-il d'être du vin pour être en bouteille ?

Que si nous avions le droit de dire quel pourrait être, à notre gré, le style du drame, nous voudrions un vers libre, franc, loyal, osant tout dire sans pruderie, tout exprimer sans recherche ; passant d'une naturelle allure de la comédie à la tragédie, du sublime au grotesque ; tour à tour positif et poétique, tout ensemble artiste et inspiré, profond et soudain,

1. « À celui-ci reviennent incontestablement les deux palmes. »

large et vrai ; sachant briser à propos et déplacer la césure pour déguiser sa monotonie d'alexandrin ; plus ami de l'enjambement qui l'allonge que de l'inversion qui l'embrouille ; fidèle à la rime, cette esclave reine, cette suprême grâce de notre poésie, ce générateur de notre mètre ; inépuisable dans la variété de ses tours, insaisissable dans ses secrets d'élégance et de facture ; prenant, comme Protée, mille formes sans changer de type et de caractère, fuyant la *tirade* ; se jouant dans le dialogue ; se cachant toujours derrière le personnage ; s'occupant avant tout d'être à sa place, et lorsqu'il lui adviendrait d'être *beau*, n'étant beau en quelque sorte que par hasard, malgré lui et sans le savoir ; lyrique, épique, dramatique, selon le besoin ; pouvant parcourir toute la gamme poétique, aller de haut en bas, des idées les plus élevées aux plus vulgaires, des plus bouffonnes aux plus graves, des plus extérieures aux plus abstraites, sans jamais sortir des limites d'une scène parlée ; en un mot, tel que le ferait l'homme qu'une fée aurait doué de l'âme de Corneille et de la tête de Molière. Il nous semble que ce vers-là serait bien *aussi beau que de la prose*.

# VI

# ARISTOTE

## L'ACTION DE REPRÉSENTER DES ACTIONS

Aristote, *Poétique*, chapitre VI (1449b24-1450a22) et chapitre IX (1451a36-1451b33), trad. R. Dupont-Roc et J. Lallot, © Seuil, « Poétique », 1980, pour la trad. fr., p. 53-55 et 65-67.

Dans ses chapitres liminaires, la *Poétique* se donne deux objets : la définition de l'art – celui du poète en particulier – comme *mimèsis*, et la désignation des constituants propres et distinctifs de la tragédie (voir *La Mimèsis*, *op. cit.*, notamment p. 45-48 et 79-85, et *Le Tragique*, textes choisis et présentés par M. Escola, GF-Corpus, 2002, p. 165-171). Ces trajectoires se croisent en deux points précis : celui des moyens et du mode selon lesquels s'opère la *mimèsis*, et celui de l'objet de la *mimèsis* tragique. Pour l'examen de ce dernier, Aristote a recours à des expressions qui recèlent, sous d'apparentes similitudes, des nuances décisives pour l'appréhension de la *mimèsis* théâtrale dans sa spécificité. Ce sont tout à la fois des « personnages en action », « nécessairement [...]

nobles ou bas » (chap. II) et « une action noble » (chap. VI) qui forment l'objet de la *mimèsis* tragique, lui-même subdivisé ensuite en trois constituants distincts, soit l'histoire (*muthos*), les caractères (*ethos*) et la pensée (*dianoia*).

Mais qu'entend au juste Aristote par « représentation d'action », et d'abord par « action » ? Le terme est-il synonyme de sujet ou histoire, autrement dit est-il un simple équivalent du *muthos*, élevé dès le chapitre VI au rang de partie principale de la tragédie ? La notion d'action semble en réalité subsumer, chez Aristote, l'ensemble des constituants du genre tragique et possède un sens éminemment... actif que vient renforcer l'évocation des « agents » de la « représentation d'action », soit des « personnages en action » ou *prattontes*. Denis Guénoun, prenant acte de l'absence d'une théorie de l'acteur chez Aristote, choisit de nommer ces *prattontes* « les agissants, [...] à la fois acteurs et "actants" » (*Le Théâtre est-il nécessaire ?*, *op. cit.*, p. 24). Et l'on considérera avec lui que la *mimèsis* théâtrale n'est donc pas double chez Aristote : le passage à la scène ne vient pas redoubler une représentation du réel qui opérerait d'abord indépendamment d'elle (voir Hugo, texte V) ; elle est, fondamentalement, « représentation d'action ou [...] action de représentation d'action, *mimèsis praxeôs* » (*ibid.*, p. 22).

Le chapitre IX permet à Aristote de revenir sur les différences entre la comédie et la tragédie (voir textes XIV et XV), envisagées non plus en fonction de la qualité sociale et/ou morale des personnages qu'elles représentent mais de la nature du sujet qu'elles dramatisent (sujet d'invention *versus* sujet connu). C'est autour de cette opposition que la réflexion sur les genres croise la question de la *mimèsis*. Le vrai ou l'avéré y est en effet défini comme une espèce du possible (« ce qui a eu lieu, il est évident que c'est possible »), ce qui permet de concilier les deux postulats *a priori* contradictoires avancés au début du chapitre, selon lesquels d'une part la poésie traite du général, mais d'autre part, la tragédie, s'en tenant « aux noms d'hommes réellement attestés », s'attache au particulier. Espèce du possible de fait, le vrai – le vrai historique, mais également le légendaire ou le fait divers – ne se distingue pas, au terme du processus de représentation, de la pure fiction, dans la mesure où la *mimèsis* est, par nature, une universalisation du particulier. La réflexion classique sur la vraisemblance (voir cette notion dans le Vade-mecum) autant que les pratiques modernes d'adaptations de faits divers (voir Genet, texte IX et Koltès, texte XIX) s'appuieront sur des présupposés analogues.

## Chapitre VI

La tragédie est la représentation d'une action noble, menée jusqu'à son terme et ayant une certaine étendue, au moyen d'un langage relevé d'assaisonnements [1] d'espèces variées, utilisés séparément selon les parties de l'œuvre ; la représentation est mise en œuvre par les personnages du drame et n'a pas recours à la narration ; et, en représentant la pitié et la frayeur, elle réalise une épuration de ce genre d'émotions [2]. [...]

Puisque la tragédie est représentation d'action et que les agents en sont des personnages en action qui doivent nécessairement avoir des qualités dans l'ordre du caractère et de la pensée (en effet c'est par référence à ces données que nous qualifions aussi les actions – il y a deux causes naturelles des actions, la pensée et le caractère [3] – et c'est dans leurs actions que les hommes réussissent ou échouent), eh bien c'est l'histoire qui est la représentation de l'action (j'appelle ici « histoire » le système des faits), les caractères sont ce qui nous permet de qualifier les personnages en action, la pensée tout ce qui dans leurs paroles revient à faire une démonstration ou encore à énoncer une maxime.

Il s'ensuit que toute tragédie comporte nécessairement six parties, selon quoi elle se qualifie. Ce sont l'histoire, les caractères, l'expression, la pensée, le spectacle et le chant ; en effet il y a deux parties qui sont les moyens de la représentation, une qui en est le mode, trois qui en sont les objets, et il n'y en a pas d'autres en dehors de celles-là (ce sont elles en tout cas, ces éléments spécifiques pour ainsi dire, que nombre de poètes ont utilisées), puisque le spectacle implique tout : caractères, histoire, expression, chant et pensée également.

Le plus important de ces éléments est l'agencement des faits en système [4]. En effet la tragédie est représentation non d'hommes mais d'action, de vie et de bonheur (le malheur aussi réside dans l'action), et le but visé est une action, non

---

1. Explicitée plus loin avec la référence à la musique et à la danse, la notion renvoie essentiellement aux chœurs chantés et chorégraphiés qui ponctuent la représentation d'une tragédie grecque.

2. C'est la définition même, et la seule dont on dispose, de la *catharsis*.

3. Les actions sont rapportées aux caractéristiques morales et sociales des hommes qui les entreprennent (un roi agira en roi, un vieillard en vieillard, etc.) mais sont également conçues comme la mise en œuvre ou l'actualisation de réflexions et d'argumentations, lesquelles nourrissent le discours des personnages.

4. Soit le *muthos*, ici envisagé comme la syntaxe ou l'enchaînement des différents événements qui composent l'histoire (voir « Fable » dans le Vade-mecum).

une qualité ; or, c'est d'après leur caractère que les hommes ont telle ou telle qualité, mais d'après leurs actions qu'ils sont heureux ou l'inverse. Donc ils n'agissent pas pour représenter des caractères, mais c'est au travers de leurs actions que se dessinent leurs caractères [1]. De sorte que les faits et l'histoire sont bien le but visé par la tragédie, et le but est le plus important de tout.

## Chapitre IX

De ce que nous avons dit, il ressort clairement que le rôle du poète est de dire non pas ce qui a eu lieu réellement, mais ce qui pourrait avoir lieu dans l'ordre du vraisemblable ou du nécessaire. Car la différence entre le chroniqueur [2] et le poète ne vient pas de ce que l'un s'exprime en vers et l'autre en prose (on pourrait mettre en vers l'œuvre d'Hérodote, ce ne serait pas moins une chronique en vers qu'en prose) ; mais la différence est que l'un dit ce qui a eu lieu, l'autre ce qui pourrait avoir lieu ; c'est pour cette raison que la poésie est plus philosophique et plus noble que la chronique : la poésie traite plutôt du général, la chronique du particulier. Le « général », c'est le type de chose qu'un certain type d'homme fait ou dit vraisemblablement ou nécessairement. C'est le but que poursuit la poésie, tout en attribuant des noms aux personnages. Le « particulier », c'est que qu'a fait Alcibiade [3] ou ce qui lui est arrivé.

En ce qui concerne la comédie, la chose est d'emblée évidente : les poètes construisent leur histoire à l'aide de faits vraisemblables, puis ils lui donnent pour supports des noms pris au hasard, au lieu de composer leurs poèmes, comme les poètes iambiques [4], sur un individu particulier. Les tragiques au contraire s'en tiennent aux noms d'hommes réellement attestés. En voici la raison : c'est que le possible est persuasif ;

1. C'est cette proposition que Saint-Évremond reprendra dans la seconde moitié du XVIIe siècle.

2. C'est-à-dire l'historien, que le lecteur ne doit pas confondre avec le « poète d'histoires » qu'est l'auteur dramatique.

3. Homme politique grec, cousin de Périclès.

4. Le poème iambique (du nom des vers qui le composent) est un poème satirique.

or, ce qui n'a pas eu lieu, nous ne croyons pas que c'est possible, tandis que ce qui a eu lieu, il est évident que c'est possible (si c'était impossible, cela n'aurait pas eu lieu).

Néanmoins, dans certaines tragédies, il n'y a qu'un ou deux noms connus, les autres sont forgés ; et, dans certaines, il n'y en a aucun ; par exemple dans l'*Anthée* d'Agathon [1], où les faits et les noms sont également forgés sans que le charme en soit moins grand. De sorte qu'il ne faut pas vouloir à tout prix s'en tenir aux histoires traditionnelles qui forment le sujet de nos tragédies ; c'est même une exigence ridicule puisque aussi bien ce qui est connu ne l'est que d'une minorité, mais il n'empêche que cela plaît à tout le monde.

Il ressort clairement de tout cela que le poète doit être poète d'histoires plutôt que de mètres [2], puisque c'est en raison de la représentation qu'il est poète, et que ce qu'il représente, ce sont des actions ; à supposer même qu'il compose un poème sur des événements réellement arrivés, il n'en est pas moins poète ; car rien n'empêche que certains événements réels ne soient de ceux qui pourraient arriver dans l'ordre du vraisemblable et du possible, moyennant quoi il en est le poète.

# VII

# MOLIÈRE

## LE PORTRAIT INCARNÉ DU SIÈCLE

Molière, *La Critique de L'École des femmes* (1663), scène 6, dans *Œuvres complètes*, éd. G. Mongrédien, GF-Flammarion, t. II, 1965, p. 129-130 ;
*L'Impromptu de Versailles* (1663), scène 1, dans *Œuvres complètes*, éd. citée, t. II, p. 152-154.

Par son personnel dramatique autant que par ses sujets, ses thèmes ou son style, la comédie est un genre plus directement enté sur un référent contemporain que la tragédie. Mais paradoxalement,

1. Pièce perdue.
2. Ce n'est donc pas le vers et plus généralement la forme qui caractérisent la poésie (de fait, il existe des chroniques versifiées), mais la mise en œuvre singulière du réel et l'universalisation du particulier qui s'y manifestent.

ce coefficient plus élevé de « réalisme » se trouve généralement affaibli, voire annulé, par la très forte codification de l'univers fictionnel autant que des intrigues de la comédie, qu'il s'agisse de la comédie latine ou italienne, ou encore de la comédie espagnole.
Aussi l'invention, à partir de *L'École des femmes*, du modèle moliéresque, fait-elle rupture avec la *mimèsis* comique telle qu'elle se pratique depuis l'Antiquité. Molière, en effet, ne se contente pas de stigmatiser de pièce en pièce un vice moral ou social réputé universel et atemporel (l'avarice, la fausse dévotion, la peur du cocuage, l'hypocondrie, etc.), mais offre à ses spectateurs un miroir des mœurs du temps ou ce que son contemporain Donneau de Visé nomme, à propos du *Misanthrope*, le « portrait du siècle ». La représentation du réel contemporain opère toutefois selon des modalités particulières, et spécifiquement théâtrales : c'est, par exemple, le recours à la forme du portrait, que Molière importe du roman et qu'il utilise dans plusieurs de ses pièces pour élargir le spectre de la satire morale – la forme est abondamment représentée dans *Le Misanthrope*, mais on la trouve aussi dans *Le Tartuffe* par exemple, avec le portrait contrasté des faux et des vrais dévots ; c'est aussi la transformation en un type comique moderne d'un type social contemporain comme celui du marquis, qui a pour effet d'universaliser et de déréaliser le modèle contemporain, tout en renforçant l'efficacité de la satire ; c'est, enfin et surtout, le jeu comique qui permet de faire advenir sur scène le portrait du siècle.
Attaqué sur la dramaturgie autant que sur la moralité de sa première « grande comédie » en cinq actes et en vers, Molière saisit l'occasion pour affirmer dans deux pièces métathéâtrales, *La Critique de L'École des femmes* et *L'Impromptu de Versailles*, quelques-uns des principes fondamentaux de son projet esthétique. Le Dorante de *La Critique*, porte-parole du dramaturge, rappelle que la comédie doit « peindre les hommes d'après nature ». Quant au Molière de *L'Impromptu* se mettant en scène en répétition avec ses comédiens (la pièce est une « comédie de comédiens », variété particulière de pièce fondée sur le procédé du théâtre dans le théâtre : voir G. Forestier, *Le Théâtre dans le théâtre sur la scène française du* XVII^e^ *siècle*, Droz, 1982 ; rééd. « Titre courant », 1996), il complète et affine le propos. Un tel projet moral est, pour Molière, un projet théâtral, dans lequel la satire des types contemporains s'offre aux spectateurs par une gestuelle et une déclamation spécifiques, hyperboliques et excessives, en un mot ridicules, et formant écart par rapport à la déclamation et au jeu neutres de l'acteur qui figure l'honnête homme, soit, sur le plan moral, la norme positive à laquelle le spectateur est appelé à s'identifier (voir P. Dandrey, *Molière et l'esthétique du ridicule*, Klincksieck, 1992). Dans *L'Impromptu de Versailles*, cette conception s'exprime en acte, par

le biais d'une séquence de distribution des rôles qui forme aussi un témoignage précieux sur les caractéristiques et habitudes de jeu des acteurs qui composaient la troupe de Molière.

## *La Critique de L'École des femmes*, scène 6

DORANTE. Vous croyez donc, Monsieur Lysidas, que tout l'esprit et toute la beauté sont dans les poèmes sérieux, et que les pièces comiques ne sont que des niaiseries qui ne méritent aucune louange ?

URANIE. Ce n'est pas mon sentiment, pour moi. La tragédie, sans doute, est quelque chose de beau quand elle est bien touchée ; mais la comédie a ses charmes, et je tiens que l'une n'est pas moins difficile à faire que l'autre.

DORANTE. Assurément, Madame ; et quand, pour la difficulté, vous mettriez un *plus* du côté de la comédie, peut-être que vous ne vous abuseriez pas. Car enfin, je trouve qu'il est bien plus aisé de se guinder sur de grands sentiments, de braver en vers la Fortune, accuser les Destins, et dire des injures aux Dieux, que d'entrer comme il faut dans le ridicule des hommes, et de rendre agréablement sur le théâtre des défauts de tout le monde. Lorsque vous peignez des héros, vous faites ce que vous voulez. Ce sont des portraits à plaisir, où l'on ne cherche point de ressemblance ; et vous n'avez qu'à suivre les traits d'une imagination qui se donne l'essor, et qui souvent laisse le vrai pour attraper le merveilleux. Mais lorsque vous peignez les hommes, il faut peindre d'après nature. On veut que ces portraits ressemblent ; et vous n'avez rien fait, si vous n'y faites reconnaître les gens de votre siècle. En un mot, dans les pièces sérieuses, il suffit, pour n'être point blâmé, de dire des choses qui soient de bon sens et bien écrites ; mais ce n'est pas assez dans les autres, il y faut plaisanter ; et c'est une étrange entreprise que de faire rire les honnêtes gens.

## *L'Impromptu de Versailles*, scène 1

MOLIÈRE. [...] Mais vous me faites perdre un temps qui nous est cher. Songeons à nous, de grâce, et ne nous amusons point davantage à discourir. *(Parlant à de la Grange*[1]*.)* Vous, prenez garde à bien représenter avec moi votre rôle de marquis.

MADEMOISELLE MOLIÈRE. Toujours des marquis !

MOLIÈRE. Oui, toujours des marquis. Que diable voulez-vous qu'on prenne pour un caractère agréable de théâtre ? Le marquis aujourd'hui est le plaisant de la comédie ; et comme dans toutes les comédies anciennes on voit toujours un valet bouffon qui fait rire les auditeurs, de même, dans toutes nos pièces de maintenant, il faut toujours un marquis ridicule qui divertisse la compagnie.

MADEMOISELLE BÉJART. Il est vrai, on ne s'en saurait passer.

MOLIÈRE. Pour vous, Mademoiselle...

MADEMOISELLE DU PARC. Mon Dieu, pour moi, je m'acquitterai fort mal de mon personnage, et je ne sais pas pourquoi vous m'avez donné ce rôle de façonnière.

MOLIÈRE. Mon Dieu, Mademoiselle, voilà comme vous disiez lorsque l'on vous donna celui de *La Critique de L'École des femmes* ; cependant vous vous en êtes acquittée à merveille, et tout le monde est demeuré d'accord qu'on ne peut mieux faire que vous avez fait. Croyez-moi, celui-ci sera de même ; et vous le jouerez mieux que vous ne pensez.

MADEMOISELLE DU PARC. Comment cela se pourrait-il faire ? car il n'y a point de personne au monde qui soit moins façonnière que moi.

MOLIÈRE. Cela est vrai ; et c'est en quoi vous faites mieux voir que vous êtes excellente comédienne, de bien représenter

1. Outre celui de La Grange, cette « comédie de comédiens » fait défiler les noms de tous les acteurs qui composaient la troupe de Molière en 1662. On y trouve Armande (Mlle Molière) et Madeleine Béjart, le couple Du Croisy, Brécourt et Mlles du Parc, de Brie et Hervé. Certains de ces acteurs sont plus connus que d'autres : l'épouse de Molière (alors âgée de vingt ans) incarna par la suite une grande partie des premiers rôles féminins (Elmire dans *Le Tartuffe* ou Célimène dans *Le Misanthrope*), Madeleine Béjart, figure majeure de L'Illustre-Théâtre, joua souvent les servantes, La Grange fut abonné aux emplois de jeune premier, Du Croisy interpréta des rôles divers (Tartuffe ou Mme Jourdain dans *Le Bourgeois gentilhomme*) et possédait de grands talents comiques ; enfin la Du Parc fut une actrice singulière, aimée des trois grands dramaturges classiques (Corneille, Molière et Racine) et qui, en 1667, quitta la troupe de Molière pour celle de Racine (qui composa pour elle le rôle d'Andromaque).

un personnage qui est si contraire à votre humeur. Tâchez donc de bien prendre, tous, le caractère de vos rôles, et de vous figurer que vous êtes ce que vous représentez.

*(À du Croisy.)* Vous faites le poète, vous, et vous devez vous remplir de ce personnage, marquer cet air pédant qui se conserve parmi le commerce du beau monde, ce ton de voix sentencieux, et cette exactitude de prononciation qui appuie sur toutes les syllabes, et ne laisse échapper aucune lettre de la plus sévère orthographe.

*(À Brécourt.)* Pour vous, vous faites un honnête homme de cour, comme vous avez déjà fait dans *La Critique de L'École des femmes*, c'est-à-dire que vous devez prendre un air posé, un ton de voix naturel, et gesticuler le moins qu'il vous sera possible.

*(À de la Grange.)* Pour vous, je n'ai rien à vous dire.

*(À Mademoiselle Béjart.)* Vous, vous représentez une de ces femmes qui, pourvu qu'elles ne fassent point l'amour, croient que tout le reste leur est permis, de ces femmes qui se retranchent toujours fièrement sur leur pruderie, regardent un chacun de haut en bas, et veulent que toutes les plus belles qualités que possèdent les autres ne soient rien en comparaison d'un misérable honneur dont personne ne se soucie [1]. Ayez toujours ce caractère devant les yeux, pour en bien faire les grimaces.

*(À Mademoiselle de Brie.)* Pour vous, vous faites une de ces femmes qui pensent être les plus vertueuses personnes du monde pourvu qu'elles sauvent les apparences, de ces femmes qui croient que le péché n'est que dans le scandale, qui veulent conduire doucement les affaires qu'elles ont sur le pied d'attachement honnête, et appellent amis ce que les autres nomment galants [2]. Entrez bien dans ce caractère.

*(À Mademoiselle Molière.)* Vous, vous faites le même personnage que dans *La Critique* [3], et je n'ai rien à vous dire, non plus qu'à Mademoiselle Du Parc.

*(À Mademoiselle du Croisy.)* Pour vous, vous représentez une de ces personnes qui prêtent doucement des charités à tout le

---

1. Ce caractère sera très exactement celui d'Arsinoé dans *Le Misanthrope*.
2. Amants. Le type ici présenté est le pendant féminin de Tartuffe.
3. Celui d'Élise (cousine d'Uranie chez qui se déroule l'intrigue), personnage plein d'esprit et parlant toujours par antiphrase.

monde, de ces femmes qui donnent toujours le petit coup de langue en passant, et seraient bien fâchées d'avoir souffert qu'on eût dit du bien du prochain. Je crois que vous ne vous acquitterez pas mal de ce rôle.

*(À Mademoiselle Hervé.)* Et pour vous, vous êtes la soubrette de la Précieuse, qui se mêle de temps en temps dans la conversation, et attrape, comme elle peut, tous les termes de sa maîtresse. Je vous dis tous vos caractères, afin que vous vous les imprimiez fortement dans l'esprit. Commençons maintenant à répéter, et voyons comme cela ira. Ah ! voici justement un fâcheux ! Il ne nous fallait plus que cela.

# VIII

# D'AUBIGNAC

## L'ENVERS ET L'ENDROIT DE LA SCÈNE

François Hédelin, abbé d'Aubignac,
*La Pratique du théâtre* (1657), I, 7
(« Du mélange de la représentation avec la vérité
de l'action théâtrale ») et I, 6 (« Des spectateurs et
comment le poète les doit considérer »), éd. H. Baby,
Honoré Champion, 2001, p. 85-87 et 82-83.

Somme d'érudition en même temps que produit d'une réflexion pratique sur le théâtre de son temps, *La Pratique du théâtre* de l'abbé d'Aubignac a pour objet quasiment exclusif la vraisemblance, entendue comme le vecteur principal de l'illusion théâtrale.

Pour parvenir à en imposer la conception, d'Aubignac se livre dans les premiers chapitres à une cartographie du théâtre, et dessine tout d'abord la frontière qui sépare les deux régimes de la représentation : d'un côté l'univers matériel de la scène, qui rassemble les décors, les acteurs, les machines, mais aussi les spectateurs ; de l'autre, l'univers fictif de l'action représentée – que d'Aubignac nomme la « vérité de l'action théâtrale » –, laquelle est prise en charge par des personnages et s'inscrit dans un espace et une durée propres. Conçus comme l'envers et l'endroit du processus théâtral, les deux univers correspondent terme à terme. Le plateau et les toiles peintes ne sont que les images du lieu de l'action représentée, les comédiens figurent les personnages de cette même action et la durée de la représentation doit être proportionnée à celle de l'action représentée, et idéalement l'égaler : tel est le fondement de la fameuse règle des vingt-quatre heures (voir « Unité » dans le Vade-mecum, et Introduction, p. 18). Le rapport entre le régime de la représentation et celui de l'action représentée n'est toutefois pas de stricte équivalence : au théâtre, la réalité matérielle de la scène et des acteurs doit se faire oublier pour faire advenir ce qui n'est que fiction et doit cependant paraître comme le seul réel. Plus encore, le dramaturge doit tout mettre en œuvre pour donner l'illusion d'une autonomie absolue de la fiction représentée, censée fonctionner sans spectateurs, derrière ce « quatrième mur » que Diderot théorisera un siècle plus tard, et imaginer notamment des motivations ou « couleurs » internes à la fiction pour répondre adroitement aux besoins et aux attentes des spectateurs. Si elle nous est aujourd'hui familière – au moins parce qu'elle est analogue dans sa description aux analyses modernes du signe qui distinguent signifiant et signifié –, « *l'institution de la différence représentative est ici une nouveauté*, pour le théâtre au moins ». Concernant le rôle et les attributions de l'acteur et du personnage, elle a pour corollaire la mise en place de « toutes les pièces d'un dispositif qui fera longtemps parler de lui : celui de la "transformation" de l'acteur en son personnage, métamorphose, éclipse supposée de ces existants effectifs que l'on a bel et bien sous les yeux, qui donne à voir d'autres êtres, tenus, eux, pour absents, et cependant offerts à la vue » (D. Guénoun, *Le Théâtre est-il nécessaire ?*, *op. cit.*, p. 51-53).

## Du mélange de la représentation avec la vérité de l'action théâtrale

[...] J'appelle donc vérité de l'action théâtrale l'histoire du poème dramatique, en tant qu'elle est considérée comme véritable, et que toutes les choses qui s'y passent sont regardées comme étant véritablement arrivées, ou ayant dû arriver. Mais j'appelle représentation, l'assemblage de toutes les choses qui peuvent servir à représenter un poème dramatique, et qui s'y doivent rencontrer, en les considérant en elles-mêmes et selon leur nature, comme les comédiens, les décorateurs, les toiles peintes, les violons, les spectateurs et autres semblables. Que le Cinna [1] qui paraît sur le théâtre, parle comme un Romain : qu'il aime une Émilie : qu'il conseille à un Auguste de garder

1. Il s'agit évidemment du personnage de la pièce éponyme de Corneille, représentée en 1642, et qui fournit ici à d'Aubignac l'essentiel de ses exemples.

l'empire : qu'il conspire contre lui : et qu'il en reçoive le pardon, cela est de la vérité de l'action théâtrale. Que cette Émilie paraisse touchée de haine contre Auguste, et d'amour en faveur de Cinna : qu'elle souhaite d'être vengée, et qu'elle appréhende l'événement d'un si grand dessein, cela est encore de la vérité de cette action. Qu'Auguste propose à deux perfides [1] la pensée qu'il a d'abandonner la souveraineté : que l'un lui conseille de la garder, et l'autre au contraire : cela est de la même vérité de l'action. Enfin tout ce que dans cette pièce on peut considérer comme une partie, et une dépendance nécessaire de toute cette aventure, doit être de la vérité de l'action, et c'est par là qu'on examine la vraisemblance de tout ce qui se fait dans un poème, la bienséance des paroles, la liaison des intrigues, et la justesse des événements. On approuve tout ce qu'on juge avoir dû se faire dans la vérité, quoique supposée, et on condamne tout ce qu'on y trouve de contraire, ou mal convenable aux actions humaines.

Mais que Floridor, ou Beau-Château [2] fassent le personnage de Cinna, qu'ils soient bons ou mauvais acteurs, bien ou mal vêtus, qu'il y ait un échafaud [3] pour les élever et les séparer du peuple : qu'il soit orné de toiles peintes, et d'illusions agréables, au lieu de palais et de murailles : que les intervalles des actes soient marqués par deux méchants violons, ou par une excellente musique : qu'un acteur passe derrière une tapisserie, quand il dit qu'il a fait dessein de parler à une reine : qu'il y ait des spectateurs présents : qu'ils soient de la Cour ou de la ville : en grand ou en petit nombre : qu'ils gardent le silence ou fassent du bruit : qu'ils soient dans des loges, ou dans un parterre : que les filous y causent quelque désordre, ou qu'on les réprime : toutes ces choses sont, à mon avis, et dépendent de la représentation.

Ainsi Floridor et Beau-Château en ce qu'ils sont en eux-mêmes, ne doivent être considérés que comme représentants ; et cet Horace [4] et ce Cinna qu'ils représentent, doivent

---

1. Maxime et Cinna, dans la première scène de l'acte II de *Cinna*.

2. Acteurs célèbres, qui jouaient au théâtre de l'hôtel de Bourgogne au moment où d'Aubignac rédigeait ce chapitre.

3. Une scène qui, à l'hôtel de Bourgogne comme au Marais – anciens jeux de paume aménagés en salles de théâtre –, s'élevait presque à hauteur d'homme.

être considérés à l'égard du poème comme véritables personnages : car ce sont eux que l'on suppose agir et parler, et non pas ceux qui les représentent, comme si Floridor et Beau-Château cessaient d'être en nature, et se trouvaient transformés en ces hommes, dont ils portent les noms et les intérêts. Ainsi la partie de l'hôtel de Bourgogne élevée et environnée de toile peinte, où se joue la tragédie, est le lieu représentant et l'image d'un autre, et celui qui y est représenté par cet espace, soit la salle du palais d'Horace, ou de celui d'Auguste, est dans la tragédie le lieu véritable, ou du moins qu'il faut regarder comme véritable. Ainsi le temps qu'on y emploie, faisant partie d'un jour de notre année courante, n'est qu'un temps représentatif, mais le jour représenté, et dans lequel on suppose que l'action du théâtre est arrivée, doit être pris pour un temps véritable à l'égard de cette action.

## Des spectateurs et comment le poète les doit considérer

[...] Je sais bien que le poète ne travaille point sur l'action comme véritable, sinon en tant qu'elle peut être représentée : d'où l'on pourrait conclure qu'il y a quelque mélange de ces deux considérations, mais voici comment il les doit démêler. Il examine tout ce qu'il veut, et doit faire connaître aux spectateurs par l'oreille et par les yeux, et se résout de le leur faire réciter, ou de le leur faire voir ; parce qu'il doit avoir soin d'eux, en considérant l'action comme représentée : mais il ne doit pas faire ces récits, ni ces spectacles seulement à cause que les spectateurs en doivent avoir la connaissance. Comment donc ? Il faut qu'il cherche dans l'action considérée comme véritable, un motif et une raison apparente, que l'on nomme couleur, pour faire que ces récits et ces spectacles soient véritablement arrivés de la sorte. Et j'ose dire que le plus grand art du théâtre consiste à trouver toutes ces couleurs. Il faut qu'un personnage vienne parler sur le théâtre, parce qu'il faut que le spectateur connaisse ses desseins et ses passions. Il faut faire une narration des choses passées, parce que le spectateur, en les ignorant, ne comprendrait rien au reste. Il faut faire voir

4. Protagoniste de la pièce éponyme de Corneille (1640).

un spectacle, parce qu'il touchera les assistants de douleur, ou d'admiration. C'est travailler sur l'action en tant que représentée, et cela est du devoir du poète ; même est-ce sa principale intention. Mais il la doit cacher sous quelque couleur qui dépende de l'action comme véritable. Si bien que le personnage qui doit parler viendra sur le théâtre ; parce qu'il cherche quelqu'un, ou pour se trouver à quelque assignation. La narration des choses passées se fera ; parce qu'elle servira pour prendre conseil sur les présentes, ou pour obtenir un secours nécessaire. On fera voir un spectacle ; parce qu'il doit exciter quelqu'un à la vengeance, et cela est travailler sur l'action, en tant que véritable, sans avoir égard aux spectateurs, à cause que vraisemblablement tout cela pouvait arriver ainsi à ne prendre les choses qu'en elles-mêmes.

# IX

# GENET

## LA FIGURATION INTERMITTENTE DU RÉEL

Jean Genet, *Comment jouer Les Bonnes* (1962), dans *Les Bonnes*, éd. M. Corvin, © Gallimard, « Folio Théâtre », 2001, p. 11-13.

*Les Bonnes* de Genet ont pour point d'appui un fait divers : l'assassinat de leur patronne par les sœurs Papin, affaire criminelle qui défraya la chronique en 1933 et suscita l'intérêt passionné des intellectuels français – un peu à la manière de l'affaire Succo dont Koltès s'emparera pour son *Roberto Zucco* en 1990 (voir texte XIX). Mais la création de Genet met à distance ce référent réel, et ce, de multiples manières : en forgeant pour ces bonnes une langue inédite, mélange de grossièreté et de raffinement (les critiques de l'époque parlent à la fois de « Ruy Blas au graillon » et des « *Précieuses ridicules* devenues folles » – jugements cités dans *Les Bonnes*, éd. citée, p. 186) ; en faisant du meurtre, transformé en double suicide, le dénouement d'une cérémonie théâtrale qui ritualise et métamorphose le quotidien des bonnes.

L'histoire du texte est complexe et a partie liée avec celle de sa création au théâtre. Il existe, en effet, deux versions des *Bonnes* : en 1947, Genet publia sa pièce dans la revue *L'Arbalète* – c'est cette version que monta Tania Balachova en 1954 au théâtre de la Huchette ; mais un an auparavant, il l'avait confiée à Jouvet.

Au cours des répétitions qui précédèrent la création en avril 1947 au théâtre de l'Athénée, le metteur en scène suggéra au dramaturge d'importantes modifications. C'est ce texte, profondément remanié, que Genet considéra dès lors comme la version définitive, et qu'il publia avec l'autre version en 1954, puis seul à partir de 1958.
L'édition des *Bonnes* qui paraît aux Éditions de l'Arbalète en 1963 fait précéder la pièce d'un texte inédit, *Comment jouer Les Bonnes*, qui témoigne du soin avec lequel Genet suivait les destinées de ses pièces sur les planches, mais aussi de l'ambition constante autant qu'illusoire qui se manifeste chez un certain nombre d'auteurs dramatiques et qui vise à circonscrire l'interprétation de leurs œuvres au théâtre. Point nodal, dans cette réflexion sur l'actualisation scénique d'une pièce née d'un fait divers, mettant en scène des bonnes et présentant la répétition d'un rituel théâtral : la figuration du référent réel et l'équilibre à trouver, dans les choix de mise en scène, entre le réalisme – celui des décors de Christian Bérard pour la mise en scène de Jouvet par exemple – et l'abstraction ou l'allégorie.

Ces dames – les Bonnes et Madame – déconnent ? Comme moi chaque matin devant la glace quand je me rase, ou la nuit quand je m'emmerde, ou dans un bois quand je me crois seul : c'est un conte, c'est-à-dire une forme de récit allégorique qui avait peut-être pour premier but, quand je l'écrivais, de me dégoûter de moi-même en indiquant et en refusant d'indiquer qui j'étais, le but second d'établir une espèce de malaise dans la salle… Un conte… Il faut à la fois y croire et refuser d'y croire, mais afin que l'on puisse y croire il faut que les actrices ne jouent pas selon un mode réaliste.

Sacrées ou non, ces bonnes sont des monstres, comme nous-mêmes quand nous nous rêvons ceci ou cela. Sans pouvoir dire au juste ce qu'est le théâtre, je sais ce que je lui refuse d'être : la description de gestes quotidiens vus de l'extérieur : je vais au théâtre afin de me voir, sur la scène (restitué en un seul personnage ou à l'aide d'un personnage multiple et sous forme de conte) tel que je ne saurais – ou n'oserais – me voir ou me rêver, et tel pourtant que je me sais être. Les comédiens ont donc pour fonction d'endosser des gestes et des accoutrements qui leur permettront de me montrer à moi-même, et de me montrer nu, dans la solitude et son allégresse.

Une chose doit être écrite : il ne s'agit pas d'un plaidoyer sur le sort des domestiques. Je suppose qu'il existe un syndicat des gens de maison – cela ne nous regarde pas.

Lors de la création de cette pièce, un critique théâtral faisait la remarque que les bonnes véritables ne parlent pas comme celles de ma pièce : qu'en savez-vous ? Je prétends le contraire, car si j'étais bonne je parlerais comme elles. Certains soirs.

Car les Bonnes ne parlent ainsi que certains soirs : il faut les surprendre, soit dans leur solitude, soit dans celle de chacun de nous.

Le décor des *Bonnes*. Il s'agit, simplement, de la chambre à coucher d'une dame un peu cocotte et un peu bourgeoise [1]. Si la pièce est représentée en France, le lit sera capitonné – elle a tout de même des domestiques – mais discrètement. Si la pièce est jouée en Espagne, en Scandinavie, en Russie, la chambre doit varier. Les robes, pourtant, seront extravagantes, ne relevant d'aucune mode, d'aucune époque. Il est possible que les deux bonnes déforment, monstrueusement, pour leur jeu, les robes de Madame, en ajoutant de fausses traînes, de faux jabots, les fleurs seront des fleurs réelles, le lit un vrai lit. Le metteur en scène doit comprendre, car je ne peux tout de même pas tout expliquer, pourquoi la chambre doit être la copie à peu près exacte d'une chambre féminine, les fleurs vraies, mais les robes monstrueuses et le jeu des actrices un peu titubant.

Et si l'on veut représenter cette pièce à Épidaure ? Il suffirait qu'avant le début de la pièce les trois actrices viennent sur la scène et se mettent d'accord, sous les yeux des spectateurs, sur les recoins auxquels elles donneront les noms de : lit, fenêtre, penderie, porte, coiffeuse, etc. Puis qu'elles disparaissent, pour réapparaître ensuite selon l'ordre assigné par l'auteur.

1. Référence au décor imaginé par Christian Bérard pour la création de la pièce en 1947.

# X

# FLAUBERT

## LE THÉÂTRE VU DEPUIS LE ROMAN : ILLUSION THÉÂTRALE ET BOVARYSME

Gustave Flaubert, *Madame Bovary* (1857),
IIᵉ partie, chapitre XV, éd. B. Ajac,
GF-Flammarion, 1986, p. 291-296.

La peinture de l'univers du théâtre, voire la description, plus ou moins étendue, de représentations théâtrales, ne sont pas étrangères au roman des périodes classique et baroque, et le comédien est régulièrement traité comme un avatar du *picaro* – et la comédienne de la femme d'intrigue – dans les romans « comiques » ou picaresques tels *Le Roman comique* de Scarron ou *Gil Blas* de Lesage. Dans le roman du XIXᵉ siècle, toutefois, la représentation du théâtre et des comédiens connaît une importante mutation : aller au théâtre – et s'y faire voir – constitue en effet une pratique sociale, que le roman réaliste insère dans le tableau des mœurs contemporaines ; nombre de romans ou de nouvelles font en outre place, dans des proportions variables, au « mythe de l'actrice », objet de fascination esthétique autant qu'érotique (en témoigne par exemple le personnage d'Aurélie dans la *Sylvie* de Nerval).

La description par Flaubert de la représentation de *Lucie de Lammermoor* (opéra de Donizetti adapté d'un roman de Walter Scott) à laquelle assiste Emma Bovary au théâtre de Rouen constitue une variante assez personnelle de cette séquence topique : l'actrice est oubliée au profit de son double masculin, l'acteur, ou plus exactement le chanteur (le ténor Edgar Lagardy) ; surtout, la description, presque entièrement faite en focalisation interne, est l'occasion d'une plongée au cœur du processus d'identification qui caractérise *à la fois* l'illusion théâtrale et l'illusion littéraire selon Emma Bovary, soit cette pathologie singulière qu'on a pris l'habitude de nommer le bovarysme, et qui est le prolongement moderne et féminin de la maladie dont souffre Don Quichotte (voir aussi *La Fiction*, textes choisis et présentés par C. Montalbetti, GF-Corpus, 2001, p. 125-138).

Dans l'extrait suivant, Emma, qui vient d'être abandonnée par Rodolphe, se laisse aller à une rêverie suscitée à la fois par la fiction – l'histoire d'amour tragique qui lie trois personnages, Lucie Ashton, l'homme qu'elle s'est choisi (Ravenswood chez Walter Scott, devenu Edgardo chez Donizetti) et son rival, prétendant imposé par sa famille et que Lucie, mariée de force, finit par tuer tandis que son amant se suicide – et par le luxe de la mise en scène et des costumes. Ce faisant, elle superpose trois figures masculines : le référent fictif (le personnage d'Edgardo), son « incarnation » sur scène (le ténor Edgar Lagardy) et l'image qu'ils alimentent tous deux, soit celle de l'amant. Cette dernière figure est elle-même en partie fantasmatique (lorsque Emma s'imagine partageant la vie du chanteur, « entraînée vers l'homme par l'illusion du personnage »), en partie nourrie par le roman lui-même, dans une relation d'analepse (échos de l'histoire malheureuse avec Rodolphe) autant que de prolepse (Emma va retrouver Léon à l'entracte et devenir sa maîtresse).

Un battement de cœur la prit dès le vestibule. Elle sourit involontairement de vanité, en voyant la foule qui se précipitait à droite par l'autre corridor, tandis qu'elle montait l'escalier des *premières*. Elle eut plaisir, comme un enfant, à pousser de son doigt les larges portes tapissées ; elle aspira de toute sa poitrine l'odeur poussiéreuse des couloirs, et, quand elle fut assise dans sa loge, elle se cambra la taille avec une désinvolture de duchesse.

La salle commençait à se remplir, on tirait les lorgnettes de leurs étuis, et les abonnés, s'apercevant de loin, se faisaient des salutations. Ils venaient se délasser dans les beaux-arts des inquiétudes de la vente ; mais n'oubliant point les *affaires*, ils causaient encore coton, trois-six [1] ou indigo. On voyait là des têtes de vieux, inexpressives et pacifiques et qui, blanchâtres de chevelure et de teint, ressemblaient à des médailles d'argent ternies par une vapeur de plomb. Les jeunes beaux se pavanaient au *parquet*, étalant, dans l'ouverture de leurs gilets, leur cravate rose ou vert pomme ; et Mme Bovary les admirait d'en haut, appuyant sur des badines à pomme d'or la paume tendue de leurs gants jaunes.

Cependant, les bougies de l'orchestre s'allumèrent ; le lustre descendit du plafond, versant, avec le rayonnement de ses facettes, une gaieté subite dans la salle ; puis les musiciens entrèrent les uns après les autres, et ce fut d'abord un long charivari de basses ronflant, de violons grinçant, de pistons trompettant, de flûtes et de flageolets qui piaulaient. Mais on entendit trois coups sur la scène ; un roulement de timbales commença, les instruments de cuivre plaquèrent des accords, et le rideau, se levant, découvrit un paysage.

1. Alcool très fort dont on mêlait trois mesures à trois mesures d'eau pour faire six mesures d'alcool à boire.

C'était le carrefour d'un bois, avec une fontaine à gauche, ombragée par un chêne. Des paysans et des seigneurs, le plaid sur l'épaule, chantaient tous ensemble une chanson de chasse ; puis il survint un capitaine qui invoquait l'ange du mal en levant au ciel ses deux bras ; un autre parut ; ils s'en allèrent et les chasseurs reprirent.

Elle se retrouvait dans les lectures de sa jeunesse, en plein Walter Scott [1]. Il lui semblait entendre, à travers le brouillard, le son des cornemuses écossaises se répéter sur les bruyères. D'ailleurs, le souvenir du roman facilitant l'intelligence du libretto, elle suivait l'intrigue phrase à phrase, tandis que d'insaisissables pensées qui lui revenaient se dispersaient, aussitôt, sous les rafales de la musique. Elle se laissait aller au bercement des mélodies et se sentait elle-même vibrer de tout son être comme si les archets des violons se fussent promenés sur ses nerfs. Elle n'avait pas assez d'yeux pour contempler les costumes, les décors, les personnages, les arbres peints qui tremblaient quand on marchait, et les toques de velours, les manteaux, les épées, toutes ces imaginations qui s'agitaient dans l'harmonie comme dans l'atmosphère d'un autre monde. Mais une jeune femme s'avança en jetant une bourse à un écuyer vert. Elle resta seule, et alors on entendit une flûte qui faisait comme un murmure de fontaine ou comme des gazouillements d'oiseau. Lucie entama d'un air grave sa cavatine [2] en *sol* majeur ; elle se plaignait d'amour, elle demandait des ailes. Emma, de même, aurait voulu, fuyant la vie, s'envoler dans une étreinte. Tout à coup, Edgar Lagardy parut.

Il avait une de ces pâleurs splendides qui donne quelque chose de la majesté des marbres aux races ardentes du Midi. Sa taille vigoureuse était prise dans un pourpoint de couleur brune ; un petit poignard ciselé lui battait sur la cuisse gauche, et il roulait des regards langoureusement en découvrant ses dents blanches. On disait qu'une princesse polonaise, l'écoutant un soir chanter sur la plage de Biarritz, où il

---

1. Et très précisément replongée dans *La Fiancée de Lammermoor* (1819), source de *Lucie de Lammermoor* (1835). Les romans gothiques de Walter Scott occupent une place de prédilection dans les lectures de jeunesse d'Emma (voir I, VI).

2. Air de petites dimensions.

radoubait [1] des chaloupes, en était devenue amoureuse. Elle s'était ruinée à cause de lui. Il l'avait plantée là pour d'autres femmes, et cette célébrité sentimentale ne laissait pas que de servir à sa réputation artistique. Le cabotin diplomate avait même soin de faire toujours glisser dans les réclames une phrase poétique sur la fascination de sa personne et la sensibilité de son âme. Un bel organe, un imperturbable aplomb, plus de tempérament que d'intelligence et plus d'emphase que de lyrisme, achevaient de rehausser cette admirable nature de charlatan où il y avait du coiffeur et du toréador.

Dès la première scène, il enthousiasma. Il pressait Lucie dans ses bras, il la quittait, il revenait, il semblait désespéré : il avait des éclats de colère, puis des râles élégiaques d'une douceur infinie, et les notes s'échappaient de son cou nu, pleines de sanglots et de baisers. Emma se penchait pour le voir, égratignant avec ses ongles le velours de sa loge. Elle s'emplissait le cœur de ses lamentations mélodieuses qui se traînaient à l'accompagnement des contrebasses, comme des cris de naufragés dans le tumulte d'une tempête. Elle reconnaissait tous les enivrements et les angoisses dont elle avait manqué mourir. La voix de la chanteuse ne lui semblait être que le retentissement de sa conscience, et cette illusion qui la charmait, quelque chose même de sa vie. Mais personne sur la terre ne l'avait aimée d'un pareil amour. Il ne pleurait pas comme Edgar, le dernier soir, au clair de lune, lorsqu'ils se disaient : « À demain ; à demain [2] !… » La salle craquait sous les bravos ; on recommença la strette [3] entière ; les amoureux parlaient des fleurs de leurs tombes, de serments, d'exil, de fatalité, d'espérances, et quand ils poussèrent l'adieu final, Emma jeta un cri aigu qui se confondit avec la vibration des derniers accords.

– Pourquoi donc, demanda Bovary, ce seigneur est-il à la persécuter ?

– Mais non, répondit-elle ; c'est son amant.

---

1. Radouber : entretenir ou réparer la coque d'un navire.

2. Référence à la dernière entrevue de Rodolphe et d'Emma, qui doivent s'enfuir ensemble le lendemain – projet auquel Rodolphe renonce en faisant parvenir à Emma une lettre de rupture (voir I, XII-XIII).

3. Séquence particulièrement intense qui précède immédiatement la conclusion dans une fugue (ce qu'est ici le duo).

– Pourtant il jure de se venger sur sa famille, tandis que l'autre, celui qui est venu tout à l'heure, disait : « J'aime Lucie et je m'en crois aimé. » D'ailleurs, il est parti avec son père, bras dessus, bras dessous. Car c'est bien son père, n'est-ce pas, le petit laid qui porte une plume de coq à son chapeau ?

Malgré les explications d'Emma, dès le duo récitatif où Gilbert expose à son maître Ashton ses abominables manœuvres, Charles, en voyant le faux anneau de fiançailles qui doit abuser Lucie, crut que c'était un souvenir d'amour envoyé par Edgar. Il avouait, du reste, ne pas comprendre l'histoire – à cause de la musique, – qui nuisait beaucoup aux paroles.

– Qu'importe ? dit Emma ; tais-toi !

– C'est que j'aime, reprit-il en se penchant sur son épaule, à me rendre compte, tu sais bien.

– Tais-toi ! tais-toi ! fit-elle impatientée.

Lucie s'avançait, à demi soutenue par ses femmes, une couronne d'oranger à ses cheveux, et plus pâle que le satin de sa robe. Emma rêvait au jour de son mariage ; et elle se revoyait là-bas, au milieu des blés, sur le petit sentier, quand on marchait vers l'église. Pourquoi donc n'avait-elle pas, comme celle-là, résisté, supplié ? Elle était joyeuse, au contraire, sans s'apercevoir de l'abîme où elle se précipitait... Ah ! si, dans la fraîcheur de sa beauté, avant les souillures du mariage et les désillusions de l'adultère, elle avait pu placer sa vie sur quelque grand cœur solide, alors la vertu, la tendresse, les voluptés et le devoir se confondant, jamais elle ne serait descendue d'une félicité si haute. Mais ce bonheur-là, sans doute, était un mensonge imaginé pour le désespoir de tout désir. Elle connaissait à présent la petitesse des passions que l'art exagérait. S'efforçant donc d'en détourner sa pensée, Emma voulait ne plus voir dans cette reproduction de ses douleurs qu'une fantaisie plastique bonne à amuser les yeux, et même elle souriait intérieurement d'une pitié dédaigneuse, quand, du fond du théâtre, sous la portière de velours, un homme apparut en manteau noir.

Son grand chapeau à l'espagnole tomba dans un geste qu'il fit ; et aussitôt les instruments et les chanteurs entonnèrent le sextuor. Edgar, étincelant de furie, dominait tous les autres de sa voix plus claire. Ashton lui lançait en notes graves des provocations homicides, Lucie poussait sa plainte aiguë, Arthur modulait à l'écart des sons moyens, et la basse-taille du ministre ronflait comme un orgue, tandis que les voix de femmes, répétant ses paroles, reprenaient en chœur, délicieusement. Ils étaient tous sur la même ligne à gesticuler ; et la colère, la vengeance, la jalousie, la terreur, la miséricorde et la stupéfaction s'exhalaient à la fois de leurs bouches entrouvertes. L'amoureux outragé brandissait son épée nue ; sa collerette de guipure [1] se levait par saccades, selon les mouvements de sa poitrine, et il allait de droite et de gauche, à grands pas, faisant sonner contre les planches les éperons vermeils de ses bottes molles, qui s'évasaient à la cheville. Il devait avoir, pensait-elle, un intarissable amour, pour en déverser sur la foule à si larges effluves. Toutes ses velléités de dénigrement s'évanouissaient sous la poésie du rôle qui l'envahissait, et, entraînée vers l'homme par l'illusion du personnage, elle tâcha de se figurer sa vie, cette vie retentissante, extraordinaire, splendide, et qu'elle aurait pu mener cependant, si le hasard l'avait voulu. Ils se seraient connus, ils se seraient aimés ! Avec lui, par tous les royaumes de l'Europe, elle aurait voyagé de capitale en capitale, partageant ses fatigues et son orgueil, ramassant les fleurs qu'on lui jetait, brodant elle-même ses costumes ; puis, chaque soir, au fond d'une loge, derrière la grille à treillis d'or, elle eût recueilli, béante, les expansions de cette âme qui n'aurait chanté que pour elle seule ; de la scène, tout en jouant, il l'aurait regardée. Mais une folie la saisit ; il la regardait, c'est sûr ! Elle eut envie de courir dans ses bras pour se réfugier en sa force, comme dans l'incarnation de l'amour même, et de lui dire, de s'écrier : « Enlève-moi, emmène-moi, partons ! À toi, à toi toutes mes ardeurs et tous mes rêves [2] ! »

Le rideau se baissa.

L'odeur du gaz se mêlait aux haleines ; le vent des éventails rendait l'atmosphère plus étouffante. Emma voulut sortir ; la foule encombrait les corridors, et elle retomba dans son fauteuil avec des palpitations qui la suffoquaient. Charles, ayant peur de la voir s'évanouir, courut à la buvette lui chercher un verre d'orgeat.

---

1. Dentelle très ajourée.

2. Reprise presque littérale de la supplique adressée à Rodolphe (I, XII) : « Emmène-moi ! s'écria-t-elle. Enlève-moi !... Oh ! je t'en supplie ! »

# XI

# MARMONTEL

## JOUIR DE LA NATURE ET DE L'ART

Jean-François Marmontel, article « Illusion »,
*Éléments de littérature* (1787), éd. S. Le Ménahèze,
Desjonquères, 2005, p. 633-638.

Inventeur du genre du « conte moral », poète tragique et librettiste à ses heures, romancier et journaliste littéraire, Marmontel collabora aussi au projet initié par Diderot et d'Alembert en rédigeant l'ensemble des articles de littérature pour le *Supplément* de l'*Encyclopédie* (1751-1772). En 1787, il reprit ces quelque deux cents articles et les publia en conservant le principe du classement alphabétique.

C'est en défenseur et admirateur des classiques du « siècle de Louis XIV » (Molière et Racine) comme des Lumières (Voltaire) ainsi que des principes esthétiques sur lesquels repose leur art qu'il définit et analyse le fonctionnement de l'illusion théâtrale – l'article « Illusion » est en effet exclusivement consacré à cette catégorie particulière de l'illusion littéraire. Ce faisant, Marmontel accorde à l'illusion une place centrale dans la réflexion sur le spectacle théâtral et sur son utilité, en rattachant la notion aux deux concepts clés de vraisemblance et de *catharsis*. L'illusion théâtrale est ainsi considérée comme l'effet que produit sur le spectateur la vraisemblance, principe qui caractérise de son côté les constituants de la fiction. L'apport majeur de l'article « Illusion » consiste dans l'analyse méticuleuse du phénomène complexe qu'est l'illusion théâtrale, laquelle mêle, selon un mode qui ne relève pas de l'alternance, abandon à la vérité de la fiction (ses personnages, son lieu référentiel, son intrigue, etc.) et reconnaissance des moyens artistiques qui concourent à la production de cette « vérité » et en forment le support matériel (l'acteur et la scène notamment). On retrouve là, transposés sur le plan de la réception, l'analyse de la dualité de l'univers théâtral omniprésente chez d'Aubignac, qui distinguait un siècle plus tôt ce qu'il nommait la « vérité de l'action théâtrale » et la « représentation » (voir texte VIII).

S'il semble à certains égards annoncer Stendhal (voir texte XII), Marmontel propose ainsi une synthèse de la doctrine classique, dont le rôle fut décisif dans notre compréhension du classicisme, si bien que, dans *La Dramaturgie classique en France* (1950), Jacques Scherer s'appuie sur ses thèses presque autant que sur celles de l'abbé d'Aubignac pour rendre compte de l'esthétique théâtrale du XVII^e siècle.

ILLUSION. Dans les arts d'imitation la vérité n'est rien, la vraisemblance est tout ; et non seulement on ne leur demande pas la réalité, mais on ne veut pas même que la feinte en soit l'exacte ressemblance.

Dans la tragédie, on a très bien observé que l'*illusion* n'est pas complète. 1. Elle ne peut pas l'être, 2. Elle ne doit pas l'être. Elle ne peut pas l'être, parce qu'il est impossible de faire pleinement abstraction du lieu réel de la représentation théâtrale et de ses irrégularités. On a beau avoir l'imagination préoccupée, les yeux avertissent qu'on est à Paris, tandis que la scène est à Rome ; et la preuve qu'on n'oublie jamais l'acteur dans le personnage qu'il représente, c'est que dans l'instant même où l'on est le plus ému, on s'écrie : *Ah ! que c'est bien joué !* On sait donc que ce n'est qu'un jeu : on n'applaudirait point Auguste, c'est donc Brisard [1] qu'on applaudit.

Mais quand, par une ressemblance parfaite, il serait possible de faire une pleine *illusion*, l'art devrait l'éviter, comme la sculpture l'évite en ne colorant pas le marbre, de peur de le rendre effrayant.

Il y a tel spectacle dont l'*illusion* tempérée est agréable, et dont l'*illusion* pleine serait révoltante ou péniblement douloureuse. Combien de personnes soutiennent le meurtre de Camille ou de Zaïre, et les convulsions d'Inès empoisonnée [2], qui n'auraient pas la force de soutenir la vue d'une querelle sanglante ou d'une simple agonie ? Il est donc hors de doute que le plaisir du spectacle tragique tient à cette réflexion tacite et confuse, qui nous avertit que ce n'est qu'une feinte, et qui par là modère l'impression de la terreur et de la pitié.

Je sais bien que l'échafaud est la tragédie de la populace, et que des nations entières se sont amusées de combats de gladiateurs ; mais cet exercice de la sensibilité serait trop violent pour des âmes qu'une société douce et voluptueuse amollit, et qui demandent des plaisirs délicats comme leurs organes.

Ce ne sera que lorsque l'habitude de ces plaisirs en aura émoussé le goût et que les âmes seront blasées, qu'on sera obligé d'employer, comme des liqueurs fortes, des moyens

---

1. Acteur de la Comédie-Française.

2. Respectivement dans *Horace* (1640) de Corneille, *Zaïre* (1732) de Voltaire et *Inès de Castro* (1723) de Houdar de La Motte.

violents de réveiller en elles une sensibilité presque éteinte ; et c'est peut-être ainsi que, par la continuité des jouissances et la satiété qui les suit, un peuple poli se déprave et retourne à la barbarie.

Quoi qu'il en soit, il y a deux choses à distinguer dans l'imitation tragique, la vérité absolue de l'exemple, et la ressemblance imparfaite de l'imitation. Orosmane [1], dans la fureur de sa jalousie, tue Zaïre, et l'instant d'après se tue lui-même de désespoir. Voilà l'*illusion* qui ne doit pas être complète. Un amour jaloux et furieux peut rendre féroce et barbare un homme naturellement bon, sensible et généreux : voilà la vérité dont rien ne nous détrompe, et dont l'impression nous reste, lors même que l'*illusion* a cessé.

Dans le comique, rien ne répugne à une pleine *illusion* ; et l'impression du ridicule n'a pas besoin d'être tempérée comme celle du pathétique. Mais si dans le comique même l'*illusion* était complète, le spectateur, croyant voir la nature, oublierait l'art, et serait privé, par la force de l'*illusion*, de l'un des plaisirs du spectacle. Ceci est commun à tous les genres.

Le plaisir d'être ému de crainte et de pitié sur les malheurs de ses semblables, le plaisir de rire aux dépens des faiblesses et des ridicules d'autrui, ne sont pas les seuls que nous cause la scène : celui de voir à quel degré de force et de vérité peuvent aller le génie et l'art, celui d'admirer dans le tableau la supériorité de la peinture sur le modèle, serait perdu, si l'*illusion* était complète : et voilà pourquoi, dans l'imitation même en récit, les accessoires qui altèrent la vérité, comme la mesure des vers et le mélange du merveilleux, rendent l'*illusion* plus douce ; car nous aurions bien moins de plaisir à prendre un beau poème pour une histoire, qu'à nous souvenir confusément que c'est une création du génie.

Pour mieux m'entendre, imaginez une perspective si parfaitement peinte, que de loin elle vous semble être réellement, ou un morceau d'architecture, ou un paysage éloigné : tout l'agrément de l'art sera perdu pour vous dans ce moment, et vous n'en jouirez que lorsqu'en s'approchant, vous vous aper-

---

1. Sultan de Jérusalem épris de sa captive chrétienne Zaïre. Dans l'avant-dernière scène de cette tragédie de Voltaire, il surprend sa maîtresse avec Nérestan, chevalier français dont il ignore qu'il est le frère de Zaïre, et tue cette dernière.

cevrez que le pinceau vous en impose. Il en est de même de toute espèce d'imitation : on veut jouir en même temps et de la nature et de l'art ; on veut donc bien s'apercevoir que l'art se mêle avec la nature. Dans le comique même, il ne faut donc pas croire que la vérité de l'imitation en soit le mérite exclusif, et que le meilleur peintre de la nature soit le plus fidèle copiste : car si l'imitation était une parfaite ressemblance, il faudrait l'altérer exprès en quelque chose, afin de laisser à l'âme le sentiment confus de son erreur, et le plaisir secret de voir avec quelle adresse on la trompe. Il est pourtant vrai qu'on a plus à craindre de s'éloigner de la nature, que d'en approcher de trop près ; mais entre la servitude et la licence, il y a une liberté sage, et cette liberté consiste à se permettre de choisir et d'embellir en imitant : c'est ce qu'a fait Molière, aussi bien que Racine. Ni *Le Misanthrope*, ni *L'Avare*, ni *Le Tartuffe*, ne sont de serviles copies : dans les détails comme dans l'ensemble, dans les caractères comme dans l'intrigue, ce sont des compositions plus achevées qu'on n'en peut voir dans la nature : la perfection y décèle l'art, et l'on perdrait à ne pas l'y voir : pour en jouir, il faut qu'on l'aperçoive.

Mais jusqu'à quel point cette imitation peut-elle être embellie, sans que l'altération nuise à la vraisemblance et détruise l'*illusion* ? Cela tient beaucoup à l'opinion, à l'habitude, à l'idée que l'on a des possibles, et la règle doit varier selon les lieux et les temps. La vérité même n'est pas toujours vraisemblable [1] ; et à moins qu'elle ne soit très connue, elle n'est point admise si la vraisemblance n'y est pas. Dans les choses communes, il est aisé de conserver la vraisemblance ; mais dans l'extraordinaire et le merveilleux, c'est une des plus grandes difficultés de l'art. Voyez Vraisemblance.

Quelle est cependant cette demi-*illusion*, cette erreur continue et sans cesse mêlée d'une réflexion qui la dément, cette façon d'être trompé et de ne l'être pas ? C'est quelque chose de si étrange en apparence et de si subtil en effet, qu'on est tenté de le prendre pour un être de raison ; et pourtant rien de plus réel. Chacun de nous n'a qu'à se souvenir qu'il lui est arrivé bien souvent de dire, en même temps qu'il pleurait ou

1. Propos qu'on peut rapprocher de la formule de Boileau selon laquelle « le vrai peut quelquefois n'être pas vraisemblable » (*Art poétique*, 1674).

qu'il frémissait, à *Mérope* [1] : Ah ! que cela est beau ! ce n'était pas la vérité qui était belle ; car il n'est pas beau qu'une femme aille tuer un jeune homme ; ni qu'une mère reconnaisse son fils au moment de le poignarder. C'était donc bien de l'imitation que l'on parlait ; et pour cela, il fallait se dire à soi-même, *C'est un mensonge* ; et tout en le disant, on pleurait et on frémissait.

Pour expliquer ce phénomène, on a dit que l'*illusion* et la réflexion n'étaient pas simultanées, mais alternatives dans l'âme : subtilité gratuite ; car sans ces oscillations continuelles et rapides de l'erreur à la vérité, leur mélange actuel s'explique, et l'on va voir qu'il est dans la nature.

L'âme est susceptible à la fois de diverses impressions : par exemple, lorsqu'on entend une belle musique, et qu'en regardant une jolie femme, on boit d'un vin délicieux, ces trois plaisirs sont distinctement et simultanément goûtés. Ils se nuisent pourtant l'un à l'autre ; et moins les impressions simultanées sont analogues, moins le sentiment en est vif : en sorte que si elles sont contraires, le partage de la sensibilité entre elles est quelquefois si inégal, que l'une effleure à peine l'âme, tandis que l'autre s'en saisit et la pénètre profondément.

En vous promenant à la campagne, qu'un objet vous frappe et vous plonge dans la méditation, tous les autres objets que vous apercevrez passeront successivement devant vos yeux sans vous distraire. Vous les aurez vus cependant, et chacun d'eux aura laissé sa trace dans votre souvenir. Que sera-t-il donc arrivé ? qu'à chaque instant l'âme aura eu deux pensées ; l'une fixe et profonde, l'autre légère et fugitive. Au contraire, je vous suppose plus légèrement occupé : l'idée qui vous suit ne laisse pas d'être continue et toujours présente ; mais l'impression accidentelle de nouveaux objets est d'autant plus vive à son tour, que la première est moins profonde.

C'est ainsi qu'au spectacle deux pensées sont présentes à l'âme. L'une est, que vous êtes venu voir représenter une fable [2], que le lieu réel de l'action est une salle de spectacle, que tous ceux qui vous environnent viennent s'amuser comme

1. Tragédie de Voltaire (1743).
2. Au sens aristotélicien de *muthos*, c'est-à-dire d'histoire ou d'intrigue (voir « Fable » dans le Vade-mecum).

vous, que les personnages que vous voyez sont des comédiens, que les colonnes du palais qu'on vous représente sont des coulisses peintes, que ces scènes touchantes ou terribles que vous applaudissez sont un poème composé à plaisir : tout cela est la vérité. L'autre pensée est l'*illusion* : savoir, que ce palais est celui de Mérope, que la femme que vous voyez si affligée est Mérope elle-même, que les paroles que vous entendez sont l'expression de sa douleur. Or, de ces deux pensées, il faut que la dernière soit la dominante ; et par conséquent le soin commun du poète, de l'acteur, du décorateur, doit être de fortifier l'impression des vraisemblances et d'affaiblir celle des réalités. Pour cela, le moyen le plus sûr, comme le plus facile, serait de copier fidèlement et servilement la nature ; et c'est là tout ce qu'on a su faire quand le goût n'était pas formé. Mais je l'ai dit souvent, je le répète encore : la nature a mille détails qui seraient vrais, qui rendraient même l'imitation plus vraisemblable, et qu'il faut pourtant éloigner parce qu'ils manquent d'agrément, ou d'intérêt, ou de décence, et que nous cherchons au théâtre et dans l'imitation poétique en général une nature exquise, curieuse et intéressante.

Le secret du génie n'est donc pas d'asservir, mais d'animer son imitation : car plus l'*illusion* est vive et forte, plus elle agit sur l'âme, et par conséquent moins elle laisse de liberté à la réflexion et de prise à la vérité. Quelle impression peuvent faire de légères invraisemblances sur des esprits émus, troublés d'étonnement et de terreur ? N'avons-nous pas vu de nos jours Phèdre expirante au milieu d'une foule de petits maîtres ? N'avons-nous pas vu Mérope, le poignard à la main, fendre la presse de nos jeunes seigneurs, pour percer le cœur de son fils ? et Mérope nous faisait frémir, et Phèdre nous arrachait des larmes [1].

C'est sur ces exemples que se fondent ceux qui se moquent des bienséances et des vraisemblances théâtrales : mais si, dans ces moments de trouble et de terreur, l'âme, trop occupée du grand intérêt de la scène, ne fait aucune attention à ses irrégularités, il y a des moments plus tranquilles, où le bon sens en est blessé : la réflexion reprend alors tout son empire, la vérité

1. Marmontel évoque ici un usage qui n'a été aboli qu'en 1759 : la présence sur la scène de spectateurs, laquelle troublait, de fait, le fonctionnement de l'illusion théâtrale.

détruit l'*illusion* : or l'*illusion*, une fois détruite ne se reproduit pas l'instant d'après avec la même force ; et il n'y a nulle comparaison entre un spectacle où elle est soutenue, et un spectacle où à chaque instant on est trompé et détrompé.

L'*illusion*, comme je l'ai dit, n'a pas besoin d'être complète. On ne doit donc pas s'inquiéter des invraisemblances forcées, et l'on peut se permettre celles qui contribuent à donner au spectacle plus d'intérêt ou d'agrément.

Mais quoi qu'on fasse pour en imposer, il est rare que l'*illusion* soit trop forte : on fait donc bien d'être sévère sur ce qui intéresse la vraisemblance, et de n'accorder à l'art que les licences heureuses d'où résulte quelque beauté.

Il faut se figurer qu'il y a sans cesse, dans l'imitation théâtrale un combat entre la vérité et le mensonge : des deux impressions, affaiblir celle qui doit céder, fortifier celle que l'on veut qui domine ; voilà le point où se réunissent toutes les règles de l'art par rapport à la vraisemblance, dont l'*illusion* est l'effet.

Quant aux moyens qu'on doit exclure, il en est qui rendent l'imitation trop effrayante et horriblement vraie, comme lorsque sous l'habit de l'acteur qui doit paraître se tuer, on cache une vessie pleine de sang, et que le sang inonde le théâtre ; il en est qui rendent grossièrement et bassement une nature dégoûtante, comme lorsqu'on produit sur la scène l'ivrognerie et la débauche ; il en est qui sont pris dans un naturel insipide et trivial, dont l'unique mérite est une plate vérité, comme lorsqu'on représente ce qui se passe communément parmi le peuple. Tout cela doit être interdit à l'imitation poétique, dont le but est de plaire, non pas seulement à la multitude, mais aux esprits les plus cultivés et aux âmes les plus sensibles : succès qu'elle ne peut avoir qu'autant qu'elle est décente, ingénieuse, exquise, digne, en un mot, qu'une raison perfectionnée et un sentiment délicat en chérissent l'*illusion*.

# XII

# STENDHAL

## LA RELATIVITÉ DE L'ILLUSION THÉÂTRALE

Stendhal, *Racine et Shakespeare* (1823-1825), chapitre I,
éd. B. Leuilliot, Kimé, « Rencontres », p. 22-24.

Pierre de l'édifice romantique, qui contient de célèbres formules sur le « romanticisme » opposé au classicisme, le *Racine et Shakespeare* de Stendhal ne répond qu'imparfaitement aux promesses de son titre : Racine et Shakespeare y forment moins le sujet du livre qu'ils ne constituent des figures archétypales de deux mouvements littéraires. Et si Shakespeare est plus présent que Racine, c'est parce que la rédaction de la première partie de l'ouvrage (parue en 1823) eut pour occasion la représentation à Paris, en juillet 1822, d'un *Othello* donné par des acteurs anglais, auquel le public parisien réserva un accueil désastreux. Il s'agit pour Stendhal à la fois d'y défendre Shakespeare et de proposer une réforme du théâtre français portée par la référence shakespearienne.

L'un des passages les plus connus de la première livraison de *Racine et Shakespeare*, composée d'un dialogue entre un romantique et un académicien – la seconde, « Réponse au manifeste contre le romantisme prononcé par M. Auger », paraîtra en 1825 –, est consacré à l'illusion théâtrale. Le sujet est rien moins que nouveau, et d'Aubignac (voir texte VIII) autant que Marmontel (voir texte XI) avaient bien vu le caractère composite du processus. Mais Stendhal franchit un pas supplémentaire par rapport à la conception classique de l'illusion, en déclarant hors jeu l'illusion parfaite – celle du spectateur naïf, à laquelle Stendhal offre ici sa plus belle incarnation en la personne du soldat de Baltimore voulant tuer l'acteur incarnant Othello –, et en posant comme qualités constitutives de l'illusion théâtrale sa discontinuité autant que son caractère extrêmement fugace. L'attention qu'il porte aux caractéristiques du processus (essentiellement l'autonomisation de la fiction) n'est pas indépendante, toutefois, de la thèse d'ensemble : il s'agit en effet de montrer que la dramaturgie shakespearienne suscite plus souvent – et mieux – l'illusion théâtrale que la dramaturgie classique, démonstration à laquelle Guizot s'était livré de manière magistrale et autrement plus développée dans la *Vie de Shakespeare* parue en 1821 en tête d'une réédition de la traduction du théâtre de Shakespeare par Letourneur.

Il apparaît ainsi, à l'échelle de l'histoire récente du théâtre occidental – et avant la rupture que constitue la pensée de Bertolt Brecht (voir texte XIII et « Distanciation » dans le Vade-mecum) –, que tout projet de réforme théâtrale s'accompagne d'une refondation des conditions d'exercice de l'illusion, traduction en termes dramaturgiques des concepts de naturel et de vraisemblance. Le débat des années 1630 autour des règles, de même que la réflexion de Diderot sur les formes (la tirade ou le coup de théâtre) et les types dramatiques (le valet) qu'il faut supprimer parce qu'ils sont ressentis comme artificiels (voir texte XVI) reposent implicitement sur le même constat : celui de la caducité du dispositif antérieur et de son incapacité à susciter l'illusion.

LE ROMANTIQUE. Avoir des illusions, être dans l'*illusion*, signifie se tromper, à ce que dit le dictionnaire de l'Académie. Une *illusion*, dit M. Guizot [1], est l'effet d'une chose ou d'une idée qui nous déçoit par une apparence trompeuse. Illusion signifie donc l'action d'un homme qui croit la chose qui n'est pas, comme dans les rêves, par exemple. L'illusion théâtrale, ce sera l'action d'un homme qui croit véritablement existantes les choses qui se passent sur la scène.

L'année dernière (août 1822), le soldat qui était en faction dans l'intérieur du théâtre de Baltimore, voyant Othello qui, au cinquième acte de la tragédie de ce nom, allait tuer Desdemona, s'écria : « Il ne sera jamais dit qu'en ma présence un maudit nègre aura tué une femme blanche. » Au même moment le soldat tire son coup de fusil, et casse un bras à l'acteur qui faisait Othello. Il ne se passe pas d'année sans que les journaux ne rapportent des faits semblables. Eh bien ! ce soldat avait de l'*illusion*, croyait vraie l'action qui se passait sur la scène. Mais un spectateur ordinaire, dans l'instant le plus vif de son plaisir, au moment où *il applaudit* avec transport Talma-Manlius [2] disant à son ami : « Connais-tu cet écrit ? » par cela seul qu'il applaudit, n'a pas l'*illusion complète*, car il applaudit Talma, et non pas le Romain Manlius ; Manlius ne fait rien de digne d'être applaudi, son action est fort simple, et tout à fait dans son intérêt.

---

1. Stendhal prête à Guizot une définition qui, de même que la précédente, provient directement du *Dictionnaire de l'Académie*. L'allusion, toutefois, vaut reconnaissance de dettes : autant que la représentation d'*Othello*, la toute récente *Vie de Shakespeare*, qui contient un très long développement sur l'illusion, et notamment sur les moyens non « classiques » dont elle se dote chez Shakespeare, a servi d'aiguillon majeur pour la conception du *Racine et Shakespeare* (voir F. Naugrette, *Le Théâtre romantique. Histoire, écriture, mise en scène*, Gallimard, « Folio Essais », 2001, p. 61-65 et *passim*).

2. Talma est l'un des grands tragédiens français de la fin du XVIII^e^ et du début du XIX^e^ siècle, et Manlius est le personnage éponyme d'une tragédie de La Fosse.

L'ACADÉMICIEN. Pardonnez-moi, mon ami ; mais ce que vous me dites là est un lieu commun.

LE ROMANTIQUE. Pardonnez-moi, mon ami ; mais ce que vous me dites là est la défaite d'un homme qu'une longue habitude de se payer de phrases élégantes a rendu incapable de raisonner d'une manière serrée.

Il est impossible que vous ne conveniez pas que l'illusion que l'on va chercher au théâtre n'est pas une illusion parfaite. L'illusion *parfaite* était celle du soldat en faction au théâtre de Baltimore. Il est impossible que vous ne conveniez pas que les spectateurs savent bien qu'ils sont au théâtre, et qu'ils assistent à la représentation d'un ouvrage d'art, et non pas à un fait vrai.

L'ACADÉMICIEN. Qui songe à nier cela ?

LE ROMANTIQUE. Vous m'accordez donc l'*illusion imparfaite* ? Prenez garde à vous.

Croyez-vous que, de temps en temps, par exemple, deux ou trois fois dans un acte, et à chaque fois durant une seconde ou deux, l'illusion soit complète ?

L'ACADÉMICIEN. Ceci n'est point clair. Pour vous répondre, j'aurais besoin de retourner plusieurs fois au théâtre, et de me voir agir.

LE ROMANTIQUE. Ah ! voilà une réponse charmante et pleine de bonne foi. On voit bien que vous êtes de l'Académie, et que vous n'avez plus besoin des suffrages de vos collègues pour y arriver. Un homme qui aurait à faire sa réputation de littérateur instruit se donnerait bien garde d'être si clair et de raisonner de manière si précise. Prenez garde à vous ; si vous continuez à être de bonne foi, nous allons être d'accord. Il me semble que ces moments d'*illusion parfaite* sont plus fréquents qu'on ne le croit en général, et surtout qu'on ne l'admet pour vrai dans les discussions littéraires.

Mais ces moments durent infiniment peu, par exemple une demi-seconde, ou un quart de seconde. On oublie bien vite Manlius pour ne voir que Talma ; ils ont plus de durée chez les jeunes femmes, et c'est pour cela qu'elles versent tant de larmes à la tragédie. Mais recherchons dans quels moments de la tragédie le spectateur peut espérer de rencontrer ces instants délicieux d'*illusion parfaite*.

Ces instants charmants ne se rencontrent ni au moment d'un changement de scène, ni au moment précis où le poète fait sauter douze ou quinze jours au spectateur, ni au moment où le poète est obligé de placer un long récit dans la bouche d'un de ses personnages, uniquement pour informer le spectateur d'un fait antérieur, et dont la connaissance lui est nécessaire, ni au moment où arrivent trois ou quatre vers admirables, et remarquables *comme vers*.

Ces instants délicieux et si rares d'*illusion parfaite* ne peuvent se rencontrer que dans la chaleur d'une scène animée, lorsque les répliques des acteurs se pressent ; par exemple, quand Hermione dit à Oreste, qui vient d'assassiner Pyrrhus par son ordre [1] :

Qui te l'a dit ?

Jamais on ne trouvera ces moments d'*illusion parfaite* ni à l'instant où le meurtre est commis sur la scène, ni quand des gardes viennent arrêter un personnage pour le conduire en prison. Toutes ces choses, nous pouvons les croire véritables, et jamais elles ne produisent d'illusion. Ces morceaux ne sont faits que pour amener les scènes durant lesquelles les spectateurs rencontrent ces demi-secondes si délicieuses ; or, je dis que ces courts moments d'*illusion parfaite se trouvent plus souvent dans les tragédies de Shakespeare que dans celles de Racine.*

Tout le plaisir que l'on trouve au spectacle tragique dépend de la fréquence de ces petits moments d'illusion, *et de l'état d'émotion où, dans leurs intervalles, ils laissent l'âme du spectateur.*

## XIII

## BRECHT

### L'EFFET DE DISTANCIATION

Bertolt Brecht, *Nouvelle technique d'art dramatique* (1935-1941), dans *Écrits sur le théâtre 1*, trad. J. Tailleur, G. Delfel, B. Perregaux et J. Jourdheuil, © L'Arche Éditeur, 1963, p. 330-332, 335 et 337.

La réflexion théorique sur le théâtre que Brecht a menée tout au long de sa carrière forme la première alternative véritable à la conception aristotélicienne, non seulement parce qu'elle se définit en ces termes-là – l'un de ses textes s'intitule « Sur une dramaturgie non aristotélicienne » –, mais aussi parce qu'elle offre du théâtre une

1. Dans l'*Andromaque* de Racine (V, 3).

théorie complète et systématique, qui ne sépare jamais la réflexion sur la fable (voir « Fable » dans le Vade-mecum) de celle concernant la relation entre la scène et la salle. De l'immense champ de la théorie brechtienne, deux concepts ont émergé, largement relayés en France par une floraison de textes critiques – émanant entre autres de Bernard Dort et de Roland Barthes – consécutifs aux premières tournées du Berliner Ensemble dans les années 1950 : ceux de « théâtre épique » et de « distanciation ».

D'abord forgés dans un contexte polémique, comme antithèses des notions prêtées par Brecht à Aristote de « théâtre dramatique » et d'identification (mais aussi du système illusionniste qui est censé prévaloir dans le théâtre classique et néo-classique), ces concepts ont évolué au fil de la production théorique brechtienne.

Celle-ci se compose de deux textes majeurs, le *Petit Organon pour le théâtre* (1956) et surtout *L'Achat du cuivre*, long dialogue qui synthétise l'essentiel des principes brechtiens, et dont la composition s'étend de 1937 à 1951. Mais elle comprend aussi de très nombreux essais de dimensions plus modestes et de forme plus libre, parmi lesquels celui intitulé *Nouvelle technique d'art dramatique*, dont la première version est rédigée entre 1935 et 1941. Les définitions de l'effet de distanciation (*Verfremdungseffekt*) qui s'y trouvent formulées comptent parmi les plus anciennes de l'œuvre théorique de Brecht. Fait capital, l'effort théorique se nourrit ici explicitement de l'expérimentation pratique, en l'occurrence de représentations de pièces de Brecht sur différentes scènes allemandes et européennes (la création du Berliner Ensemble n'a lieu qu'en 1949), autant qu'il ouvre sur une théorie de l'acteur. L'art dramatique vu par Brecht passe par une forme de renoncement à tout ce qui fait, traditionnellement, le « métier » de l'acteur, et notamment sa capacité à se faire oublier pour donner vie au personnage.

## Description succincte d'une nouvelle technique d'art dramatique produisant un effet de distanciation

Nous allons tenter de décrire une technique d'art dramatique dont on s'est servi dans quelques théâtres [1] pour dis-

---

1. *La Vie d'Édouard II*, d'après Marlowe (Kammerspiele, Munich) ; *Tambours dans la nuit* (Deutsches Theater, Berlin) ; *L'Opéra de quat'sous* (Theater am Schiffbauerdamm, Berlin) ; *Grandeur et décadence de la ville de Mahagonny*, opéra (Kurfürstendammertheater d'Aufricht, Berlin) ; *Homme pour homme* (Staatstheater, Berlin) ; *La Décision* (Grosses Schauspielhaus, Berlin) ; *Les Aventures du brave soldat Schweyk* (Nollendorftheater de Piscator [metteur en scène qui, avant et parfois avec Brecht, multiplia dans les années 1920 les innovations scénographiques pour servir l'idéologie marxiste]) ; *Têtes rondes et têtes pointues* (Riddersalen, Copenhague) ; *Le Fusils de la mère Carrar* (Copenhague, Paris) ; *Grand-peur et misère du IIIᵉ Reich* (Paris). (*N.d.A.*)

tancier du spectateur les processus à représenter. Le but de l'*effet de distanciation* [*Verfremdungseffekt*] était d'amener le spectateur à considérer ce qui se déroule sur la scène d'un œil investigateur et critique. Les moyens utilisés étaient ceux de l'art.

L'emploi de l'effet de distanciation dans cette perspective dépend de la réalisation d'une condition préalable [1] : il faut débarrasser la salle et la scène de toute « magie » et n'y susciter aucun « champ hypnotique ». On s'abstint donc absolument de créer sur le plateau une atmosphère particulière (celle d'une chambre le soir ou d'une rue en automne) [2] ou de susciter certains états d'âme par une diction appropriée ; on ne chercha plus ni à « chauffer » le public par le déchaînement de tempéraments dramatiques, ni à l'« envoûter » par un jeu tout en nerfs tendus ; bref, on n'entreprit plus de le mettre en transes ou de lui donner l'illusion d'assister à un processus naturel, qui n'aurait pas été répété. Pour neutraliser la tendance du public à se jeter dans une illusion de ce genre, on verra qu'il est nécessaire d'avoir recours à des moyens artistiques déterminés [3].

Veut-il produire l'effet de distanciation, le comédien devra accompagner ce qu'il doit montrer du *gestus* [4] caractéristique de la démonstration. On devra naturellement abandonner la notion de quatrième mur, ce mur fictif qui sépare la scène de la salle et crée l'illusion que le processus représenté se déroule dans la réalité, hors de la présence du public. Par principe, les comédiens ont donc ici la possibilité de s'adresser directement au public [...].

---

1. La traduction utilise toujours la formule « effet de distanciation », même quand Brecht emploie la forme abrégée « V-Effekt ». (*N.d.T.*)

2. Si le théâtre épique fait d'une atmosphère déterminée, parce qu'elle explique certaines attitudes des personnages, l'objet de la représentation, cette atmosphère sera distanciée elle aussi. (*N.d.A.*)

3. Voici deux exemples de moyens mécaniques : un éclairage très vif du plateau (car un éclairage crépusculaire, joint à l'obscurité totale dans la salle qui empêche les spectateurs de se voir les uns les autres, retire beaucoup de son sens critique au public) et la visibilité des sources de lumière. [...] (*N.d.A.*)

4. Ensemble de gestes, d'intonations voire d'éléments verbaux qui caractérisent un type de personnage, de situation ou ici, une attitude de l'acteur par rapport à son texte (l'acteur doit rendre manifeste aux yeux des spectateurs qu'il ne s'identifie pas à son personnage).

C'est par l'*identification*, comme chacun sait, que le contact entre la salle et la scène s'établit d'ordinaire. Le comédien traditionnel concentre si exclusivement ses efforts sur la recherche de cet acte psychique qu'on peut dire qu'il y voit le but essentiel de son art [...]. Ces quelques remarques liminaires montrent déjà que la technique de la distanciation est diamétralement opposée à celle qui vise l'acte d'identification. Le comédien est tenu de ne pas chercher à provoquer cet acte.

Nous n'exigeons cependant pas du comédien qui s'efforce de donner une image de personnages précis et de montrer leur comportement qu'il renonce complètement à ce moyen. Il l'emploie exactement comme n'importe quelle personne qui, dénuée de talent et d'ambition dramatiques, chercherait à représenter une autre personne (à en montrer le comportement). Cette démonstration du comportement d'un tiers s'opère chaque jour en d'innombrables occasions (les témoins d'un accident miment le comportement de la victime à de nouveaux venus, des farceurs imitent la démarche comique d'un ami, etc.), sans qu'on tente jamais de plonger les spectateurs dans une illusion quelconque, ce qui n'empêche pas qu'on entre dans le personnage pour s'en approprier les particularités.

Le comédien aura donc recours, lui aussi, à cet acte psychique. Mais loin de l'accomplir, comme c'est le cas dans le théâtre traditionnel, au cours de la représentation elle-même et dans le but d'amener le spectateur à une démarche identique, il ne s'y livrera qu'au stade préliminaire, au cours des répétitions, alors qu'il travaille son rôle.

[...] Sur le plateau le comédien ne va jamais jusqu'à *se métamorphoser intégralement* en son personnage. Il n'est pas Lear, Harpagon ou Schweyk [1], il *montre* ces gens. Il prononce avec la plus grande authenticité possible ce qu'ils disent, il présente leurs comportements aussi bien que sa connaissance des hommes le lui permet, mais il n'essaie pas de s'imaginer (et de faire croire) qu'il s'est pour autant métamorphosé. [...]

S'il a renoncé à la métamorphose intégrale, le comédien ne dit pas son texte comme une improvisation, mais comme une citation [...].

1. Personnage éponyme des *Aventures du brave soldat Schweyk* (1928) de Brecht, adaptation dramatique du roman du Tchèque Jaroslav Hašek (1920-1923).

Comme il ne s'identifie pas avec lui, le comédien peut adopter à l'égard de son personnage un point de vue déterminé, laisser percer l'opinion qu'il en a et inciter le spectateur, qui lui non plus n'a pas été invité à s'identifier, à porter sur le personnage un regard critique [...].

Le point de vue que le comédien adopte est *un point de vue de critique sociale.* Dans son élaboration des processus et sa caractérisation du personnage, il met particulièrement en avant les faits et les traits qui ressortissent au domaine social. Son jeu se transforme ainsi en un entretien avec le public sur l'état de la société, que chaque spectateur est appelé à légitimer ou à condamner en fonction de son appartenance de classe [...].

# III

# LES GENRES DU THÉÂTRE

# XIV

# MAIRET

## LA TRAGÉDIE ET LA COMÉDIE, DEUX GENRES SYMÉTRIQUES

Jean Mairet, *Préface en forme de discours poétique*, en tête de *La Silvanire* (1631), éd. J. Scherer, dans *Théâtre du XVII*e *siècle*, Gallimard, « Bibliothèque de la Pléiade », 1975, p. 482-483.

Spécialiste reconnu des deux genres dramatiques « modernes » que sont, dans les années 1620 et 1630, la pastorale et la tragi-comédie, Mairet participe activement, avec la *Préface en forme de discours-poétique* qu'il place en tête de sa deuxième pastorale, *La Silvanire*, au débat sur la règle des vingt-quatre heures. Il y défend, contre les auteurs irréguliers avec lesquels il partage pourtant bien des choix – parmi lesquels celui du genre notoirement irrégulier qu'est la tragi-comédie –, le bien-fondé de la règle, en tant qu'elle contribue à l'illusion théâtrale (voir Marmontel, texte XI, Stendhal, texte XII, et « Illusion théâtrale » dans le Vade-mecum) et ce faisant au plaisir du spectateur. C'est là l'aspect le mieux connu de la Préface de *La Silvanire*, texte qui affirme la modernité d'une des trois unités du théâtre classique.

Pourtant, la *Préface en forme de discours poétique* s'inscrit, par d'autres aspects, dans la continuité de la tradition humaniste. C'est particulièrement manifeste dans cette section intitulée « De la tragédie, comédie, et tragi-comédie » où, sans chercher à en moderniser le lexique non plus que la présentation, volontiers répétitive, Mairet reprend l'intégralité des lieux communs formulés par Donat et Diomède, grammairiens latins des IIIe et IVe siècles qui avaient ajouté à leurs commentaires sur les comédies de Térence de courts traités sur le théâtre, lesquels lieux communs avaient été développés et glosés dans toute l'Europe depuis le début du XVIe siècle. Dans la tradition des arts poétiques du siècle précédent tels que ceux de Peletier du Mans (1555) ou de Laudun d'Aigaliers (1597), le texte se donne non pas comme la description des pratiques génériques contemporaines (ce que pouvait laisser entendre la référence à la tragi-comédie) mais comme une longue énumération des différences entre les deux genres antiques que sont la tragédie et la comédie. Ces différences sont fondées sur trois critères essentiels : deux critères hérités d'Aristote énoncés respectivement aux chapitres II, V et IX de la *Poétique*, à savoir la condition des personnages représentés et l'origine du sujet – inventé ou reçu –, et un critère moderne, ajouté par Donat et Diomède, soit la qualité du dénouement, heureux dans un cas, malheureux dans l'autre.

L'influence des grammairiens latins et de leurs commentateurs européens se combine avec celle, capitale pour l'orientation axiologique du discours, qu'exerce le principe horatien de l'*utile dulci* ou mélange de l'utile et de l'agréable : loin d'être de purs divertissements, la tragédie et la comédie délivrent une leçon morale, la première sur le mode de la dissuasion, la seconde sur celui de la persuasion.

Le poème dramatique se divise ordinairement en tragédie et comédie. Tragédie n'est autre chose que la représentation d'une aventure héroïque dans la misère. *Est adversae fortunæ in adversis comprehensio* [1]. Son étymologie est tirée du mot grec *trágos* et *ôidè*, dont l'un signifie bouc, et l'autre chant, à cause que le bouc était le prix qu'on donnait anciennement à ceux qui chantaient la tragédie [2]. *Comedia vero est civilis privataeque fortunæ sine periculo vitae comprehensio* [3]. La comédie est une représentation d'une fortune privée sans aucun danger de la vie. Elle vient du mot *kômè*, qui veut dire bourgs ou villages, à cause que la jeunesse de l'Attique avait accoutumé de la représenter à la campagne. De la définition de la tragédie et de la

1. Mairet donne après sa traduction la citation qu'il emprunte (en substituant à l'original *heroicæ fortunæ* la forme fautive *adversæ fortunæ*) aux *Prænotamenta* de l'humaniste Josse Bade (1502), continuateur belge de Donat et Diomède.

2. L'argument, largement répandu dans les traités consacrés à la tragédie, semble provenir du vers 220 de l'*Art poétique* d'Horace : « Celui qui disputa avec un poème tragique un bouc de peu de prix… » (trad. F. Villeneuve, Les Belles Lettres, 1941, p. 214).

3. Nouveau plagiat : Mairet reprend ici (en latin avant de la traduire en français) la phrase d'ouverture d'une compilation de textes théoriques consacrés à la comédie parue à Bâle en1568.

comédie on peut aisément tirer celle de la tragi-comédie, qui n'est rien qu'une composition de l'une et de l'autre. De sorte que la tragédie est comme le miroir de la fragilité des choses humaines, d'autant que ces mêmes rois et ces mêmes princes qu'on y voit au commencement si glorieux et si triomphants y servent à la fin de pitoyables preuves des insolences de la fortune. La comédie au contraire est un certain jeu qui nous figure la vie des personnes de médiocre condition, et qui montre aux pères et aux enfants de famille la façon de bien vivre réciproquement entre eux ; et le commencement d'ordinaire n'en doit pas être joyeux, comme la fin au contraire ne doit jamais en être triste. Le sujet de la tragédie doit être un sujet connu, et par conséquent fondé en histoire, encore que quelquefois on y puisse mêler quelque chose de fabuleux. Celui de la comédie doit être composé d'une matière toute feinte, et toutefois vraisemblable. La tragédie décrit en style relevé les actions et les passions des personnes relevées, où la comédie ne parle que des médiocres en style simple et médiocre. La tragédie en son commencement est glorieuse, et montre la magnificence des grands ; en sa fin elle est pitoyable, comme celle qui fait voir des rois et des princes réduits au désespoir. La comédie à son entrée est suspendue, turbulente en son milieu, car c'est là que se font toutes les tromperies et les intrigues, et joyeuse à son issue. De manière que le commencement de la tragédie est toujours gai, et la fin en est toujours triste ; tout au rebours de la comédie, dont le commencement est volontiers assez triste, pour ce qu'il est ambigu, mais la fin en est infailliblement belle et joyeuse [1]; l'une cause un dégoût de la vie, à cause des infortunes dont elle est remplie ; et l'autre nous persuade de l'aimer par le contraire.

---

1. Ce développement se trouve chez tous les théoriciens néo-latins ; Josse Bade en donne la formulation suivante : « la tragédie comprend un début heureux et une fin triste, tandis que la comédie comporte un début ambigu et assez triste, mais une fin des plus joyeuses » (trad. M. Lebel, dans *Préfaces de Josse Bade (1462-1535)*, Louvain, Peteers, 1988, p. 81).

# XV

# CORNEILLE

## TRAGÉDIE ET COMÉDIE HÉROÏQUE

Pierre Corneille, *Discours de l'utilité et des parties du poème dramatique* (1660), *Trois Discours sur le poème dramatique*, éd. B. Louvat et M. Escola, GF-Flammarion, 1999, p. 71-73.

Publiés en 1660, en tête de chacun des trois volumes qui composaient son *Théâtre*, les *Discours* de Corneille forment la poétique du dramaturge, une poétique évidemment adaptée par l'auteur aux besoins et aux singularités de son propre théâtre, mais qui se donne pour interlocuteurs privilégiés les plus grands théoriciens du genre, au premier rang desquels Aristote et l'abbé d'Aubignac, dont *La Pratique du théâtre* est parue en1657.

Avant deux *Discours* consacrés respectivement à la tragédie et aux trois unités, Corneille aborde, dans son premier *Discours de l'utilité et des parties du genre dramatique*, la traditionnelle division du poème dramatique en différents constituants, parmi lesquels les personnages ou « mœurs », la diction et le sujet. C'est à propos de ce dernier qu'il se livre à une première réflexion sur les genres où, contestant la pertinence du premier critère de distinction entre tragédie et comédie retenu par Aristote, soit la condition des personnages (chapitres II et V de la *Poétique*), il lui substitue un autre critère, celui de la nature de l'action, retenant pour définir celle-ci à la fois la place de l'amour et le type de péril auquel le personnage se trouve exposé. Ce faisant, il se donne les moyens d'enrichir substantiellement la liste plus ou moins close des sous-catégories génériques (en faisant notamment place à une catégorie fort peu illustrée en France, la tragédie qu'on peut appeler « moyenne », c'est-à-dire mettant en scène des personnages non nobles) et de légitimer théoriquement le genre qu'il a inventé onze ans auparavant : la comédie héroïque, illustrée par *Don Sanche d'Aragon* (1649), et qui donne à voir des personnages de haut rang engagés dans une intrigue amoureuse sans péril de mort.

De tels développements ne sont pas sans importance pour l'histoire des genres sérieux au XVIIe siècle : la tragédie cornélienne, en effet, s'est bâtie, dans les années 1640, contre un modèle tragique largement inspiré de la pastorale et de la tragi-comédie qui laissait une place de premier plan à l'amour. Ce modèle tragique trouve à s'illustrer à nouveau, à partir des années 1650, dans la tragédie romanesque (le *Timocrate* de Thomas Corneille, créé en 1656 ou l'*Astrate* de Quinault, représenté en 1665), puis chez Racine à partir d'*Alexandre le Grand* (1665) et surtout d'*Andromaque* (1667). Dans ce contexte, la distinction ici établie entre tragédie et comédie héroïque n'est pas de pure forme : elle explique par avance l'une des curiosités de l'histoire du théâtre, à savoir la rivalité entre Corneille et Racine qui, en 1670, feront représenter à une semaine d'intervalle deux adaptations du sujet historique de la rupture entre Titus et Bérénice, l'une sous la forme d'une comédie héroïque (*Tite et Bérénice*), l'autre sous la forme d'une tragédie (*Bérénice*).

Les conditions du sujet sont diverses pour la tragédie, et pour la comédie. Je ne toucherai à présent qu'à ce qui regarde cette dernière, qu'Aristote définit simplement, *une imitation de personnes basses, et fourbes* [1]. Je ne puis m'empêcher de dire que cette définition ne me satisfait point, et puisque beaucoup de savants tiennent que son traité de la *Poétique* n'est pas venu tout entier jusques à nous, je veux croire que dans ce que le temps nous en a dérobé il s'en rencontrait une plus achevée.

La poésie dramatique selon lui est une imitation des actions [2], et il s'arrête ici à la condition des personnes, sans dire quelles doivent être ces actions. Quoi qu'il en soit, cette définition avait du rapport à l'usage de son temps, où l'on ne faisait parler dans la comédie que des personnes d'une condition très médiocre ; mais elle n'a pas une entière justesse pour le nôtre, où les rois même y peuvent entrer, quand leurs actions ne sont point au-dessus d'elle. Lorsqu'on met sur la scène un simple intrique d'amour entre des rois, et qu'ils ne courent aucun péril, ni de leur vie, ni de leur État, je ne crois pas que bien que les personnes soient illustres, l'action le soit assez pour s'élever jusques à la tragédie. Sa dignité demande quelque grand intérêt d'État, ou quelque passion plus noble et plus mâle que l'amour, telles que sont l'ambition, ou la vengeance ; et veut donner à craindre des malheurs plus grands, que la perte d'une maîtresse. Il est à propos d'y mêler l'amour, parce qu'il a toujours beaucoup d'agrément, et peut servir de fondement à ces intérêts, et à ces autres passions dont

1. « La comédie [...] est la représentation d'hommes bas » (*Poétique*, chap. V, éd. citée, p. 49).

2. La formule revient à plusieurs reprises au début de la *Poétique* : « ceux qui représentent des personnages en action », chapitre II ; « la tragédie est la représentation d'une action noble », « puisque la tragédie est représentation d'action », chapitre VI (éd. citée, p. 37 et 53). Sur ce point, voir aussi D. Guénoun, texte III.

je parle ; mais il faut qu'il se contente du second rang dans le poème, et leur laisse le premier.

Cette maxime semblera nouvelle d'abord : elle est toutefois de la pratique des Anciens, chez qui nous ne voyons aucune tragédie, où il n'y ait qu'un intérêt d'amour à démêler. Au contraire, ils l'en bannissaient souvent, et ceux qui voudront considérer les miennes, reconnaîtront qu'à leur exemple je ne lui ai jamais laissé y prendre le pas devant, et que dans *Le Cid* même, qui est sans contredit la pièce la plus amoureuse que j'aie faite, le devoir de la naissance et le soin de l'honneur l'emportent sur toutes les tendresses qu'il inspire aux Amants que j'y fais parler.

Je dirai plus. Bien qu'il y ait de grands intérêts d'État dans un poème, et que le soin qu'une personne royale doit avoir de sa gloire fasse taire sa passion, comme en *Don Sanche* ; s'il ne s'y rencontre point de péril de vie, de pertes d'États, ou de bannissement, je ne pense pas qu'il ait droit de prendre un nom plus relevé que celui de comédie ; mais pour répondre aucunement à la dignité des personnes dont celui-là représente les actions, je me suis hasardé d'y ajouter l'épithète d'héroïque pour le distinguer d'avec les comédies ordinaires. Cela est sans exemple parmi les Anciens ; mais il est aussi sans exemple parmi eux de mettre des rois sur le théâtre, sans quelqu'un de ces grands périls.

# XVI

# DIDEROT

## BORNES ET PENTES DU GENRE SÉRIEUX

Denis Diderot, « Troisième Entretien sur *Le Fils naturel* » (1757), dans *Entretiens sur Le Fils naturel. De la poésie dramatique. Paradoxe sur le comédien*, éd. J. Goldzink, GF-Flammarion, 2005, p. 120-123 ; *Le Fils naturel* (1757), acte II, scènes 4-5, dans *Le Fils naturel. Le Père de famille. Est-il bon ? Est-il méchant ?*, éd. J. Goldzink, GF-Flammarion, 2005, p. 60-62.

L'histoire du *Fils naturel*, premier des trois drames de Diderot, se confond à bien des égards avec celle du genre qu'il fonde : théorisé et illustré en 1757 par la publication de l'ensemble que forment d'une part les *Entretiens sur Le Fils naturel*, série de trois dialogues entre « Moi », figure de l'auteur, et Dorval, protagoniste et personnage éponyme du *Fils naturel*, et d'autre part le texte de la pièce qui est à l'origine de ces entretiens, le « genre sérieux » s'essouffle après l'échec que connaît la pièce de Diderot sur la scène de la Comédie-Française en 1771.

La conception du genre sérieux, telle du moins qu'elle se donne à lire chez Diderot, frappe pourtant aujourd'hui par la rupture radicale qu'elle introduit avec les poétiques classiques, et ce pour deux raisons essentielles. Le « genre sérieux » n'est pas un genre mixte ou mêlé, mais très exactement un genre moyen exempt d'hybridations (voir Introduction, p. 37). Le principe esthétique fondamental pour la poétique du genre est celui du « naturel » : naturel du sujet (domestique et privé), du personnel dramatique (d'où l'exclusion de types dramatiques traditionnels jugés artificiels tels que le valet) autant que de la dramaturgie, qui devra favoriser les mouvements du corps, les silences, les hésitations, et faire une large place à la pantomime autant qu'aux tableaux (voir « Tableau » dans le Vade-mecum). Le drame, par ailleurs, ne se pose pas en rival des genres existants, et tout particulièrement de la tragédie et de la comédie dans la mesure où il occupe tout l'intervalle qui sépare la tragédie de la comédie, lesquelles constituent ses frontières, et décident aussi de la couleur ou de la « pente » dominante de l'œuvre particulière.

Alors que *Le Père de famille* (1759) illustre ce que le genre sérieux peut produire lorsqu'il s'engage sur la pente comique, *Le Fils naturel* explore résolument la pente tragique. Par sa dramaturgie tout d'abord qui, du fait de la multiplication des tirades pathétiques, des tableaux et des monologues animés, parie sur les larmes et non sur le rire pour édifier le spectateur ; par son sujet surtout, qui n'est rien d'autre que le triomphe, spectaculaire et exemplaire de la vertu et du renoncement aux passions – ce qu'indique le sous-titre de la pièce, soit « les épreuves de la vertu ». Né de père inconnu, Dorval s'est en effet secrètement épris de Rosalie, que doit épouser son ami Clairville ; de son côté, Rosalie, qui attend le retour de son père pour célébrer le mariage, se détache de Clairville pour avouer son amour à Dorval, lequel est également aimé de Constance, sœur de Clairville. À la faveur d'un malentendu (Constance prendra pour elle une lettre où Dorval avoue son amour à Rosalie), Dorval acceptera de devenir l'époux de Constance, et finira par convaincre Rosalie de revenir à Clairville, avant que le retour du père de Rosalie, qui se révélera être aussi le père de Dorval, vienne achever la pièce.

## Troisième Entretien sur *Le Fils naturel*

[...] DORVAL. – Une pièce ne se renferme jamais à la rigueur [1] dans un genre. Il n'y a point d'ouvrage dans les genres tragique ou comique où l'on ne trouvât des morceaux qui ne seraient point déplacés dans le genre sérieux ; et il y en aura réciproquement dans celui-ci, qui porteront l'empreinte de l'un et l'autre genre.

C'est l'avantage du genre sérieux que, placé entre les deux autres, il a des ressources, soit qu'il s'élève, soit qu'il descende. Il n'en est pas ainsi du genre comique et du genre tragique. Toutes les nuances du comique sont comprises entre ce genre même et le genre sérieux ; et toutes celles du tragique entre le genre sérieux et la tragédie. Le burlesque et le merveilleux sont également hors de la nature ; on n'en peut rien emprunter qui ne gâte. Les peintres et les poètes ont le droit de tout oser ; mais ce droit ne s'étend pas jusqu'à la licence de fondre des espèces différentes dans un même individu. Pour un homme de goût, il y a la même absurdité dans Castor élevé au rang des dieux et dans le bourgeois gentilhomme fait mamamouchi [2].

Le genre comique et le genre tragique sont les bornes réelles de la composition dramatique. Mais, s'il est impossible au genre comique d'appeler à son aide le burlesque sans se dégrader ; au genre tragique, d'empiéter sur le genre merveilleux sans perdre de sa vérité, il s'ensuit que, placés dans les extrémités, ces genres sont les plus frappants et les plus difficiles.

C'est dans le genre sérieux que doit s'exercer d'abord tout homme de lettres qui se sent du talent pour la scène. On apprend à un jeune élève qu'on destine à la peinture, à dessiner le nu. Quand cette partie fondamentale de l'art lui est familière, il peut choisir un sujet. Qu'il le prenne ou dans les conditions communes, ou dans un rang élevé, qu'il drape ses figures à son gré, mais qu'on ressente toujours le nu sous la draperie ; que celui qui aura fait une longue

---

1. De manière rigoureuse.
2. Référence à la fable antique et plus probablement à son adaptation par Rameau et Bernard (1737) ainsi qu'à l'avant-dernier intermède du *Bourgeois gentilhomme* de Molière.

étude de l'homme dans l'exercice du genre sérieux, chausse, selon son génie, le cothurne ou le soc [1] ; qu'il jette sur les épaules de son personnage, un manteau royal ou une robe de palais, mais que l'homme ne disparaisse jamais sous le vêtement.

Si le genre sérieux est le moins facile de tous, c'est, en revanche, le moins sujet aux vicissitudes des temps et des lieux. Portez le nu en quelque lieu de la terre qu'il vous plaira, il fixera l'attention, s'il est bien dessiné. Si vous excellez dans le genre sérieux, vous plairez dans tous les temps et chez tous les peuples. Les petites nuances qu'il empruntera d'un genre collatéral seront trop faibles pour le déguiser ; ce sont des bouts de draperies qui ne couvrent que quelques endroits, et qui laissent les grandes parties nues.

Vous voyez que la tragi-comédie ne peut être qu'un mauvais genre, parce qu'on y confond deux genres éloignés et séparés par une barrière naturelle. On n'y passe point par des nuances imperceptibles ; on tombe à chaque pas dans les contrastes, et l'unité disparaît.

Vous voyez que cette espèce de drame où les traits les plus plaisants du genre comique sont placés à côté des traits les plus touchants du genre sérieux, et où l'on saute alternativement d'un genre à un autre, ne sera pas sans défaut aux yeux d'un critique sévère.

Mais voulez-vous être convaincu du danger qu'il y a à franchir la barrière que la nature a mise entre les genres ? Portez les choses à l'excès ; rapprochez deux genres fort éloignés, tels que la tragédie et le burlesque ; et vous verrez alternativement un grave sénateur jouer aux pieds d'une courtisane le rôle du débauché le plus vil, et des factieux méditer la ruine d'une république [2].

La farce, la parade et la parodie ne sont pas des genres, mais des espèces de comique ou de burlesque, qui ont un objet particulier.

---

1. Le cothurne (chaussure montante à semelle très épaisse) et le soc (ou socque ou encore brodequin, chaussure à semelle plate) étaient portés respectivement par les acteurs tragiques et par les acteurs comiques dans la Rome antique. Ces termes désignent surtout, par métonymie, la tragédie et la comédie elles-mêmes.

2. Voyez la *Venise préservée* d'Otway ; le *Hamlet* de Shakespeare, et la plupart des pièces du théâtre anglais. (*N.d.A.*)

On a donné cent fois la poétique du genre comique et du genre tragique. Le genre sérieux a la sienne ; et cette poétique serait aussi fort étendue ; mais je ne vous en dirai que ce qui s'est offert à mon esprit, tandis que je travaillais à ma pièce.

Puisque ce genre est privé de la vigueur de coloris des genres extrêmes entre lesquels il est placé, il ne faut rien négliger de ce qui peut lui donner de la force.

Que le sujet en soit important, et l'intrigue simple, domestique, et voisine de la vie réelle.

Je n'y veux point de valets : les honnêtes gens ne les admettent point à la connaissance de leurs affaires ; et si les scènes se passent toutes entre les maîtres, elles n'en seront que plus intéressantes. Si un valet parle sur la scène comme dans la société, il est maussade ; s'il parle autrement, il est faux.

Les nuances empruntées du genre comique sont-elles trop fortes ? L'ouvrage fera rire et pleurer ; et il n'y aura plus ni unité d'intérêt, ni unité de coloris.

Le genre sérieux comporte des monologues ; d'où je conclus qu'il penche plutôt vers la tragédie que vers la comédie ; genre dans lequel ils sont rares et courts.

Il serait dangereux d'emprunter, dans une même composition, des nuances du genre comique et du genre tragique. Connaissez bien la pente de votre sujet et de vos caractères, et suivez-la.

Que votre morale soit générale et forte.

Point de personnages épisodiques [1] ; ou, si l'intrigue en exige un, qu'il ait un caractère singulier qui le relève.

Il faut s'occuper fortement de la pantomime ; laisser là ces coups de théâtre dont l'effet est momentané, et trouver des tableaux. Plus on voit un beau tableau, plus il plaît.

Le mouvement nuit presque toujours à la dignité ; ainsi, que votre principal personnage soit rarement le machiniste de votre pièce.

Et surtout ressouvenez-vous qu'il n'y a point de principe général : je n'en connais aucun de ceux que je viens d'indiquer, qu'un homme de génie ne puisse enfreindre avec succès.

---

1. Personnages secondaires (comme l'Infante dans *Le Cid* de Corneille, ou Antiochus dans *Bérénice* de Racine).

### *Le Fils naturel*, acte II, scène 4

CLAIRVILLE. Excusez mon impatience. Eh bien ! Dorval !... (*Dorval est troublé. Il tâche de se remettre ; mais il y réussit mal. Clairville, qui cherche à lire sur son visage, s'en aperçoit, se méprend et dit :*) Vous êtes troublé ! Vous ne me parlez point ! Vos yeux se remplissent de larmes ! Je vous entends, je suis perdu !

*Clairville, en achevant ces mots, se jette dans le sein de son ami. Il y reste un moment en silence. Dorval verse quelques larmes sur lui, et Clairville dit, sans se déplacer, d'une voix basse et sanglotante :*

Qu'a-t-elle dit ? Quel est mon crime ? Ami, de grâce, achevez-moi.

DORVAL. Que je l'achève !

CLAIRVILLE. Elle m'enfonce un poignard dans le sein ! et vous, le seul homme qui pût l'arracher peut-être, vous vous éloignez ! vous m'abandonnez à mon désespoir !... Trahi par ma maîtresse ! abandonné de mon ami ! que vais-je devenir ? Dorval, vous ne me dites rien !

DORVAL. Que vous dirai-je ?... Je crains de parler.

CLAIRVILLE. Je crains bien plus de vous entendre ; parlez pourtant, je changerai du moins de supplice... Votre silence me semble en ce moment le plus cruel de tous.

DORVAL, *en hésitant*. Rosalie...

CLAIRVILLE, *en hésitant*. Rosalie ?...

DORVAL. Vous me l'aviez bien dit... ne me paraît plus avoir cet empressement qui vous promettait un bonheur si prochain.

CLAIRVILLE. Elle a changé !... Que me reproche-t-elle ?

DORVAL. Elle n'a pas changé, si vous voulez... Elle ne vous reproche rien... mais son père...

CLAIRVILLE. Son père a-t-il repris son consentement ?

DORVAL. Non. Mais elle attend son retour... Elle craint... Vous savez mieux que moi qu'une fille bien née craint toujours.

CLAIRVILLE. Il n'y a plus de crainte à avoir. Tous les obstacles sont levés. C'était sa mère qui s'opposait à nos vœux ; elle n'est plus, et son père n'arrive que pour m'unir à sa fille, se fixer parmi nous, et finir ses jours tranquillement dans sa patrie, au sein de sa famille, au milieu de ses amis. Si j'en juge par ses lettres, ce respectable vieillard ne sera guère moins affligé que moi. Songez, Dorval, que rien n'a pu l'arrêter ; qu'il a vendu ses habitations ; qu'il s'est embarqué avec toute sa fortune, à l'âge de quatre-vingts ans, je crois, sur des mers couvertes de vaisseaux ennemis [1].

DORVAL. Clairville, il faut l'attendre. Il faut tout espérer des bontés du père, de l'honnêteté de la fille, de votre amour et de mon amitié. Le ciel ne permettra pas que des êtres qu'il semble avoir formés pour servir de consolation et d'encouragement à la vertu, soient tous malheureux sans l'avoir mérité.

CLAIRVILLE. Vous voulez donc que je vive ?

DORVAL. Si je le veux !... Si Clairville pouvait lire au fond de mon âme !... Mais j'ai satisfait à ce que vous exigiez.

CLAIRVILLE. C'est à regret que je vous entends. Allez, mon ami. Puisque vous m'abandonnez dans la triste situation où je suis, je peux tout croire des motifs qui vous rappellent. Ma sœur, alarmée de quelques bruits fâcheux qui se sont répandus ici sur la fortune de Rosalie et sur le retour de son père, est sortie malgré elle. Je lui ai promis que vous ne partiriez point qu'elle ne fût rentrée. Vous ne me refuserez pas de l'attendre.

DORVAL. Y a-t-il quelque chose que Constance ne puisse obtenir de moi ?

CLAIRVILLE. Constance, hélas ! j'ai pensé quelquefois... Mais renvoyons ces idées à des temps plus heureux... Je sais où elle est, et je vais hâter son retour.

## *Le Fils naturel*, acte II, scène 5

DORVAL, *seul*. – Suis-je assez malheureux !... J'inspire une passion secrète à la sœur de mon ami... J'en prends une insensée pour sa maîtresse ; elle, pour moi...Que fais-je encore dans une maison que je remplis de désordre ? Où est l'honnêteté ! Y en a-t-il dans ma conduite ?... *(Il appelle comme un forcené :)* Charles, Charles [2]... On ne vient point... Tout m'abandonne... *(Il se renverse dans un fauteuil. Il s'abîme dans la*

---

1. Les vaisseaux des Anglais, ennemis de la France pendant la guerre dite de Sept Ans (1756-1763).
2. Domestique de Dorval.

*rêverie. Il jette ces mots par intervalles :)* … Encore si c'étaient là les premiers malheureux que je fais !… mais non, je traîne partout l'infortune… Tristes mortels, misérables jouets des événements… soyez bien fiers de votre bonheur, de votre vertu !… Je viens ici, j'y porte une âme pure…, oui, car elle l'est encore… J'y trouve trois êtres favorisés du ciel : une femme vertueuse et tranquille, un amant passionné et payé de retour, une jeune amante raisonnable et sensible… La femme vertueuse a perdu sa tranquillité. Elle nourrit dans son cœur une passion qui la tourmente. L'amant est désespéré. Sa maîtresse devient inconstante, et n'en est que plus malheureuse… Quel plus grand mal eût fait un scélérat ?… Ô toi qui conduis tout, qui m'a conduit ici, te chargeras-tu de te justifier ?… Je ne sais où j'en suis. *(Il crie encore :)* Charles, Charles.

# XVII

# BEAUMARCHAIS

## LA PLURALITÉ GÉNÉRIQUE

Pierre Augustin Caron de Beaumarchais,
« Lettre modérée sur la chute et la critique du *Barbier de Séville* » (1775), *Le Barbier de Séville*,
éd. J. Goldzink, GF-Flammarion, 2001, p. 53-56 ;
Préface de *La Folle Journée ou Le Mariage de Figaro* (1785),
éd. E. Lavezzi, GF-Flammarion, 1999, p. 60-62.

Beaumarchais lie d'abord sa carrière dramatique au genre du drame (voir « Drame » dans le Vade-mecum), qu'il illustre par deux fois (*Eugénie*, 1767, et *Les Deux Amis*, 1770) et dont il poursuit, après Diderot, l'effort de théorisation en faisant précéder *Eugénie* d'un *Essai sur le genre dramatique sérieux*. Mais il semble revenir, avec *Le Barbier de Séville* (1775) et *Le Mariage de Figaro* (1784), à certaines des formules les plus traditionnelles de la comédie, faisant notamment appel au personnage du valet, exclu par Diderot du genre sérieux en raison de son caractère artificiel. En 1792 toutefois, c'est un authentique drame, *La Mère coupable*, qui clôt le cycle entamé presque vingt ans plus tôt. Une telle orientation n'est évidemment pas le fruit du hasard : la trilogie constitue tout autant, aux yeux de Beaumarchais, un laboratoire des tons et des genres dramatiques que le lieu d'une expérimentation des frontières du genre sérieux.

Le traitement de la scène de reconnaissance, imaginée au titre des développements possibles de la première pièce dans la « Lettre modérée sur la chute et la critique du *Barbier de Séville* », puis mise en œuvre à la scène 16 de l'acte III du *Mariage de Figaro*, est parfaitement emblématique des enjeux théoriques et dramaturgiques qui traversent la trilogie. Outre qu'elle permet d'assurer une continuité entre les deux premières pièces, la scène de reconnaissance est un marqueur générique d'abord attaché à la tragédie puis largement repris par le drame. Or Beaumarchais, franchissant un pas supplémentaire, choisit de « parodier la modalité pathétique que [ce type de scène] a acquise dans le drame » (E. Lavezzi, présentation du *Mariage de Figaro*, éd. citée, p. 35-36).

Plus systématiquement encore, les préfaces des deux pièces proposent une réflexion sur les critères qui fondent l'identité générique d'une œuvre dramatique et formulent la loi suivante : le genre d'une pièce ne dépend pas de son sujet mais des personnages qui le mettent en œuvre. L'enjeu d'une telle affirmation est rien de moins qu'une mise à plat de la hiérarchie des genres et la possibilité d'apparier, sur le seul critère du sujet, des pièces relevant de genres aussi divers que la tragédie, l'opéra, le drame, la comédie, la parade, etc. C'est ce qu'indique l'exemple liminaire, qui fait de *L'Avare* et de *Mithridate* deux variantes – l'une dans le genre comique, l'autre dans le genre tragique – d'un même sujet.

Présentée sous un jour à la fois théorique et ludique dans la « Lettre modérée », la thèse prend sa pleine mesure dans la préface du *Mariage de Figaro*, où il ne s'agit plus seulement de débattre de la couleur générique de la pièce, mais également de justifier la critique des usages sociaux et moraux qui s'y fait jour. Défendre « la plus badine des intrigues », c'est affirmer dès lors, comme l'avait fait Molière plus d'un siècle auparavant dans *La Critique de L'École des femmes* (voir texte VII), la supériorité de la comédie, ancrée dans la société contemporaine et se donnant pour tâche de dénoncer, sous le masque du comique ou du pathétique, ses travers les plus condamnables.

## Lettre modérée sur la chute et la critique du *Barbier de Séville*

[...] Un vieillard amoureux prétend épouser demain sa pupille ; un jeune amant plus adroit le prévient, et ce jour même en fait sa femme, à la barbe et dans la maison du tuteur. Voilà le fond, dont on eût pu faire, avec un égal succès, une tragédie, une comédie, un drame, un opéra, *et cœtera*. *L'Avare* de Molière est-il autre chose ? Le grand *Mithridate* [1] est-il

1. Tragédie de Racine.

autre chose ? Le genre d'une pièce, comme celui de toute action, dépend moins du fond des choses que des caractères qui les mettent en œuvre.

Quant à moi, ne voulant faire, sur ce plan, qu'une pièce amusante et sans fatigue, une espèce d'*imbroille*[1], il m'a suffi que le machiniste, au lieu d'être un noir scélérat, fût un drôle de garçon, un homme insouciant, qui rit également du succès et de la chute de ses entreprises, pour que l'ouvrage, loin de tourner en drame sérieux, devînt une comédie fort gaie ; et de cela seul que le tuteur est un peu moins sot que tous ceux qu'on trompe au théâtre, il a résulté beaucoup de mouvement dans la pièce, et surtout la nécessité d'y donner plus de ressort aux intrigants.

Au lieu de rester dans ma simplicité comique, si j'avais voulu compliquer, étendre et tourmenter un peu mon plan à la manière tragique ou *dramique*[2], imagine-t-on que j'aurais manqué de moyens dans une aventure dont je n'ai mis en scènes que la partie la moins merveilleuse ?

En effet, personne aujourd'hui n'ignore qu'à l'époque historique où la pièce finit gaiement dans mes mains, la querelle commença sérieusement à s'échauffer, comme qui dirait derrière la toile, entre le docteur et Figaro, sur les cent écus[3]. Des injures on en vint aux coups. Le docteur, étrillé par Figaro, fit tomber en se débattant le *rescille* ou filet qui coiffait le barbier, et l'on vit, non sans surprise, une forme de spatule imprimée à chaud sur sa tête rasée. Suivez-moi, Monsieur, je vous prie.

À cet aspect, moulu de coups qu'il est, le médecin s'écrie avec transport : « Mon fils ! ô Ciel ! mon fils ! mon cher fils !... » Mais avant que Figaro l'entende, il a redoublé de horions sur son cher père. En effet, ce l'était.

---

1. Francisation de l'italien *imbroglio*, soit intrigue complexe.
2. Néologisme créé à partir de « drame ».
3. Somme que Figaro doit à Bartholo depuis le début de la pièce. Beaumarchais enchaîne plaisamment le rappel des faits dans *Le Barbier de Séville* et le récit de la suite, encore tout imaginaire, qu'il pourrait leur donner. Neuf ans après la publication de ce texte, il adaptera ce développement aux exigences de la scène pour nourrir la scène de reconnaissance du *Mariage de Figaro* (III, 16) qui s'engage elle aussi sur des questions d'argent (Figaro a emprunté à Marceline dix mille francs et s'est engagé à l'épouser s'il ne parvenait pas à les lui restituer dans les délais impartis).

Ce Figaro, qui pour toute famille avait jadis connu sa mère, est fils naturel de Bartholo. Le médecin, dans sa jeunesse, eut cet enfant d'une personne en condition [1], que les suites de son imprudence firent passer du service au plus affreux abandon.

Mais avant de les quitter, le désolé Bartholo, frater [2] alors, a fait rougir sa spatule, il en a timbré son fils à l'occiput, pour le reconnaître un jour, si jamais le sort les rassemble. La mère et l'enfant avaient passé six années dans une honorable mendicité, lorsqu'un chef de bohémiens, descendu de Luc Gauric [3], traversant l'Andalousie avec sa troupe, et consulté par la mère sur le destin de son fils, déroba l'enfant furtivement, et laissa par écrit cet horoscope à sa place :

*Après avoir versé le sang dont il est né,*
*Ton fils assommera son père infortuné :*
*Puis, tournant sur lui-même et le fer et le crime,*
*Il se frappe, et devient heureux et légitime* [4].

En changeant d'état sans le savoir, l'infortuné jeune homme a changé de nom sans le vouloir ; il s'est élevé sous celui de Figaro ; il a vécu. Sa mère est cette Marceline, devenue vieille et gouvernante chez le docteur, que l'affreux horoscope de son fils a consolé de sa perte. Mais aujourd'hui, tout s'accomplit.

En saignant Marceline au pied, comme on le voit dans ma pièce, ou plutôt comme on ne l'y voit pas, Figaro remplit le premier vers :

*Après avoir versé le sang dont il est né.*

Quand il étrille innocemment le docteur, après la toile tombée, il accomplit le second vers :

*Ton fils assommera son père infortuné.*

---

1. C'est-à-dire d'une domestique.
2. Apprenti ou aide chirurgien.
3. Homme d'Église et astrologue italien (1476-1558).
4. Beaumarchais joue évidemment avec l'oracle rendu à Œdipe dans la pièce de Sophocle.

À l'instant, la plus touchante reconnaissance a lieu entre le médecin, la vieille et Figaro : *c'est vous ! c'est lui ! c'est toi ! c'est moi !* Quel coup de théâtre ! Mais le fils, au désespoir de son innocente vivacité, fond en larmes et se donne un coup de rasoir, selon le sens du troisième vers :

*Puis, tournant sur lui-même et le fer et le crime,*
*Il se frappe, et...*

Quel tableau ! En n'expliquant point si du rasoir il se coupe la gorge ou seulement le poil du visage, on voit que j'avais le choix de finir ma pièce au plus grand pathétique. Enfin, le docteur épouse la vieille, et Figaro, suivant la dernière leçon...

*... devient heureux et légitime.*

Quel dénouement ! Il ne m'en eût coûté qu'un sixième acte [1]. Et quel sixième acte ! Jamais tragédie au Théâtre-Français... Il suffit. Reprenons ma pièce en l'état où elle a été jouée et critiquée. [...]

## Préface du *Mariage de Figaro*

[...] Pendant ces quatre ans de débat [2], je ne demandais qu'un censeur ; on m'en accorda cinq ou six. Que virent-ils dans l'ouvrage, objet d'un tel déchaînement ? la plus badine des intrigues. Un grand seigneur espagnol, amoureux d'une jeune fille qu'il veut séduire, et les efforts que cette fiancée, celui qu'elle doit épouser et la femme du seigneur réunissent pour faire échouer dans son dessein un maître absolu que son rang, sa fortune et sa prodigalité rendent tout-puissant pour

1. *Le Barbier de Séville* comptait cinq actes lors de sa création, le 23 février 1775 ; trois jours après, elle reparaît sur la scène de la Comédie-Française dans sa version définitive en quatre actes, et remporte un succès éclatant, qui rachète l'échec de la première représentation.

2. De 1781, date à laquelle Beaumarchais confie le texte de la pièce aux acteurs de la Comédie-Française, à 1784, date à laquelle la création de la pièce est enfin autorisée.

l'accomplir. Voilà tout, rien de plus. La pièce est sous vos yeux.

D'où naissent donc ces cris cris perçants ? De ce qu'au lieu de poursuivre un seul caractère vicieux, comme le Joueur, l'Ambitieux, l'Avare ou l'Hypocrite, ce qui ne lui eût mis sur les bras qu'une seule classe d'ennemis, l'auteur a profité d'une composition légère, ou plutôt a formé son plan de façon à y faire entrer la critique d'une foule d'abus qui désolent la société. Mais, comme ce n'est pas là ce qui gâte un ouvrage aux yeux du censeur éclairé, tous, en l'approuvant, l'ont réclamé pour le théâtre. Il a donc fallu l'y souffrir, alors les grands du monde ont vu jouer avec scandale

> Cette pièce où l'on peint un insolent valet
> Disputant sans pudeur son épouse à son maître.
>
> M. GUDIN [1]

Oh ! que j'ai de regret de n'avoir pas fait de ce sujet moral une tragédie bien sanguinaire ! Mettant un poignard à la main de l'époux outragé, que je n'aurais pas nommé Figaro, dans sa jalouse fureur je lui aurais fait noblement poignarder le puissant vicieux ; et comme il aurait vengé son honneur dans des vers carrés, bien ronflants, et que mon jaloux, tout au moins général d'armée, aurait eu pour rival quelque tyran bien horrible et régnant au plus mal sur un peuple désolé, tout cela, très loin de nos mœurs, n'aurait, je crois, blessé personne ; on eût crié : « Bravo ! ouvrage bien moral ! » Nous étions sauvés, moi et mon Figaro sauvage.

Mais ne voulant qu'amuser nos Français et non faire ruisseler les larmes de leurs épouses, de mon coupable amant j'ai fait un jeune seigneur de ce temps-là, prodigue, assez galant, même un peu libertin, à peu près comme les autres seigneurs de ce temps-là. Mais qu'oserait-on dire au théâtre d'un seigneur, sans les offenser tous, sinon de lui reprocher son trop de galanterie ? N'est-ce pas là le défaut le moins contesté par eux-mêmes ? J'en vois beaucoup, d'ici, rougir modestement (et c'est un noble effort) en convenant que j'ai raison.

---

1. Gudin de La Brunellerie, éditeur et ami de Beaumarchais, qui publiera en 1809 la première édition de ses *Œuvres complètes*.

Voulant donc faire le mien coupable, j'ai eu le respect généreux de ne lui prêter aucun des vices du peuple. Direz-vous que je ne le pouvais pas, que c'eût été blesser toutes les vraisemblances ? Concluez donc en faveur de ma pièce, puisque enfin je ne l'ai pas fait.

Le défaut même dont je l'accuse n'aurait produit aucun mouvement comique, si je ne lui avais gaiement opposé l'homme le plus dégourdi de la nation, *le véritable* Figaro, qui, tout en défendant Suzanne, sa propriété, se moque des projets de son maître et s'indigne très plaisamment qu'il ose jouter de ruse avec lui, maître passé dans ce genre d'escrime.

Ainsi, d'une lutte assez vive entre l'abus de puissance, l'oubli des principes, la prodigalité, l'occasion, tout ce que la séduction a de plus entraînant, et le feu, l'esprit, les ressources que l'infériorité piquée au jeu peut opposer à cette attaque, il naît dans ma pièce un jeu plaisant d'intrigue, où l'*époux suborneur*, contrarié, lassé, harassé, toujours arrêté dans ses vues, est obligé, trois fois dans cette journée, de tomber aux pieds de sa femme, qui, bonne, indulgente et sensible, finit par lui pardonner : c'est ce qu'elles font toujours. Qu'a donc cette moralité de blâmable, messieurs ? [...]

# XVIII

# SHAKESPEARE

## L'INTERPOLATION COMIQUE

William Shakespeare, *Macbeth* (1606), acte II, scène 3, trad. P.-J. Jouve, GF-Flammarion, 1993, p. 115-123.

Depuis la parution, en 1623, de la première édition de son théâtre complet, l'œuvre de Shakespeare est traditionnellement divisée en trois catégories génériques – les drames historiques (dont *Henri IV* et *Henri V*, *Richard II* et *Richard III*), les tragédies (parmi lesquelles *Roméo et Juliette*, *Hamlet*, *Othello*, *Le Roi Lear* et *Macbeth*) et les comédies (notamment *Le Songe d'une nuit d'été* et *Comme il vous plaira*) –, auxquelles on a pris l'habitude d'ajouter une quatrième catégorie, constituée des dernières œuvres et regroupées sous l'étiquette des tragi-comédies romanesques (dont *Le Conte d'hiver* et *La Tempête*). Si une telle typologie présente l'intérêt, non négligeable, de rendre plus praticable un *corpus* très volumineux (trente-sept pièces), elle rend insuffisamment compte de la grande porosité des catégories – nombre de drames historiques sont aussi des tragédies, et la plupart des tragédies possèdent un sujet historique – et, plus généralement, d'une pratique extrêmement souple des genres sérieux comme du genre comique. En ce sens, le théâtre de Shakespeare est bien plus proche de la *comedia* espagnole de Lope de Vega et de Calderón (voir texte IV) que des pratiques françaises, même baroques.

Comme les rôles de bouffon (le Falstaff qui apparaît pour la première fois dans *Henri IV*), de clown ou de fou (dans *Le Roi Lear* ou dans *Le Conte d'hiver* par exemple), les épisodes comiques tels que la scène des fossoyeurs dans *Hamlet* ou celle du portier dans *Macbeth* sont symptomatiques de ce mélange non véritablement des genres mais des registres, et plus précisément, dans ces deux derniers cas, de l'inscription parfaitement concertée d'éléments comiques immédiatement avant une grande scène tragique (voir « Comique » et « Tragique » dans le Vade-mecum). Bien plus que de la marque d'une mixité tonale, il s'agit là du fruit d'une réflexion de dramaturge et d'homme de scène sur la préparation de l'effet tragique (dans *Macbeth*, l'assassinat par le personnage éponyme de Duncan, roi d'Écosse), d'autant plus puissant qu'il se situe aux antipodes du comique – et du comique bas – qui le précède.

Considérée rétrospectivement comme l'une des marques propres du théâtre élisabéthain, cette juxtaposition d'effets comiques et tragiques et, plus largement, la dramaturgie tragi-comique qui en fournit le cadre feront l'objet d'importants débats chez les Anglais eux-mêmes lorsqu'il s'agira pour eux de refonder un théâtre national à la Restauration ; ainsi, la légitimité de la tragi-comédie et les mérites respectifs du théâtre élisabéthain et du théâtre classique français sont longuement abordés en 1668 dans l'*Essai de poésie dramatique* de Dryden.

Totalement incomprises en France jusqu'au romantisme, ces pratiques non classiques féconderont la réflexion des romantiques sur le théâtre autant que le drame romantique et le théâtre de Hugo, qui en retire plus particulièrement l'idée de la juxtaposition du grotesque et du sublime (voir Hugo, texte V, et Stendhal, texte XII).

LE PORTIER

Ça, c'est cogner ! Si un homme était portier à la porte de l'enfer, il en deviendrait vieux à tourner la clé. *(On frappe.)* Frappe, frappe, frappe ! Qui est là, sacré nom de Belzébuth ? C'est un fermier, qui s'est pendu, voyant arriver l'abondance : viens, esclave du temps, et prends avec toi assez de serviettes, car ici tu auras à transpirer. *(On frappe.)* Frappe, frappe ! Qui est là, sacré nom de tous les autres diables ? Parole, c'est le

Double-joueur [1], qui pourrait jurer dans les deux plateaux l'un contre l'autre, qui a commis assez de trahison au service de Dieu, et pourtant n'a pas pu « double-jouer » le ciel ! oh entre, entre, mon Double-joueur. *(On frappe.)* Frappe, frappe, frappe ! Qui est là ? Parole, c'est un tailleur anglais envoyé ici pour avoir resquillé une culotte française : viens donc, tailleur, tu vas chauffer le cul de ton fer. *(On frappe.)* Frappe, frappe ! jamais de répit. Qui êtes-vous ? Mais cette place-ci est trop froide pour l'enfer. Je ne serai pas plus longtemps le portier du diable : je croyais avoir fait entrer un peu toutes les professions, qui par le chemin des primevères s'en vont au feu de joie éternel. *(On frappe.)* On vient, on vient ! s'il vous plaît – n'oubliez pas le portier.

*Il ouvre la porte.*
*Entrent Macduff et Lennox* [2].

MACDUFF

Était-ce si tard, l'ami, quand vous étiez au lit, que vous y êtes encore si tard ?

LE PORTIER

Parole, m'sieur, nous avons fait la bombe jusqu'au second coq : et boire, m'sieur, c'est la grande provocation à trois choses.

MACDUFF

Et quelles sont les trois choses provoquées par le boire ?

LE PORTIER

Ben, m'sieur : le rouge au nez, le sommeil, et l'urine. La luxure, m'sieur, ça la provoque et la déprovoque : ça provoque le désir, mais ça supprime la performance. C'est pourquoi, trop boire, on peut dire que c'est double-joueur avec luxure ; ça le fait, et ça le fait rater ; ça le met en route, et ça

---

1. En anglais *equivocator*, qui semble renvoyer aux Jésuites, mais qui peut avoir, dans sa forme nominale comme dans sa forme verbale (« double-jouer ») un sens plus large (« tromper », « jouter »).

2. Gentilshommes écossais, qui ont accompagné la veille le roi Duncan au château de Macbeth à Inverness.

l'escamote ; ça l'encourage et le décourage, ça fait brandir et pas brandir ; en conclusion, ça le « double-joue » par un somme, et lui disant qu'il a menti – c'est fini.

MACDUFF

Il semble que le boire t'a bien « fini » cette nuit.

LE PORTIER

Il l'a fait, m'sieur, dans ma propre gorge, mais je l'aurai pour sa menterie, et je pense, suis plus fort que lui ; bien qu'il me casse les pieds des fois, je le lui rendrai, en rendant.

MACDUFF

Ton maître a-t-il bougé ?

*Entre Macbeth.*

Nos coups l'ont réveillé ; le voici qui vient.

LENNOX

Bonjour, noble messire.

MACBETH

Bonjour à tous les deux.

MACDUFF

Le roi a-t-il bougé, cher seigneur ?

MACBETH

Pas encore.

MACDUFF

Il m'a commandé de l'appeler très tôt,
J'ai presque passé le moment.

MACBETH

Je vous mènerai vers lui.

MACDUFF

Je sais que c'est pour vous heureux dérangement,
Mais c'en est un.

MACBETH

Le travail qui nous réjouit nous guérit de la fatigue.
Voici la porte.

MACDUFF

Je prendrai la liberté
D'appeler, c'est mon service commandé.

*Il entre.*

LENNOX

Le roi part aujourd'hui ?

MACBETH

Il doit : ainsi en a-t-il décidé.

LENNOX

La nuit a été singulière : où nous dormions,
Nos cheminées étaient renversées par le vent,
Et dit-on, furent entendues des lamentations
Dans l'air, avec d'étranges cris de mort,
Et qui prophétisaient en terribles accents
D'horribles rébellions, confus événements
Nouvellement éclos pour des époques noires.
L'oiseau des ténèbres
Ulula tout au cours de la nuit ; d'aucuns disent
Que la terre fiévreuse trembla.

MACBETH

C'était une rude nuit.

LENNOX

Ma mémoire encore jeune ne peut comparer
Une pareille, à cette nuit.

*Macduff revient.*

MACDUFF

Horreur ! horreur ! horreur ! La langue, ni le cœur
Ne peuvent te penser ni te nommer.

MACBETH, LENNOX

Eh quoi ?

MACDUFF

La destruction a produit son chef-d'œuvre,
Le plus sacrilège meurtre a ouvert
Le temple sacré du Seigneur, et ravi
La vie du sanctuaire.

MACBETH

Que dites-vous ? la vie ?

LENNOX

Parlez-vous de sa Majesté ?

MACDUFF

Approchez de la chambre,
Détruisez votre vue
Par une nouvelle Gorgone :
Et ne me faites pas parler ;
Voyez, alors vous parlerez.

*Macbeth et Lennox montent.*

Réveillez-vous ! réveillez-vous !
Sonnez la cloche d'alarme ! Meurtre et trahison !
Banquo et Donalbain, Malcolm ! réveillez-vous !
Chassez ce sommeil plumeux, de la mort contrefaçon,
Et regardez la mort même ! ah debout, debout, voyez
L'image du grand jugement ! Malcolm ! Banquo !
Surgissez comme du tombeau et tels des esprits marchez,
Pour faire face à cette horreur !

*La cloche sonne. Entre Lady Macbeth.* [...]

# XIX
# KOLTÈS

## LA PERMANENCE DES SCHÈMES TRAGIQUES

Bernard-Marie Koltès, *Roberto Zucco*,
© Éditions de Minuit, 1990, p. 14-18.

L'œuvre de Koltès est régulièrement hantée, comme celle de la plupart de ses contemporains, par une forme de prédestination ou de causalité transcendante que, par commodité, on a pris l'habitude de nommer « le tragique » (voir Introduction, p. 39). Elle fait aussi place, localement, à la reprise explicite de schèmes et de structures empruntés à la tragédie antique ou classique. Ainsi peut-on lire *Retour au désert* (1988) comme une variation autour du motif des frères ennemis, dramatisé pour la première fois par Euripide dans *La Thébaïde*, ici évidemment détourné (il s'agit d'un frère et d'une sœur) et inséré dans un contexte historique et géographique spécifique (les échos de la guerre d'Algérie dans une ville de province).

Koltès poursuit avec *Roberto Zucco* cette forme de réinvestissement du réel qui emprunte son langage à la tragédie et rompt par là avec le « réalisme », ce qu'il formule lui-même en ces termes : « Je m'éloigne de plus en plus de tout réalisme. Je me rends compte que j'éprouve comme indispensables des formes qui renvoient à la tragédie classique » (entretien diffusé sur France Culture et publié dans *Théâtre/Public*, juillet-octobre 1997). La matière première de la pièce est fournie par un fait divers puisé dans l'actualité la plus brûlante : l'histoire de Roberto Succo, tueur en série italien dont les premières victimes ont été, en 1981, son père et sa mère. La création de la pièce à Berlin en avril 1990, dans la mise en scène de Peter Stein, eut lieu deux ans seulement après l'arrestation de Succo ; un an plus tard, la municipalité de Chambéry en interdisait la représentation pour ne pas attenter à la mémoire d'un agent de police tué par Succo dans cette même ville en 1987.

Le fait divers, pourtant, n'a fourni que le point de départ de la pièce, et la substitution du Z au S initial est l'une des marques de ce déplacement qui est la définition même de la *mimèsis* selon Aristote : « à supposer même qu'il [le poète] compose un poème sur des événements réellement arrivés, il n'en est pas moins poète ; car rien n'empêche que certains événements ne soient de ceux qui pourraient arriver dans l'ordre du vraisemblable et du possible, moyennant quoi il en est le poète » (voir Aristote, texte VI). Comme la multiplication des références bibliques (Samson et Dalila) ou littéraires (Ophélie), le réemploi de schèmes tragiques est, dans *Roberto Zucco*, l'un des vecteurs d'une universalisation du sujet qui ne renonce jamais, toutefois, à l'inscription dans le quotidien. C'est ce qui apparaît dans la deuxième séquence de la pièce (qui en compte quinze), intitulée « Meurtre de la mère », où le protagoniste prend les apparences d'un Oreste moderne.

*Zucco défonce la porte.*

LA MÈRE. Roberto, n'approche pas de moi.

ZUCCO. Je suis venu chercher mon treillis.

LA MÈRE. Ton quoi ?

ZUCCO. Mon treillis : ma chemise kaki et mon pantalon de combat.

LA MÈRE. Cette saloperie d'habit militaire. Qu'est-ce que tu as besoin de cette saloperie d'habit militaire ? Tu es fou, Roberto. On aurait dû comprendre cela quand tu étais au berceau et te foutre à la poubelle.

ZUCCO. Bouge-toi, dépêche-toi, ramène-le moi tout de suite.

LA MÈRE. Je te donne de l'argent. C'est de l'argent que tu veux. Tu t'achèteras tous les habits que tu veux.

ZUCCO. Je ne veux pas d'argent. C'est mon treillis que je veux.

LA MÈRE. Je ne veux pas, je ne veux pas. Je vais appeler les voisins.

ZUCCO. Je veux mon treillis.

LA MÈRE. Ne crie pas, Roberto, ne crie pas, tu me fais peur ; ne crie pas, tu vas réveiller les voisins. Je ne peux pas te le donner, c'est impossible : il est sale, il est dégueulasse, tu ne peux pas le porter comme cela. Laisse-moi le temps de le laver, de le faire sécher, de le repasser.

ZUCCO. Je le laverai moi-même. J'irai à la laverie automatique.

LA MÈRE. Tu déralles, mon pauvre vieux. Tu es complètement dingue.

ZUCCO. C'est l'endroit du monde que je préfère. C'est calme, c'est tranquille, et il y a des femmes.

LA MÈRE. Je m'en fous. Je ne veux pas te le donner. Ne m'approche pas, Roberto. Je porte encore le deuil de ton père, est-ce que tu vas me tuer à mon tour ?

ZUCCO. N'aies pas peur de moi, maman. J'ai toujours été doux et gentil avec toi. Pourquoi aurais-tu peur de moi ?

Pourquoi est-ce que tu ne me donnerais pas mon treillis ? J'en ai besoin, maman, j'en ai besoin.

LA MÈRE. Ne sois pas gentil avec moi, Roberto. Comment veux-tu que j'oublie que tu as tué ton père, que tu l'as jeté par la fenêtre, comme on jette une cigarette ? Et maintenant, tu es gentil avec moi. Je ne veux pas oublier que tu as tué ton père, et ta douceur me ferait tout oublier, Roberto.

ZUCCO. Oublie, maman. Donne-moi mon treillis, ma chemise kaki et mon pantalon de combat ; même sales, même froissés, donne-les moi. Et puis je partirai, je te le jure.

LA MÈRE. Est-ce moi, Roberto, est-ce moi qui t'ai accouché ? Est-ce de moi que tu es sorti ? Si je n'avais pas accouché de toi ici, si je ne t'avais pas vu sortir, et suivi des yeux jusqu'à ce qu'on te pose dans ton berceau ; si je n'avais pas posé, depuis le berceau, mon regard sur toi sans te lâcher, et surveillé chaque changement de ton corps au point que je n'ai pas vu les changements se faire et que je te vois là, pareil à celui qui est sorti de moi dans ce lit, je croirais que ce n'est pas mon fils que j'ai devant moi. Pourtant, je te reconnais, Roberto. Je reconnais la forme de ton corps, ta taille, la couleur de tes cheveux, la couleur de tes yeux, la forme de tes mains, ces grandes mains fortes qui n'ont jamais servi qu'à caresser le cou de ta mère, qu'à serrer celui de ton père, que tu as tué. Pourquoi cet enfant, si sage pendant vingt-quatre ans, est-il devenu fou brusquement ? Comment as-tu quitté les rails, Roberto ? Qui a posé un tronc d'arbre sur ce chemin si droit pour te faire tomber dans l'abîme ? Roberto, Roberto, une voiture qui s'est écrasée au fond d'un ravin, on ne la répare pas. Un train qui a déraillé, on n'essaie pas de le remettre sur ses rails. On l'abandonne, on l'oublie. Je t'oublie, Roberto, je t'ai oublié.

ZUCCO. Avant de m'oublier, dis-moi où est mon treillis.

LA MÈRE. Il est là, dans le panier. Il est sale et tout froissé. *(Zucco sort le treillis.)* Et maintenant va-t'en, tu me l'as juré.

ZUCCO. Oui, je l'ai juré.

*Il s'approche, la caresse, l'embrasse, la serre ; elle gémit.*
*Il la lâche et elle tombe, étranglée.*
*Zucco se déshabille, enfile son treillis et sort.*

# XX

# CRÉBILLON FILS

## FRONTIÈRES DU DIALOGUE

Crébillon fils, *La Nuit et le moment* (1755),
*La Nuit et le moment. Le Hasard du coin du feu*,
éd. J. Dagen, GF-Flammarion, 1993, p. 84-87.

Fils de l'un des plus célèbres poètes tragiques du XVIIIe siècle, et auteur des *Égarements du cœur et de l'esprit*, Crébillon n'a jamais composé de pièces de théâtre. Nombre de ses textes, toutefois, sont traversés par des pratiques et des interrogations qui sont très exactement théâtrales. C'est particulièrement le cas de *La Nuit et le moment* et du *Hasard du coin du feu*, deux dialogues érotiques publiés respectivement en 1755 et 1763. Ils fonctionnent apparemment comme des textes de théâtre, puisqu'on y trouve des indications concernant le lieu où s'inscrit le dialogue, une division explicite en scènes pour le second texte, et un grand nombre de passages en italiques qu'on serait tenté de lire comme autant de didascalies (voir « Didascalie » dans le Vade-mecum) renseignant sur les conditions d'énonciation et plus régulièrement sur les mouvements et actions qui accompagnent le dialogue ou alternent avec lui. Parce qu'elle est manifeste, une telle « théâtralité » justifie que ces dialogues aient pu être régulièrement portés à la scène depuis une trentaine d'années – c'est particulièrement le cas pour *La Nuit et le moment*.

Mais la frontière de ces dialogues érotiques et « moraux » – au sens où, tout libertins qu'ils sont, ils se donnent bien pour objet des questions de morale – est peut-être plus le récit que le théâtre. *La Nuit et le moment*, en effet, raconte comment le comte Clitandre, s'étant introduit de nuit et en robe de chambre dans l'appartement de la marquise Cidalise, parvient à la séduire et à la posséder physiquement. Enjeu essentiel de la fiction, cette action n'est cependant que suggérée, Crébillon mettant à profit les passages en italique pour faire entendre cette voix didascalique qui oscille entre discours auctorial et récit. Le procédé porte, en creux, une double interrogation : sur la manière dont s'articulent dialogue et action – le dialogue apparaissant tout à la fois comme masque et comme moteur de l'action, puisque Cidalise rétribue par des faveurs les récits de ses bonnes fortunes que lui livre Clitandre – et sur la représentation de l'action, lorsque celle-ci est de nature exclusivement sexuelle.

S'il s'agit évidemment de déjouer la censure, il apparaît aussi que cette manière tout à fait singulière de fonctionnaliser récit et discours dans une parodie de didascalie est l'un des outils majeurs de l'écriture érotique, en ce qu'elle fait de l'imagination du lecteur le seul véritable théâtre de ce dialogue.

CLITANDRE. Eh ! comment vouliez-vous ne vous pas rendre ? Vous m'aimez ; quoique vous ne me l'ayez dit que d'aujourd'hui, ce n'est cependant pas de ce moment-ci que je le sais. Votre confiance en moi ; les sacrifices que vous m'avez faits, sans que je vous les eusse demandés, ni que vous-même, peut-être, crussiez m'en faire ; la sorte d'aigreur que, toute douce que vous êtes, vous preniez contre les femmes que je voyais un peu trop souvent, ou que je louais devant vous ; la crainte que vous aviez que je ne vinsse pas ici, l'empressement avec lequel vous m'y avez toujours cherché, la gaieté que je vous ai vue, l'humeur qui vous a saisie à l'arrivée de toutes ces femmes ; les regards inquiets et troubles qu'en les voyant, vous avez jetés sur moi ; tout enfin, ne m'a-t-il pas instruit de votre tendresse ? Pouvez-vous croire qu'avec de pareilles dispositions, accoutumée à moi par l'ancienneté de notre liaison, moins en garde par conséquent contre les libertés que je prenais, sûre d'être aimée, pressée également par votre amour et par le mien, vous eussiez pu resister à mon ardeur ; et devez-vous comparer ce qui se passe entre nous, à ce qui s'est passé entre Araminte, et moi ?

*Il n'est peut-être pas hors de propos d'avertir ici le Lecteur, que pendant que Clitandre parle, il accable Cidalise de caresses fort tendres, qu'elle ne lui rend point tout à fait, mais auxquelles elle ne s'oppose pas non plus, à un certain point.*

CIDALISE, *répondant plus à ce qu'il dit, qu'à ce qu'il fait.* À vous parler franchement, on ne peut pas en avoir moins d'envie ; et la seule chose que je puisse actuellement avoir quelque plaisir à croire, c'est que je ne pouvais faire que ce que j'ai fait. Il faut pourtant que je me trompe, car vous ne sauriez concevoir combien j'ai de peine à me le persuader.

CLITANDRE. Vous ne m'en êtes que plus chère ; mais à quelque point que j'approuve votre délicatesse, je serais fâché que vous ne l'employassiez qu'à vous tourmenter.

CIDALISE. Hélas ! puis-je être aussi tranquille que vous voudriez que je le fusse, quand je songe qu'un jour, peut-être, vous trouverez plus de raisons pour blâmer ma conduite, que vous ne venez de m'en dire pour que je puisse me l'excuser.

*Il ne lui répond qu'en entreprenant ; elle se tait aussi, mais elle résiste.*

CLITANDRE. En vérité ! Cidalise, ce que vous faites est de la dernière déraison. Vous ne m'aimez donc point ? *(Elle le serre tendrement dans ses bras.)* Mais comment voulez-vous que je vous croie, lorsque je vous vois écouter plus vos craintes que votre tendresse, et démentir par votre conduite, tout ce que votre bouche veut bien me jurer ? Accordez du moins quelque chose à mes désirs.

CIDALISE. Vous ne saurez sûrement pas les contenir, et je n'aurai peut-être pas la force de les arrêter. *(Ici il lui demande quelque chose, mais presque rien.)* Grand Dieu !... me tiendrez-vous parole, et respecterez-vous mes craintes ?

CLITANDRE. Oui, puisque enfin je ne puis les bannir de votre esprit.

*Ici elle consent à ce qu'il lui a demandé ; et comme elle l'a prévu, et espéré peut-être, il lui manque de parole. Le lecteur croira facilement qu'elle s'en fâche.*

CIDALISE, *avec assez de majesté, pour l'instant*. Ah ! Monsieur, vous savez nos conventions ?

CLITANDRE. Hors celle de nous aimer toujours, je ne crois pas que nous en ayons fait aucune ensemble ; mais quittez, de grâce, cet air et ce ton qui ne sont pas faits pour nous. La cérémonie [1] que vous conservez encore avec moi, me fait presque douter que vous m'avez dit que vous m'aimez ; et je ne saurais vous exprimer à quel point j'en suis blessé.

CIDALISE, *avec transport*. Ah ! vous ne devriez pas pouvoir un moment douter de ma tendresse ; et je serais trop heureuse, si je vous en voyais toujours aussi satisfait, que vous aurez toujours lieu d'en être persuadé.

CLITANDRE. Vous me baisez pourtant sans plaisir ; et pendant que mon cœur vole sur vos lèvres, et s'y pénètre de la plus douce des voluptés, je vous vois vous refuser au même bonheur, ou être incapable de le sentir.

CIDALISE. Pourquoi vous plaisez-vous à faire de mes mouvements une peinture si infidèle !... Convenez donc que vous êtes bien injuste !

*Les transports de Cidalise autorisant en quelque façon les témérités de Clitandre, il lui demande des complai-*

1. Les froides déférences.

*sances. Comme, sans être les plus fortes que l'on puisse exiger d'une femme, elles ne laissent pas que d'être singulières, elle les lui refuse : il les demande encore ; nouveau refus : il en est piqué, et use d'autorité, avec une insolence que l'on peut dire sans exemple, ou qui du moins n'est pas bien commune ; et doit apprendre aux femmes à ne pas laisser mettre quelqu'un dans leur lit, si légèrement.*

CIDALISE, *désespérée.* Non !… je ne veux pas… Vous m'offensez mortellement ! Eh bien ! Monsieur, vous voilà !… voilà, pourtant, comme je puis compter sur vous.

*Loin que de si violents reproches le contiennent, et que la résistance de Cidalise, qu'il doit croire très réelle, lui donne d'autres idées, il continue d'employer la violence ; elle lui réussit ; car que fera-t-elle, et quelles seront ses ressources ? Ce n'est pas qu'elle ne lui dise qu'il est un impertinent ; mais quand une fois on a pris sur soi d'en être un, il y aurait assez peu de mérite, et moins encore de sûreté peut-être, à cesser d'offenser. Il continue donc d'abuser de la supériorité de ses forces, tout indigne que cela est ; ensuite il la regarde en souriant, et d'un air aussi content que s'il eût fait les plus belles choses du monde ; et veut qu'on lui baise la main. On n'aura pas de peine à croire qu'après ce qu'on a à lui reprocher, cette marque de reconnaissance toute respectueuse qu'elle est, est assez froidement reçue.*

CIDALISE, *outrée, et d'un ton terrible.* Laissez-moi, je vous prie, Monsieur, je suis indignée contre vous ; vos procédés sont odieux.

# IV

# LE LANGAGE DRAMATIQUE

# XXI

# D'AUBIGNAC

## PARLER, C'EST AGIR

François Hédelin, abbé d'Aubignac,
*La Pratique du théâtre*, IV, 2, éd. H. Baby,
Honoré Champion, 2001, p. 407-408.

Le théâtre de l'âge classique, plus que tout autre, s'est trouvé confronté à un paradoxe : l'application des unités régissant la durée, l'espace et l'action, tout autant que de la règle de la liaison des scènes, l'interdiction de représenter sur scène toute action violente, et plus généralement la soumission de la fiction à la vraisemblance (voir « Unités » et « Vraisemblance » dans le Vademecum) et à la bienséance ont eu pour effet de vider la scène de toute action autre que langagière. Le soufflet que reçoit don Diègue dans *Le Cid* est l'une des dernières actions violentes représentées sur les scènes tragi-comique et tragique ; seule la comédie dispose, en ses marges à tout le moins – celles de la farce ou de la comédie à l'italienne – d'un espace de liberté où représenter des actions dramatiques (voir texte XXVI). Or le théâtre est, fondamentalement, un genre et plus encore un lieu où l'on donne à voir des actions à des spectateurs, ce que souligne l'étymologie de l'ensemble des termes de son lexique.

Face à ce qui pourrait apparaître comme une aporie, d'Aubignac dresse, dans l'un des derniers chapitres de *La Pratique du théâtre*, une conception du langage dramatique qui en fait l'auxiliaire en droit de l'action (« les discours ne sont au théâtre que les accessoires de l'action »), mais aussi son substitut de fait (« quoique toute la tragédie, dans la représentation ne consiste qu'en discours »), ce qui le conduit à la célèbre formule – pour nous résolument anachronique en ce qu'elle entre en résonance avec le titre de l'un des ouvrages fondateurs de la linguistique pragmatique, *Quand dire, c'est faire* (1955) de John Langshaw Austin : « car là *parler*, c'est *agir* ». Il ne s'agit pas seulement, dès lors, de montrer dans quelle mesure les discours théâtraux s'inscrivent dans des cadres rhétoriques existants – le plaidoyer ou le réquisitoire, la délibération, à l'œuvre dans les monologues ou les scènes de conseil, la narration, partie essentielle des discours judiciaire et épidictique –, geste naguère reconduit par Aaron Kibedi-Varga dans *Rhétorique et littérature. Études de structures classiques* (1970), mais de conférer une réelle efficacité pragmatique à ces discours qui font à eux seuls toute l'action du théâtre et sont dotés du pouvoir de « faire concevoir comme visibles » des actions qui n'accèdent à l'existence que par le langage dramatique.

À considérer la tragédie dans sa nature et à la rigueur, selon le genre de poésie sous lequel elle est constituée, on peut dire qu'elle est tellement attachée aux actions qu'il ne semble pas que les discours soient de ses appartenances. Ce poème est nommé *drama*, c'est-à-dire *action*, et non pas *récit* ; ceux qui le représentent se nomment *acteurs*, et non pas *orateurs* ; ceux-là même qui s'y trouvent présents s'appellent *spectateurs*, ou *regardants*, et non pas, *auditeurs* ; enfin le lieu qui sert à ces représentations, est dit *théâtre*, et non pas *auditoire*, c'est-à-dire, un *lieu où on regarde ce qui s'y fait*, et non pas, où l'*on écoute ce qui s'y dit*. Aussi est-il vrai que les discours qui s'y font doivent être comme des actions de ceux qu'on y fait paraître ; car là *parler*, c'est *agir*, ce qu'on dit pour lors n'étant pas des récits inventés par le poète pour faire montre de son éloquence. Et de fait la narration de la mort d'Hippolyte, chez Sénèque, est l'action d'un homme effrayé d'un monstre qu'il a vu sortir de la mer, et de la funeste aventure de ce prince. [Les plaintes d'Émilie de Monsieur Corneille, sont l'action d'une fille dont l'esprit, agité du désir de la vengeance et d'un grand amour, s'emporte à des irrésolutions et des mouvements si divers : et quand Chimène parle à son roi, c'est l'action d'une fille affligée qui demande justice[1] :] en un mot, les discours ne sont

1. Respectivement dans la scène d'exposition de *Cinna* et dans la scène 7 de l'acte II du *Cid*. D'Aubignac, qui s'était brouillé avec Corneille après la parution des *Discours* (1660), lesquels contenaient quelques piques contre les « spéculatifs » à qui « il est facile d'être sévères » (*Discours des trois unités*, éd. citée, p. 152), supprima les références élogieuses, très nombreuses, que contenait son livre dès la deuxième édition. Les éditions modernes les rétablissent, entre crochets.

au théâtre que les accessoires de l'action, quoique toute la tragédie, dans la représentation ne consiste qu'en discours ; c'est là tout l'ouvrage du poète, et à quoi principalement il emploie les forces de son esprit ; et s'il fait paraître quelques actions sur son théâtre, c'est pour en tirer occasion de faire quelque agréable discours ; tout ce qu'il invente, c'est afin de le faire dire ; il suppose beaucoup de choses afin qu'elles servent de matière à [d'agréables] narrations ; il cherche tous les moyens pour faire parler l'amour, la haine, la douleur, la joie, et le reste des passions humaines ; voire même est-il certain, qu'il fait paraître fort peu d'actions sur son théâtre ; elles sont presque toutes supposées, du moins les plus importantes, hors le lieu de la scène ; et s'il en réserve quelque chose à faire voir, ce n'est que pour en tirer occasion de faire parler ses acteurs. Enfin, si l'on veut bien examiner cette sorte de poème, on trouvera que les actions ne sont que dans l'imagination du spectateur, à qui le poète par adresse les fait concevoir comme visibles, et cependant qu'il n'y a rien de sensible que le discours ; cela se justifie assez clairement par la lecture d'une seule tragédie ; car on n'y voit faire aucune action, le discours seul nous donnant toute la connaissance et le divertissement de la pièce : aussi n'irait-on pas au théâtre en si grande foule, si l'on ne devait y rencontrer que des acteurs muets.

# XXII

# RACINE

## EXPOSITION ET DOUBLE ÉNONCIATION

Jean Racine, *Andromaque* (1667), acte I, scène 1, dans *Théâtre I*, éd. A. Stegmann, GF-Flammarion, 1964, p. 173-175.

L'une des caractéristiques les plus remarquables du langage dramatique est ce que l'on a pris coutume de désigner, à la suite notamment d'Anne Ubersfeld (*Lire le théâtre*, t. I, Éditions sociales, 1977) sous l'appellation de « double énonciation », et que Pierre Larthomas nomme de son côté la « double fonction du langage dramatique » (*Le Langage dramatique*, Armand Colin, 1972). Tout discours, au théâtre, s'adresse en effet à deux destinataires au moins : le(s) personnage(s) allocutaire(s) et le spectateur ; de sorte que les personnages fonctionnent comme des énonciateurs médiats et que les échanges entre ces énonciateurs fictifs sont englobés dans une relation de communication qui fonctionne à un niveau supérieur : celle qui unit l'énonciateur ou le destinateur premier du dialogue théâtral (l'auteur Racine, Hugo ou Beckett) et le destinataire premier et réel de ce même échange, soit le spectateur ou le lecteur-spectateur.

Constitutive de tout discours théâtral, la double énonciation doit néanmoins fonctionner silencieusement, régler sans bruit le déroulement des échanges, sous peine de rompre l'illusion théâtrale. Aussi le dramaturge doit-il imaginer des motivations internes à la fiction pour légitimer l'insertion d'une tirade à thèse, où l'auteur risque bien de faire oublier le personnage, et d'abord pour faire place à l'inévitable rappel des faits dans la scène d'exposition. Comme le rappelle d'Aubignac en effet, « il faut faire une narration des choses passées ; parce que le spectateur, en les ignorant, ne comprendrait rien au reste. [...] C'est travailler sur l'action en tant que représentée, et cela est du devoir du poète ; même est-ce sa principale intention. Mais il la doit cacher sous quelque couleur qui dépende de l'action comme véritable. [...] La narration des choses passées se fera ; parce qu'elle servira pour prendre conseil sur les présentes, ou pour obtenir un secours nécessaire » (*La Pratique du théâtre*, « Des spectateurs et comment le poète les doit considérer », voir aussi texte VIII). Orfèvre de la scène d'exposition, Racine fait de Pylade, dans *Andromaque*, une figuration sur scène du besoin d'information du spectateur, en imaginant qu'il a été séparé d'Oreste pendant six mois. Justifié par les interrogations de Pylade, le récit d'Oreste a également une autre fonction, capitale dans une tragédie de réécriture : faire exister, par les événements qu'il rapporte, le personnage qui le profère et son *èthos* mélancolique. Aussi ce récit éminemment subjectif a-t-il pour effet, dès la scène d'exposition, de substituer au personnage de la légende son avatar racinien, car « Racine a [...] mis en scène le *tristis Orestes* – qu'exigeait Horace de tout poète qui voudrait mettre Oreste sur le théâtre –, tout en se livrant à une transfiguration du personnage : du mélancolique de la tragédie grecque en proie à des hallucinations pour avoir tué sa mère, Oreste est devenu un mélancolique victime de la maladie d'amour » (G. Forestier, notice d'*Andromaque* dans Racine, *Œuvres complètes*, Gallimard, « Bibliothèque de la Pléiade », 1999, t. I, p. 1341).

ORESTE

Oui, puisque je retrouve un ami si fidèle,
Ma fortune va prendre une face nouvelle ;
Et déjà son courroux semble s'être adouci,

Depuis qu'elle a pris soin de nous rejoindre ici.
Qui l'eût dit, qu'un rivage à mes yeux si funeste
Présenterait d'abord Pylade aux yeux d'Oreste ?
Qu'après plus de six mois que je t'avais perdu,
À la cour de Pyrrhus tu me serais rendu ?

PYLADE

J'en rends grâces au ciel, qui m'arrêtant sans cesse
Semblait m'avoir fermé le chemin de la Grèce,
Depuis le jour fatal que la fureur des eaux
Presque aux yeux de l'Épire écarta nos vaisseaux.
Combien dans cet exil ai-je souffert d'alarmes !
Combien à vos malheurs ai-je donné de larmes,
Craignant toujours pour vous quelque nouveau danger
Que ma triste amitié ne pouvait partager !
Surtout je redoutais cette mélancolie
Où j'ai vu si longtemps votre âme ensevelie.
Je craignais que le ciel, par un cruel secours,
Ne vous offrît la mort que vous cherchiez toujours.
Mais je vous vois, Seigneur ; et si j'ose le dire,
Un destin plus heureux vous conduit en Épire :
Le pompeux appareil qui suit ici vos pas
N'est point d'un malheureux qui cherche le trépas.

ORESTE

Hélas ! qui peut savoir le destin qui m'amène ?
L'amour me fait ici chercher une inhumaine.
Mais qui sait ce qu'il doit ordonner de mon sort,
Et si je viens chercher ou la vie ou la mort ?

PYLADE

Quoi ? votre âme à l'amour en esclave asservie
Se repose sur lui du soin de votre vie ?
Par quel charme, oubliant tant de tourments soufferts,
Pouvez-vous consentir à rentrer dans ses fers ?
Pensez-vous qu'Hermione, à Sparte inexorable,
Vous prépare en Épire un sort plus favorable ?
Honteux d'avoir poussé tant de vœux superflus,
Vous l'abhorriez ; enfin vous ne m'en parliez plus.
Vous me trompiez, Seigneur.

ORESTE

Je me trompais moi-même.
Ami, n'accable point un malheureux qui t'aime.
T'ai-je jamais caché mon cœur et mes désirs ?
Tu vis naître ma flamme et mes premiers soupirs.
Enfin, quand Ménélas disposa de sa fille
En faveur de Pyrrhus, vengeur de sa famille,
Tu vis mon désespoir ; et tu m'as vu depuis
Traîner de mers en mers ma chaîne et mes ennuis.
Je te vis à regret, en cet état funeste,
Prêt à suivre partout le déplorable Oreste,
Toujours de ma fureur interrompre le cours,
Et de moi-même enfin me sauver tous les jours.
Mais quand je me souvins que parmi tant d'alarmes
Hermione à Pyrrhus prodiguait tous ses charmes,
Tu sais de quel courroux mon cœur alors épris
Voulut en l'oubliant punir tous ses mépris.
Je fis croire et je crus ma victoire certaine ;
Je pris tous mes transports pour des transports de haine ;
Détestant ses rigueurs, rabaissant ses attraits,
Je défiais ses yeux de me troubler jamais.
Voilà comme je crus étouffer ma tendresse.
En ce calme trompeur j'arrivai dans la Grèce,
Et je trouvai d'abord ses princes rassemblés,
Qu'un péril assez grand semblait avoir troublés.
J'y courus. Je pensai que la guerre et la gloire
De soins plus importants rempliraient ma mémoire ;
Que mes sens reprenant leur première vigueur,
L'amour achèverait de sortir de mon cœur.
Mais admire avec moi le sort dont la poursuite
Me fait courir alors au piège que j'évite.
J'entends de tous côtés qu'on menace Pyrrhus ;
Toute la Grèce éclate en murmures confus ;
On se plaint qu'oubliant son sang et sa promesse
Il élève en sa cour l'ennemi de la Grèce,
Astyanax, d'Hector jeune et malheureux fils,
Reste de tant de rois sous Troie ensevelis.
J'apprends que pour ravir son enfance au supplice
Andromaque trompa l'ingénieux Ulysse,
Tandis qu'un autre enfant, arraché de ses bras,

Sous le nom de son fils fut conduit au trépas.
On dit que peu sensible aux charmes d'Hermione,
Mon rival porte ailleurs son cœur et sa couronne ;
Ménélas, sans le croire, en paraît affligé,
Et se plaint d'un hymen si longtemps négligé.
Parmi les déplaisirs où son âme se noie,
Il s'élève en la mienne une secrète joie :
Je triomphe ; et pourtant je me flatte d'abord
Que la seule vengeance excite ce transport.
Mais l'ingrate en mon cœur reprit bientôt sa place :
De mes feux mal éteints je reconnus la trace ;
Je sentis que ma haine allait finir son cours,
Ou plutôt je sentis que je l'aimais toujours.
Ainsi de tous les Grecs je brigue le suffrage.
On m'envoie à Pyrrhus ; j'entreprends ce voyage.
Je viens voir si l'on peut arracher de ses bras
Cet enfant dont la vie alarme tant d'États :
Heureux si je pouvais, dans l'ardeur qui me presse,
Au lieu d'Astyanax lui ravir ma princesse !
Car enfin n'attends pas que mes feux redoublés
Des périls les plus grands puissent être troublés.
Puisqu'après tant d'efforts ma résistance est vaine,
Je me livre en aveugle au destin qui m'entraîne [1].
J'aime ; je viens chercher Hermione en ces lieux,
La fléchir, l'enlever, ou mourir à ses yeux.
Toi qui connais Pyrrhus, que penses-tu qu'il fasse ?
Dans sa cour, dans son cœur, dis-moi ce qui se passe.
Mon Hermione encor le tient-elle asservi ?
Me rendra-t-il, Pylade, un bien qu'il m'a ravi ?

1. Le vers ne figure sous cette forme que dans la dernière édition du théâtre de Racine parue en 1697. Dans le texte original comme dans toutes les éditions antérieures à la dernière, on lit : « Je me livre en aveugle au *transport* qui m'entraîne. »

# XXIII

# JARRY

## NÉOLOGISME ET DÉRÉALISATION

Alfred Jarry, *Ubu roi* (1896), acte I, scène 1, éd. N. Arnaud, Gallimard, « Folio », 2002, p. 29-33.

« Lorsque le premier mot de la pièce, le “Maître Mot” retentit dans la bouche du Roi Ubu, articulé et sonorisé par l'*r* de supplément, profondément embrené cependant par l'accent nasal, l'assistance, frappée à la poitrine et au nez, réagit comme un seul homme. Désormais les personnages s'agitèrent et parlèrent en vain ; le spectacle fut la salle même » (G. Rémond, *La Bataille d'Ubu roi*, dans *Ubu roi*, éd. citée, p. 177). Mot inaugural, mot programmatique, le célèbre « merdre » d'Ubu fut d'abord un mot scandaleux, obscène, qu'Alfred Jarry dut remplacer par un « dre » vide de sens et d'effet dans la première scène, puis par une série de substituts dans les autres occurrences pour la seconde représentation de la pièce, donnée en marionnettes au théâtre des Pantins en janvier 1898.

La création avait eu lieu en décembre 1896 au théâtre de l'Œuvre que dirigeait Lugné-Poe (metteur en scène et acteur qui s'était spécialisé dans le répertoire symboliste français et étranger), dans une mise en scène orchestrée par Jarry lui-même. Celle-ci se caractérisait, comme celles d'autres pièces symbolistes, par le concours de plusieurs arts, dont la peinture (Lugné-Poe était très lié aux nabis tels que Bonnard et Vuillard) et la musique, mais aussi par le refus radical de l'illusionnisme – d'où l'utilisation de masques dont le faux nez, qui contractait les narines des comédiens, rendait l'élocution nasillarde, l'absence de décors, compensée par le recours à des pancartes, la figuration minimaliste du cheval d'Ubu par une tête de cheval en carton etc. Vecteur essentiel de ce qui apparaît à la fois comme déréalisation et poétisation du réel et de sa violence, la langue d'*Ubu roi* se singularisait d'abord par sa grossièreté, qui faisait rupture non seulement avec la tradition théâtrale et littéraire, mais encore avec le courant symboliste orthodoxe représenté par un Maeterlinck (*Pelléas et Mélisande* avait été créé en 1893 dans une mise en scène de Lugné-Poe). Outre le fameux « merdre », qui ponctue régulièrement la pièce, on trouve dans *Ubu roi* bien d'autres interjections ou jurons néologiques (« cornegidouille » ou « jarnicotonbleu »), mais aussi des désignations systématiquement néologiques de parties du corps (les « oneilles ») ou de corps de métier (les « palotins »). Certes le néologisme jarryque s'inscrit, malgré qu'il en ait, dans une tradition nationale, et doit beaucoup à Rabelais – de même que l'intrigue constitue de manière assez visible un travestissement burlesque de *Macbeth* et que la Mère Ubu apparaît, dès la scène d'exposition, comme un avatar grimaçant de la Lady Macbeth qui pousse son mari au régicide (voir Shakespeare, texte XVIII) . Mais l'ajout d'une lettre (le *r*) ou la substitution d'une lettre à une autre dans un mot comme « oneilles » permettent de créer un univers coupé de la référence au réel et qui, conformément à la formule de Jarry, n'est pas même une Pologne de fantaisie mais un véritable « Nulle Part ».

PÈRE UBU. Merdre.

MÈRE UBU. Oh ! voilà du joli, Père Ubu, vous estes un fort grand voyou.

PÈRE UBU. Que ne vous assom'je, Mère Ubu !

MÈRE UBU. Ce n'est pas moi, Père Ubu, c'est un autre qu'il faudrait assassiner.

PÈRE UBU. De par ma chandelle verte, je ne comprends pas.

MÈRE UBU. Comment, Père Ubu, vous estes content de votre sort ?

PÈRE UBU. De par ma chandelle verte, merdre, madame, certes oui, je suis content. On le serait à moins : capitaine de dragons, officier de confiance du roi Venceslas, décoré de l'ordre de l'Aigle Rouge de Pologne et ancien roi d'Aragon, que voulez-vous de mieux ?

MÈRE UBU. Comment ! après avoir été roi d'Aragon vous vous contentez de mener aux revues une cinquantaine d'estafiers armés de coupe-choux, quand vous pourriez faire succéder sur votre fiole la couronne de Pologne à celle d'Aragon ?

PÈRE UBU. Ah ! Mère Ubu, je ne comprends rien de ce que tu dis.

MÈRE UBU. Tu es si bête !

PÈRE UBU. De par ma chandelle verte, le roi Venceslas est encore bien vivant ; et même en admettant qu'il meure, n'a-t-il pas des légions d'enfants ?

MÈRE UBU. Qui t'empêche de massacrer toute la famille et de te mettre à leur place ?

PÈRE UBU. Ah ! Mère Ubu, vous me faites injure et vous allez passer tout à l'heure par la casserole.

MÈRE UBU. Eh ! pauvre malheureux, si je passais par la casserole, qui te raccommoderait tes fonds de culotte ?

PÈRE UBU. Eh vraiment ! et puis après ? N'ai-je pas un cul comme les autres ?

MÈRE UBU. À ta place, ce cul, je voudrais l'installer sur un trône. Tu pourrais augmenter indéfiniment tes richesses, manger fort souvent de l'andouille et rouler carrosse par les rues.

PÈRE UBU. Si j'étais roi, je me ferais construire une grande capeline comme celle que j'avais en Aragon et que ces gredins d'Espagnols m'ont impudemment volée.

MÈRE UBU. Tu pourrais aussi te procurer un parapluie et un grand caban qui te tomberait sur les talons.

PÈRE UBU. Ah ! je cède à la tentation. Bougre de merde, merdre de bougre, si jamais je le rencontre au coin d'un bois, il passera un mauvais quart d'heure.

MÈRE UBU. Ah ! bien, Père Ubu, te voilà devenu un véritable homme.

PÈRE UBU. Oh non ! moi, capitaine de dragons, massacrer le roi de Pologne ! plutôt mourir !

MÈRE UBU, *à part*. Oh ! merdre ! *(Haut.)* Ainsi tu vas rester gueux comme un rat, Père Ubu.

PÈRE UBU. Ventrebleu, de par ma chandelle verte, j'aime mieux être gueux comme un maigre et brave rat que riche comme un méchant et gras chat.

MÈRE UBU. Et la capeline ? et le parapluie ? et le grand caban ?

PÈRE UBU. Eh bien, après, Mère Ubu ? *(Il s'en va en claquant la porte.)*

MÈRE UBU, *seule*. Vrout, merdre, il a été dur à la détente, mais vrout, merdre, je crois pourtant l'avoir ébranlé. Grâce à Dieu et à moi-même, peut-être dans quelques jours serai-je reine de Pologne.

# XXIV

# [ANONYME]

## LE LANGAGE EN FOLIE DE LA FARCE

*La Farce de maître Pierre Pathelin*, scène 8, éd. et trad. J. Dufournet, GF-Flammarion, 1986, p. 167-183.

Créée entre 1456 et 1469, *La Farce de maître Pierre Pathelin* est l'une des farces les plus connues et les plus jouées autant que l'une des plus atypiques du *corpus* conservé. Elle répond bien aux critères de la versification – bien que la traduction soit ici en prose – et de l'absence de division en actes et en scènes que rappelle par exemple Laudun d'Aigaliers à la fin du XVIe siècle dans son *Art poëtique françois* (« les vers élégiaques [les décasyllabes] y sont propres et autres de moins de syllabes [...]. La matière est presque semblable à celle de la comédie, ne serait qu'elle n'est point distinguée par actes et n'est pas si longue », éd. J.-Ch. Monferran *et al.*, S.T.F.M., 2000, p. 193). Elle forme cependant écart par rapport au dernier critère distinctif, à savoir la brièveté (« Car coutumièrement on ne la fait que de trois et quatre cents carmes [vers] », *ibid.*). La pièce compte en effet près de 1 600 vers ; surtout, elle repose sur une structure complexe, celle de la « farce à trois pôles » qui permet, outre la traditionnelle réitération du tour ou de la « farce » à proprement parler, la mise en œuvre d'un renversement inattendu et de nature carnavalesque (B. Rey-Flaud, *La Farce ou la Machine à rire. Théorie d'un genre dramatique. 1450-1550*, Genève, Droz, 1984, p. 285).

Dans les deux premières séquences de la pièce en effet, l'avocat maître Pathelin parvient à berner, avec l'aide de son épouse Guillemette puis du berger Thibaut Aignelet, le drapier Guillaume qui lui demande de payer les six aunes de drap qu'il lui doit ; mais l'alliance de circonstance que l'avocat a contractée avec le berger, son client, se retourne contre lui lorsque le berger utilise contre Pathelin, qui le lui a enseigné, le stratagème qui l'a tiré d'affaire une première fois, et qui consiste à répondre à toute question par un bêlement.

À la jointure entre les deux intrigues, l'auteur anonyme a placé une scène de procès qui met en présence tous les personnages masculins et donne à voir le détournement, à des fins théâtrales, de l'appareil judiciaire et des procédures contemporaines, celle notamment de la désignation d'un avocat en cours de procès, qui permet à Pathelin et à Thibaut Aignelet de cacher au juge qu'ils se connaissent et de conserver toute son efficacité à la stratégie qu'ils ont mise au point : faire passer le berger pour fou. Surtout, Pathelin use de ce rôle d'avocat du berger, appelé dans le cadre d'une affaire exclusivement consacrée au vol des moutons, pour empêcher le drapier d'amener le procès sur le terrain de l'autre affaire, celle du vol du drap.

Une telle scène témoigne de l'habileté rhétorique d'un personnage qui est, du fait de sa profession, un orateur sinon un trompeur professionnel – Racine s'en souviendra dans *Les Plaideurs*. Mais elle illustre aussi l'un des acquis récents de l'analyse du discours théâtral (voir A. Ubersfeld, *Lire le théâtre*, t. III : *Le Dialogue de théâtre*, Belin, 1996) : l'idée selon laquelle le dialogue théâtral viole régulièrement, pour ne pas dire systématiquement, les lois assurant le fonctionnement de la conversation courante, mises au jour par le linguiste américain Paul Grice, ici notamment les lois de la qualité et de la relation – autrement dit, de la véracité et de la pertinence du propos.

LE JUGE. Taisez-vous donc ! Êtes-vous simplet ? Laissez tomber ce détail et venons-en à l'essentiel.

LE DRAPIER. Oui, mon seigneur, mais l'affaire me touche. Toutefois, je le jure, ma bouche, de la journée, n'en soufflera mot. Une autre fois, il en ira comme il pourra : il faut que j'avale la pilule. Je disais donc, dans ma requête, comment j'avais donné six aunes… je veux dire, mes brebis… Je vous en prie, sire, pardonnez-moi : ce gentil maître… Mon berger, quand il devait être aux champs… Il me dit que j'aurais six écus d'or quand je viendrais… Je veux dire que, depuis trois ans, mon berger prit l'engagement de me garder loyalement mes brebis sans me faire ni dommage ni mauvais tour et puis… Maintenant il me nie tout net et le drap et l'argent. Ah ! maître Pierre, en vérité… Ce truand-ci me volait la laine de mes bêtes ; et, bien que saines, il les faisait mourir et périr en les assommant, en les frappant avec de gros bâtons sur le crâne… Quand mon drap fut sous son bras, il se mit en route rapidement et me dit de venir chercher six écus d'or chez lui.

LE JUGE. Il n'y a rime ni raison dans tout ce que vous rabâchez. Qu'est-ce que c'est ? Vous entremêlez et l'un et l'autre. En fin de compte, palsambleu, je n'y vois goutte : il marmonne de drap et puis jacasse de brebis, un coup par-ci, un coup par-là ! Rien de ce qu'il dit ne se suit.

PATHELIN. Quant à moi, je suis sûr qu'il retient au pauvre berger son salaire.

LE DRAPIER. Parbleu, vous feriez mieux de vous taire ! Mon drap, aussi vrai que la messe… Je sais mieux où le bât me blesse que vous-même ou qu'un autre. Tudieu, vous l'avez !

LE JUGE. Qu'est-ce qu'il a ?

LE DRAPIER. Rien, mon seigneur. Je le jure, c'est le plus grand trompeur… Holà ! je me tairai si je peux, et n'en parlerai plus de la journée, quoi qu'il arrive.

LE JUGE. C'est bon, mais souvenez-vous-en ! Allez, concluez clairement.

PATHELIN. Ce berger ne peut nullement répondre aux faits qu'on lui objecte sans un conseiller, et il n'ose ou ne sait en demander. S'il vous plaisait de me commander de l'assister, je le ferais.

LE JUGE. L'assister, lui ? À mon avis, ce serait une piètre affaire : c'est Jean-sans le-sou.

PATHELIN. Moi, je vous jure qu'aussi bien je ne veux rien tirer de lui : que ce soit *gratis pro Deo !* Je vais apprendre du pauvret ce qu'il voudra me dire et s'il saura me renseigner pour répondre aux accusations. Il aurait du mal à s'en sortir, si l'on ne venait à son secours. Avance, mon ami. Si on pouvait trouver… Tu comprends ?

LE BERGER. Bée !

PATHELIN. Quoi, bée ? Diable, par le saint sang que Dieu versa, es-tu fou ? Dis-moi ton affaire.

LE BERGER. Bée !

PATHELIN. Quoi bée ? Entends-tu bêler tes brebis ? C'est pour ton bien, comprends-le.

LE BERGER. Bée !

PATHELIN. Réponds par oui ou non. *(À voix basse.)* Très bien ! Continue ! *(À voix haute.)* Parle donc.

LE BERGER. Bée !

PATHELIN. Plus fort ! ou tu vas le payer cher, je le crains fort.

LE BERGER. Bée !

PATHELIN. Il faut être encore plus fou pour intenter un procès à un fou aussi authentique. Ah ! sire, renvoyez-le à ses brebis : il est fou de naissance.

LE DRAPIER. Lui, fou ? Saint Sauveur des Asturies, il est plus sage que vous n'êtes.

PATHELIN. Envoyez-le garder ses bêtes, *sine die*, sans qu'il revienne jamais. Maudit soit celui qui assigne de tels fous, ou les fait assigner !

LE DRAPIER. Le fera-t-on s'en retourner avant que je puisse être entendu ?

LE JUGE. Grand Dieu, puisqu'il est fou, oui. Pourquoi pas ?

LE DRAPIER. Hé ! diable, sire, au moins laissez-moi avant dire et présenter mes conclusions : ce ne sont pas des mensonges que je vous dis, ni des galéjades.

LE JUGE. Il n'y a que tracasseries à plaider contre des fous et des folles. Écoutez : pour le dire en deux mots, la cour ne siégera plus.

LE DRAPIER. S'en iront-ils sans obligation de revenir ?

LE JUGE. Et quoi donc ?

PATHELIN. *(Pathelin s'adresse au juge.)* Revenir ? Vous n'avez jamais vu plus fou : ne lui répondez pas. *(Il montre le drapier.)* Et l'autre ne vaut pas une once de plus : tous deux sont malades du cerveau. Par la belle sainte Marie, à eux deux ils n'en ont pas un carat !

LE DRAPIER. Vous l'avez emporté par ruse, mon drap, sans payer, maître Pierre. Parbleu, pauvre pécheur que je suis, ce n'était pas agir en honnête homme.

PATHELIN. Oui, je renie saint Pierre de Rome s'il n'est fin fou ou s'il ne le devient !

LE DRAPIER, *s'adressant à Pathelin.* Je vous reconnais à la parole et à la robe et au visage. Je ne suis pas fou, mais avisé pour reconnaître qui me fait du bien. *(Il s'adresse au juge.)* Je vous raconterai toute l'histoire, mon seigneur, en mon âme et conscience.

PATHELIN. Hé ! sire, imposez-leur silence ! N'avez-vous pas honte de tant discuter avec ce berger pour trois ou quatre vieilles saletés de brebis ou de moutons qui ne valent pas un clou ? Il en fait une kyrielle plus longue…

LE DRAPIER. Quels moutons ? c'est une vraie rengaine ! C'est à vous-même que je parle, et vous me le rendrez par le Dieu qui voulut naître à Noël !

LE JUGE. Vous voyez ? Me voici bien loti ! Il ne cessera aujourd'hui de brailler.

LE DRAPIER. Je lui demande…

PATHELIN. Faites-le taire ! Hé ! Parbleu, en voilà des histoires ! Admettons qu'il en ait tué six ou sept, ou une douzaine, et qu'il les ait mangés, quelle affaire ! Vous en êtes bien diminué ! Vous en avez gagné bien plus pendant le temps qu'il vous les a gardés.

LE DRAPIER. Regardez, sire, regardez : je lui parle de drap, et il répond par des moutons ! Ces six aunes de drap, où sont-elles, celles que vous avez mises sous vos bras ? N'avez-vous pas l'intention de me les rendre ?

PATHELIN. Ah ! sire, le ferez-vous pendre pour six ou sept bêtes à laine ? Au moins, reprenez votre souffle, ne soyez pas si rigoureux pour le pauvre malheureux berger qui est nu comme un ver.

LE DRAPIER. Manière habile de changer de sujet ! C'est le diable qui m'a fait vendre du drap à un tel filou ! Dame, mon seigneur, je lui demande…

LE JUGE. Je l'absous de votre plainte et vous défends de poursuivre. La belle gloire, de plaider contre un fou ! *(Il s'adresse au berger.)* Retourne à tes bêtes.

LE BERGER. Bée !

LE JUGE, *s'adressant au drapier*. Vous montrez bien ce que vous êtes, sire, par le sang de Notre-Dame !

LE DRAPIER. Hé ! diable, mon seigneur, par mon âme, je veux lui…

PATHELIN. Ne finira-t-il pas par se taire ?

LE DRAPIER. Mais c'est à vous que j'ai affaire : vous m'avez trompé par trahison, vous avez furtivement emporté mon drap grâce à votre beau langage.

PATHELIN. Ho ! j'en appelle à ma conscience ! Et vous, écoutez-le bien, mon seigneur !

LE DRAPIER. Par Dieu, vous êtes le plus grand trompeur ! (*au juge*) Mon seigneur, que je vous dise…

LE JUGE. C'est une vraie farce que vous jouez tous les deux : quel tapage ! Par Dieu, je suis d'avis de m'en aller. Va-t'en, mon ami ; ne reviens jamais même si un sergent t'assigne. La cour t'absout, le comprends-tu ?

PATHELIN. Dis grand merci !

LE BERGER. Bée !

LE JUGE. Je dis bien : va-t'en, ne te fais plus aucun souci.

LE DRAPIER. Mais est-il normal qu'il s'en aille ainsi ?

LE JUGE. Oh ! j'ai à faire ailleurs. Vous vous moquez un peu trop du monde : vous ne me ferez plus siéger ici, je m'en vais. Voulez-vous venir souper avec moi, maître Pierre ?

PATHELIN. Je ne puis.

# XXV

# MARIVAUX

## LA LANGUE DU CŒUR

Marivaux, *La Double Inconstance* (1723),
acte II, scène 9, éd. Ch. Martin,
GF-Flammarion, 1996, p. 76-79.

Il est de coutume de chercher l'irréductible originalité du théâtre de Marivaux dans l'exploration, réservée jusqu'alors au roman, de la « métaphysique des cœurs » et dans sa traduction stylistique, le

« marivaudage ». Dans les pièces que Marivaux destine aux comédiens italiens – soit les deux tiers de son théâtre –, le langage du cœur s'actualise toutefois selon des modalités spécifiques, et proprement théâtrales.

Le marivaudage y est en effet fécondé par le jeu des Italiens et leur emprunte son ressort principal, à savoir l'improvisation (voir texte XXVI) ou, dans le cas de ce théâtre entièrement écrit, la fiction d'improvisation qui confère aux échanges une forme de naturel. Marivaux, en ce sens, consomme la rupture entre le théâtre et la rhétorique – rupture engagée à certains égards par Racine avant lui – et réoriente aussi, sous l'influence des Italiens, la conception de la comédie et de la place qu'y occupe l'amour. Marivaux emprunte aux Italiens, en les infléchissant, deux constituants : un univers fictionnel délesté de tout référent social contemporain, ce qui lui permet de concevoir la scène comme un laboratoire, politique dans les pièces utopiques (*L'Île des esclaves* ou *La Dispute*, par exemple) ou psychologique dans les pièces centrées sur la thématique amoureuse ; et le dialogue entre amoureux, séquence topique de la *commedia dell'arte* prise en charge par des types spécifiques, précisément les « amoureux » et « amoureuses » que sont les Horatio, Lelio, Isabella, etc. Chez les Italiens toutefois, comme dans la tradition comique en général, l'amour entre jeunes premiers est une donnée préalable à l'intrigue, alors que Marivaux donne à voir la naissance de l'amour, c'est-à-dire l'avènement dans le discours des personnages d'une langue du cœur qui force les codes de la communication. Car la « surprise de l'amour » est, chez Marivaux, un phénomène essentiellement, voire exclusivement langagier, qui non seulement s'exprime, mais naît dans et par le dialogue théâtral.

C'est à cette maïeutique que convie *La Double Inconstance*, qui expose à la fois la fin d'une histoire, celle de l'amour partagé entre deux « paysans », Silvia et Arlequin, et le commencement de deux autres, l'une qui lie Silvia au Prince qui la tient captive et qui est parvenu, sous les traits d'un cavalier, à la séduire, l'autre qui attache Arlequin à Flaminia, suivante et complice du Prince.

SILVIA, LE PRINCE, *qui entre* [1].

SILVIA. Vous venez ? vous allez encore me dire que vous m'aimez, pour me mettre davantage en peine.

LE PRINCE. Je venais voir si la dame qui vous a fait insulte s'était bien acquittée de son devoir : quant à moi, belle Silvia, quand mon amour vous fatiguera, quand je vous déplairai

1. À ce stade de l'intrigue, Silvia n'a pas encore été officiellement présentée au Prince, et continue à voir dans son interlocuteur le cavalier dont elle a commencé de s'éprendre.

moi-même, vous n'avez qu'à m'ordonner de me taire et de me retirer ; je me tairai, j'irai où vous voudrez, et je souffrirai sans me plaindre, résolu de vous obéir en tout.

SILVIA. Ne voilà-t-il pas ? ne l'ai-je pas bien dit ? Comment voulez-vous que je vous renvoie ? Vous vous tairez, s'il me plaît ; vous vous en irez, s'il me plaît ; vous n'oserez pas vous plaindre, vous m'obéirez en tout. C'est bien là le moyen de faire que je vous commande quelque chose.

LE PRINCE. Mais que puis-je mieux que de vous rendre maîtresse de mon sort ?

SILVIA. Qu'est-ce que cela avance ? vous rendrai-je malheureux ? en aurai-je le courage ? Si je vous dis : Allez-vous-en, vous croirez que je vous hais ; si je vous dis de vous taire, vous croirez que je ne me soucie pas de vous ; et toutes ces croyances-là ne seront pas vraies, elles vous affligeront, en serai-je plus à mon aise après ?

LE PRINCE. Que voulez-vous donc que je devienne, belle Silvia ?

SILVIA. Oh ce que je veux, j'attends qu'on me le dise, j'en suis encore plus ignorante que vous ; voilà Arlequin qui m'aime, voilà le Prince qui demande mon cœur, voilà vous qui mériteriez de l'avoir, voilà ces femmes qui m'injurient, et que je voudrais punir, voilà que j'aurai un affront, si je n'épouse pas le Prince : Arlequin m'inquiète, vous me donnez du souci, vous m'aimez trop, je voudrais ne vous avoir jamais connu, et je suis bien malheureuse d'avoir tout ce tracas-là dans la tête.

LE PRINCE. Vos discours me pénètrent, Silvia, vous êtes trop touchée de ma douleur, ma tendresse toute grande qu'elle est ne vaut pas le chagrin que vous avez de ne pouvoir m'aimer.

SILVIA. Je pourrais bien vous aimer, cela ne serait pas difficile, si je voulais.

LE PRINCE. Souffrez donc que je m'afflige, et ne m'empêchez pas de vous regretter toujours.

SILVIA, *comme impatiente*. Je vous en avertis, je ne saurais supporter de vous voir si tendre, il semble que vous le fassiez exprès, y a-t-il de la raison à cela ? pardi, j'aurais moins de mal à vous aimer tout à fait qu'à être comme je suis ; pour moi je laisserai tout là, voilà ce que vous gagnerez.

LE PRINCE. Je ne veux donc plus vous être à charge, vous souhaitez que je vous quitte et je ne dois pas résister aux volontés d'une personne si chère. Adieu, Silvia.

SILVIA *vivement*. Adieu, Silvia ! je vous querellerais volontiers ; où allez-vous ? restez-là, c'est ma volonté, je la sais mieux que vous peut-être.

LE PRINCE. J'ai cru vous obliger.

SILVIA. Quel train que tout cela ! que faire d'Arlequin ? encore si c'était vous qui fût le Prince !

LE PRINCE *d'un air ému*. Eh quand je le serais ?

SILVIA : Cela serait différent, parce que je dirais à Arlequin que vous prétendriez être le maître, ce serait mon excuse : mais il n'y a que pour vous que je voudrais prendre cette excuse-là.

LE PRINCE, *à part les premiers mots*. Qu'elle est aimable ! Il est temps de dire qui je suis.

SILVIA. Qu'avez-vous ? est-ce que je vous fâche ? Ce n'est pas à cause de la principauté que je voudrais que vous fussiez prince, c'est seulement à cause de vous tout seul ; et si vous l'étiez, Arlequin ne saurait pas que je vous prendrais par amour, voilà ma raison. Mais non, après tout, il vaut mieux que vous ne soyez pas le maître, cela me tenterait trop, et quand vous le seriez, tenez, je ne pourrais me résoudre à être une infidèle, voilà qui est fini.

LE PRINCE, *à part les premiers mots*. Différons encore de l'instruire. Silvia, conservez-moi seulement les bontés que vous avez pour moi. Le Prince vous a fait préparer un spectacle, permettez que je vous y accompagne, et que je profite de toutes les occasions d'être avec vous ; après la fête vous verrez le Prince, et je suis chargé de vous dire que vous serez libre de vous retirer, si votre cœur ne vous dit rien pour lui.

SILVIA. Oh il ne me dira pas un mot, c'est tout comme si j'étais partie : mais quand je serai chez nous, vous y viendrez ; eh que sait-on ce qui peut arriver ? peut-être que vous m'aurez. Allons-nous-en toujours, de peur qu'Arlequin ne vienne.

# V

# LE TEXTE ET LA SCÈNE

# XXVI

# [ANONYME]/MOLIÈRE

## L'ÉCOLE DES ITALIENS

*L'Esclave* (*La Schiava*), trad. et annotation originales de Claude Bourqui, sur la base d'un travail philologique de Stefan Hulfeld et Demis Quadro (Institut für Theaterwissenschaft, université de Berne) ; Molière, *L'Étourdi ou les Contretemps* (1655), acte I, scène 7, dans *Œuvres complètes*, éd. G. Mongrédien, GF-Flammarion, 1964, t. I, p. 69-70.

La *commedia dell'arte* fournit le modèle d'un théâtre fondé sur les jeux de scène et les actions scéniques, et qui ne se conçoit pas comme la simple actualisation d'un texte fixé à l'avance et inamovible, même s'il réserve une place importante à des échanges dialogués dont les argumentaires sont déterminés à l'avance, en fonction du sujet retenu autant que des personnages qui les prononcent. Du texte des répliques autant que des jeux de scène, nous n'avons conservé que des témoignages lacunaires et de surcroît indirects, dont les plus importants sont les recueils de *scenari* ou canevas. Le *scenario* d'un spectacle, lorsqu'il existe, fixe après coup, et pour un usage interne, les éléments nécessaires à la reprise de ce spectacle par la troupe. Il se donne comme une transposition écrite de la « matière scénique » sous la forme d'une « gigantesque didascalie », où l'action dramatique est essentiellement envisagée « du point de vue de ce que les acteurs doivent faire » (C. Bourqui, *La Commedia dell'arte*, SEDES, 1999, p. 65) et en partie seulement de ce qu'ils doivent dire.

Le *scenario* de *L'Esclave* est l'un des cent *scenari* contenus dans l'un des plus importants recueils manuscrits, la *Raccolta di scenari più scelti d'istrioni* (*Recueil des meilleurs scenari de comédiens professionnels*), que l'on date du milieu du XVII$^{e}$ siècle.

Le sujet de cette pièce est emprunté à l'*Epidicus* de Plaute, que l'on a amputé de certaines péripéties et enrichi par compensation d'une seconde intrigue et de nombreux *lazzi*, « numéros comiques détachables » (C. Bourqui et C. Vinti, *Molière à l'école italienne. Le lazzo dans la création moliéresque*, L'Harmattan, 2003, *passim*), transposables d'une pièce à l'autre, et qui forment l'une des marques spécifiques du théâtre italien. Ces *lazzi* sont généralement le fruit de la rencontre entre une situation ou une émotion précises (la peur, la promesse de recevoir de l'argent, etc.) et un *type* tel que le *zanni* ou valet (Arlequin ou Polichinelle), ou encore le père-obstacle (Pantalone, Dottore).

Profondément influencé par le théâtre professionnel italien, Molière commence sa carrière en adaptant dans *L'Étourdi ou les Contretemps* (1655) *L'inavertito* (1628) de Nicolò Barbieri. Et si *La Schiava* n'est pas la source principale de *L'Étourdi*, de nombreuses parentés existent néanmoins entre les deux pièces : le cadre géographique, certains éléments de l'intrigue amoureuse, la conception des personnages, équivalents français des *tipi fissi* italiens et, localement, un certain nombre de jeux de scène. Ces derniers sont systématiquement menés par le valet Mascarille dans *L'Étourdi*, interprété par un Molière masqué.

Aussi peut-on lire la séquence moliéresque comme une sorte de transcription, mais développée et ayant adopté l'alternance entre dialogue et didascalies propre au théâtre imprimé, de brèves indications de jeu qui rythment le *scenario*. On n'oubliera pas toutefois que le texte moliéresque est, lui aussi, une version autorisée (et probablement édulcorée) de la pièce, *consécutive* à la représentation, et qui ne garde trace que d'une partie de la matière scénique.

## *L'Esclave*

### Personnages

PANTALONE
LAVORA, femme de Pantalone
SILVIO, fils de Pantalone
EMILIA, fille de Pantalone
ZANNI, serviteur
CASSANDRO
CAPITANIO, fils de Cassandro
COVIELLO
UNE ESCLAVE, reconnue Ortensia, fille de Cassandro
UNE COURTISANE
UN VOLEUR

UN MARCHAND
UN JUIF
UN VIEUX
DES PORTEURS

## Accessoires

Trois costumes d'esclaves
Quatre clés
Deux bourses qui se ressemblent
Une chaîne en or
Une corde
Trois bourses avec des pièces d'argent pour les acheteurs
Six lanternes de carton
Six petites bougies.

## Acte I

PANTALONE, ZANNI

Pantalone raconte comment, après la mort de sa femme, il est parti de Venise, comment il est tombé amoureux à Nicosie de Lavora, qu'il a quittée alors qu'elle était enceinte d'Emilia, et comment il avait l'habitude d'envoyer chaque année Zanni lui faire un présent ; mais, maintenant qu'il y a la guerre, il a envoyé Silvio par mesure de prudence. Zanni acquiesce et fait ses *lazzi*. Pantalone sort de scène : il va au port pour avoir des nouvelles du retour de son fils.

Zanni révèle l'ordre que lui a donné Silvio [1] en ce qui concerne la jeune fille esclave qui est aux mains de Coviello : il doit laisser à ce dernier dix écus d'avance pour qu'il la garde encore un certain temps. Zanni frappe à la porte de Coviello.

COVIELLO, ZANNI

Coviello écoute Zanni lui recommander d'avoir bien soin de l'esclave jusqu'au retour de Silvio. Puis il lui déclare qu'il ne veut plus la garder et qu'il l'a déjà à moitié vendue. Zanni se désespère ; puis il demande à Coviello de la garder encore

1. En fait, Silvio n'a pas quitté la ville. Il a profité de ce qu'on le croyait absent pour s'amouracher d'une esclave mise en vente chez Coviello.

toute la journée, jusqu'à ce qu'il lui apporte de l'argent ; il le prie également de faire en sorte que l'esclave accepte de dire ce qu'il lui fera dire (car il veut jouer un bon tour à Pantalone) et de lui faire savoir que, si tout se passe bien, elle recevra une gratification. Coviello accepte et rentre chez lui.

Zanni s'en va.

CASSANDRO

Il raconte qu'il a deux enfants, un garçon qu'il a envoyé, encore jeune, en Espagne et une fille qu'on lui a enlevée quand elle était petite. Il se plaint de ses misères et de la mauvaise vie que mène le Capitanio, son fils. Sur ce :

CAPITANIO, CASSANDRO

Le Capitanio arrive : ils se disputent. Cassandro lui donne la clé d'une maison qu'il possède dans le voisinage et s'en va.

Le Capitanio raconte qu'il est amoureux d'une courtisane et qu'il ne peut parvenir à ses fins parce qu'il ne peut rien soutirer à son père qui est avare à l'extrême. Puis il s'en va.

PANTALONE

De retour du port, il se plaint qu'il n'a pas obtenu de nouvelles. Sur ce :

ZANNI, PANTALONE

Zanni entre, essoufflé, et raconte qu'il a vu Emilia, la fille de Pantalone, dans une galère, et qu'elle a été capturée comme esclave. Il fait ses *lazzi*, puis demande trois cents écus à Pantalone pour la racheter [1]. Pantalone lui donne l'argent et rentre chez lui.

Zanni fait des commentaires sur la somme et dit qu'il va porter ces écus à Emilia [2], puis il frappe à la porte de Coviello.

1. Cette « fourberie » du valet rusé possède des antécédents dans divers *scenari* et pièces imprimées italiennes. Molière, à la suite de Cyrano de Bergerac (*Le Pédant joué*, 1654, II, 4-6), en donnera une version inoubliable dans *Les Fourberies de Scapin* (II, 7).

2. Il s'agit d'un commentaire ironique : l'Emilia à qui il porte cette somme est l'esclave mise en vente chez Coviello, laquelle, comme on va le voir, va se faire passer pour la fille de Pantalone.

COVIELLO, ZANNI

Coviello fait ses *lazzi* [1], reçoit l'argent et appelle l'esclave.

L'ESCLAVE, ZANNI, COVIELLO

L'esclave sort de la maison. Coviello la remet à Zanni. Zanni fait ses *lazzi* avec elle et l'informe du rôle qu'elle va devoir jouer [2]. Puis il frappe à la porte de Pantalone.

PANTALONE, L'ESCLAVE, ZANNI

Pantalone sort de chez lui. Zanni lui montre l'esclave. Pantalone fait ses *lazzi* et l'interroge.

Zanni lui souffle les réponses et fait ses *lazzi* [3]. Pantalone la fait rentrer chez lui. Zanni s'en va. Sur ce :

SILVIO, CAPITANIO

Ils se témoignent mutuellement leur amitié. Silvio demande au Capitanio un logement où il pourrait se cacher de son père, afin de régler quelques affaires [4]. Le Capitanio lui donne la clé du logement et s'en va. Silvio reste. Sur ce :

ZANNI, SILVIO

Zanni reconnaît Silvio [5]. Ils font leurs *lazzi* et parlent, par métaphore, des esclaves. À la fin, Zanni révèle à Silvio tout ce qu'il a fait pour mettre l'esclave en sa possession. Silvio se met en colère : il lui dit de la faire sortir de la maison et de trouver trois cents écus pour l'autre esclave [6]. Zanni fait ses *lazzi*, puis promet. Silvio rentre dans le logement.

---

1. *Lazzi* de cupidité, sans doute.

2. L'esclave va se faire passer pour Emilia, la fille de Pantalone retrouvée. Elle rencontrera de nombreuses difficultés à assumer ce rôle et ne parviendra à se rendre crédible que grâce au secours du valet. Il s'agit d'une péripétie classique, que Molière reprendra dans *L'Étourdi ou les Contretemps* (IV, 1-2).

3. Les *lazzi* sont développés à partir des efforts désespérés du valet pour tenter de remédier aux bourdes de l'esclave, incapable de retenir précisément son rôle. Pour s'en faire une lointaine idée, on peut se reporter à la version de Molière (l'intrigue de *L'Étourdi ou les Contretemps* est tout entière fondée sur ce motif, répété d'acte en acte).

4. Silvio prévoit d'y installer la nouvelle esclave dont il est amoureux.

5. La formule indique sans doute un jeu de scène dans lequel les deux personnages, après s'être mutuellement épiés à distance, finissent par se reconnaître.

6. En effet, Silvio n'est plus amoureux de cette esclave et en convoite maintenant une autre.

Zanni frappe à la porte de Pantalone, après avoir fait ses comptes.

PANTALONE, ZANNI

Pantalone apprend de Zanni que Silvio a écrit à un ami qu'il allait acheter une esclave nouvellement arrivée et qu'il prévoyait de l'épouser. Pantalone se désespère. Zanni l'exhorte à l'acheter lui-même : en la revendant il fera un bénéfice et il enlèvera à son fils l'occasion de l'épouser [1]. Pantalone fait ses *lazzi*, puis lui donne trois cents cinquante écus en chargeant Zanni de l'affaire. Puis il s'en va.

Zanni dit qu'il en donnera trois cents à Silvio et qu'il en gardera cinquante pour lui. Sur ce :

UN VOLEUR, ZANNI

Le voleur fait ses *lazzi*, joue à Zanni le tour du collier, et lui vole l'argent.

*Fin de l'acte premier.*

[À l'acte II, Zanni trouvera un autre moyen de se procurer la somme nécessaire à l'achat de la seconde esclave convoitée par son maître : il mettra en vente les affaires qui se trouvent dans l'appartement que Capitanio a prêté à Silvio ; le marché sera conclu avec trois acheteurs différents (un marchand, un Juif et Coviello), qui tous trois se retrouveront au même moment pour la prise de possession de la marchandise. Mêlée générale !

Mais Zanni doit également procurer une esclave à Pantalone, qui lui a versé trois cent cinquante écus pour cet achat destiné à préserver son fils de la perdition. Il se tire d'affaire en engageant une courtisane, qui parvient à duper Pantalone, en se faisant passer pour la jeune fille achetée. En revanche, Capitanio, venu acquérir l'esclave, évente le piège et révèle la vraie identité de la personne.

Les choses se compliquent dès lors pour Zanni, d'autant qu'au troisième acte, Lavora, femme de Pantalone, débarque de Nicosie. Elle est ravie d'apprendre que leur fille Emilia se trouve chez son père. Mais la confrontation fait éclater la

1. Une telle fourberie sera également mise en œuvre par Mascarille, valet rusé de *L'Étourdi* de Molière, à la scène 7 de l'acte I (voir texte suivant).

vérité : Emilia n'est pas Emilia, mais une esclave que Zanni a mise dans la place.

Cette fois le sort du valet est bien compromis. Mais la chance est avec lui : la seconde esclave que convoite Silvio s'avère être, au moment de son achat, Emilia elle-même ! Quant à l'esclave qui se faisait passer pour Emilia, Cassandro découvre qu'elle n'est autre que sa fille Ortensia, qui avait été enlevée alors qu'elle était enfant !

Cette double reconnaissance permet de clore la pièce par deux mariages : Silvio épouse Ortensia, à laquelle il est retourné et Capitanio s'unit à la vraie Emilia.}

### *L'Étourdi ou les Contretemps*, acte I, scène 7

MASCARILLE

Sachez donc que vos vœux sont trahis
Par l'amour qu'une esclave imprime à votre fils.

PANDOLFE [1]

On m'en avait parlé ; mais l'action me touche,
De voir que je l'apprenne encore par ta bouche.

MASCARILLE

Vous voyez si je suis le secret confident…

PANDOLFE

Vraiment, je suis ravi de cela.

MASCARILLE

Cependant
À son devoir, sans bruit, désirez-vous le rendre ?
Il faut… (j'ai toujours peur qu'on nous vienne surprendre :
Ce serait fait de moi s'il savait ce discours),
Il faut, dis-je, pour rompre à toute chose cours,
Acheter sourdement l'esclave idolâtrée,
Et la faire passer en une autre contrée.

1. Père de Lélie, jeune premier dont Mascarille est le valet, et qui s'est épris de Célie, esclave de Trufaldin.

Anselme [1] a grand accès auprès de Trufaldin :
Qu'il aille l'acheter pour vous dès ce matin.
Après, si vous voulez en mes mains la remettre,
Je connais des marchands, et puis bien vous promettre
D'en retirer l'argent qu'elle pourra coûter,
Et malgré votre fils de la faire écarter.
Car enfin, si l'on veut qu'à l'hymen il se range,
À cet amour naissant il faut donner le change ;
Et de plus, quand bien même il serait résolu,
Qu'il aurait pris le joug que vous avez voulu,
Cet autre objet, pouvant réveiller son caprice,
Au mariage encor peut porter préjudice.

PANDOLFE

C'est très bien raisonné ; ce conseil me plaît fort.
Je vois Anselme ; va, je m'en vais faire effort
Pour avoir promptement cette esclave funeste,
Et la mettre en tes mains pour achever le reste.

MASCARILLE

Bon, allons avertir mon maître de ceci.
Vive la fourberie, et les fourbes aussi !

# XXVII

# BECKETT

## POLYVALENCE DE L'ÉCRITURE DIDASCALIQUE

Samuel Beckett, *Oh les beaux jours*, acte I,
© Éditions de Minuit, 1963, p. 11-16.

La production dramatique de Beckett est traversée par une réflexion portant sur la distribution, au théâtre, des éléments à voir (langages gestuel et scénographique) et des éléments à entendre (langage verbal) qui entrent dans la composition de cette « polyphonie informationnelle » que constitue la théâtralité pour Roland Barthes (voir texte II). Aussi trouve-t-on chez Beckett des pièces sans dialogues (les *Actes sans paroles* I et II, 1956 et 1959) autant que des œuvres radiophoniques telles que *Cendres* (1959).

1. Père de la jeune fille que Pandolfe veut faire épouser à son fils.

Mais la question intéresse d'une manière particulière le *corpus* que forment notamment *En attendant Godot*, *Fin de partie*, *La Dernière Bande* et *Oh les beaux jours* : elle y est l'expression d'une interrogation concrète sur l'action et la parole que la fiction relaie abondamment – que faire ? que dire ? comment commencer ? – et se traduit concrètement par le choix d'une écriture faisant alterner jusqu'au vertige discours ou bribes de discours des personnages et indications scéniques.

Doit-on même, dans le cas du théâtre de Beckett, conserver la notion d'indications scéniques ? Rien n'est moins sûr, tant l'écriture didascalique fait corps avec ce qui n'est pas elle et se trouve détournée de ses fonctions habituelles. Quel est, tout d'abord, son destinataire ? Le metteur en scène, assurément – c'est bien par la scène que Beckett fut découvert, et nommément par les mises en scène de Roger Blin, qui monta *En attendant Godot* en 1953, *Fin de partie* quatre ans plus tard (à Londres, mais avec des acteurs français), *La Dernière Bande* (1960) et *Oh les beaux jours* (1963), avec pour cette dernière pièce Madeleine Renaud dans le rôle principal de Winnie. Mais si, de fait, certaines didascalies ont une véritable fonction de régie, réglant, outre l'utilisation de l'espace scénique (la « scène » et l'« avant-scène ») et les jeux de scène, le rythme même de la représentation (voir les « Un temps » qui saturent l'extrait, ou l'indication précise de la durée de certaines actions), d'autres apparaissent comme des expansions ou des protubérances destinées à la seule lecture et impossibles à traduire en langage scénique. C'est que l'écriture didascalique est aussi un régime textuel à proprement parler, qui entre pour une part essentielle dans la constitution d'un texte de théâtre que Beckett destine tout à la fois à l'actualisation scénique et à la lecture silencieuse.

L'*incipit*/exposition de *Oh les beaux jours*, dans lequel l'auteur reconduit le rituel de commencement de *Fin de partie* – l'ensevelissement de Winnie étant une variante de la paralysie de Hamm – illustre de manière particulièrement riche une telle polyvalence de la didascalie et donne à comprendre le statut spécifique de la didascalie liminaire chez Beckett. En même temps qu'un segment de la « vie » de Winnie et de Willie, la pièce dramatise en effet, comme souvent chez ce dramaturge, la naissance à la scène des personnages et de l'univers qui est le leur (ici singulièrement délesté de tout réalisme), dans un jeu qui est d'abord muet avant d'être progressivement habité par le langage.

*Étendue d'herbe brûlée s'enflant au centre en petit mamelon. Pentes douces à gauche et à droite et côté avant-scène. Derrière, une chute plus abrupte au niveau de la scène. Maximum de simplicité et de symétrie.*

*Lumière aveuglante.*

*Une toile de fond en trompe l'œil très pompier représente la fuite et la rencontre au loin d'un ciel sans nuages et d'une plaine dénudée.*

*Enterrée jusqu'au-dessus de la taille dans le mamelon, au centre précis de celui-ci,* WINNIE. *La cinquantaine, de beaux restes, blonde de préférence, grassouillette, bras et épaules nus, corsage très décolleté, poitrine plantureuse, collier de perles. Elle dort, les bras sur le mamelon, la tête sur les bras. À côté d'elle, à sa gauche, un grand sac noir, genre cabas, et à sa droite une ombrelle à manche rentrant (et rentré) dont on ne voit que la poignée en bec-de-cane. À sa droite et derrière elle, allongé par terre, endormi, caché par le mamelon,* WILLIE.

*Un temps long. Une sonnerie perçante se déclenche, cinq secondes, s'arrête. Winnie ne bouge pas. Sonnerie plus perçante, trois secondes. Winnie se réveille. La sonnerie s'arrête. Elle lève la tête, regarde devant elle. Un temps long. Elle se redresse, pose les mains à plat sur le mamelon, rejette la tête en arrière et fixe le zénith. Un temps long.*

WINNIE. – *(Fixant le zénith.)* Encore une journée divine. *(Un temps. Elle ramène la tête à la verticale, regarde devant elle. Un temps. Elle joint les mains, les lève devant sa poitrine, ferme les yeux. Une prière inaudible remue ses lèvres, cinq secondes. Les lèvres s'immobilisent, les mains restent jointes. Bas.)* Jésus-Christ Amen. *(Les yeux s'ouvrent, les mains se disjoignent, reprennent leur place sur le mamelon. Un temps. Elle joint de nouveau les mains, les lève de nouveau devant sa poitrine. Une arrière-prière inaudible remue de nouveau ses lèvres, trois secondes. Bas.)* Siècle des siècles Amen. *(Les yeux s'ouvrent, les mains se disjoignent, reprennent leur place sur le mamelon. Un temps.)* Commence, Winnie. *(Un temps.)* Commence ta journée, Winnie. *(Un temps. Elle se tourne vers le sac, farfouille dedans sans le déplacer, en sort une brosse à dents, farfouille de nouveau, sort un tube de dentifrice aplati, revient de face, dévisse le capuchon du tube, dépose le capuchon sur le mamelon, exprime non sans mal un peu de pâte sur la brosse, garde le tube dans une main et se brosse les dents de l'autre. Elle se détourne pudiquement, en se renversant en arrière et à sa droite, pour cracher derrière le mamelon. Elle a ainsi Willie sous les yeux. Elle crache, puis se renverse un peu plus.)* Hou-ou ! *(Un temps. Plus fort.)* Hou-ou ! *(Un temps. Elle a un tendre sourire tout en revenant de face. Elle dépose la brosse.)* Pauvre Willie – *(elle examine le tube, fin du sourire)* – plus pour longtemps – *(elle cherche le capuchon)* – enfin – *(elle ramasse le capuchon)* – rien à faire – *(elle revisse le capuchon)* – petit malheur –

*(elle dépose le tube)* – encore un – *(elle se tourne vers le sac)* – sans remède – *(elle sort une petite glace, revient de face)* – hé oui – *(elle s'inspecte les dents dans la glace)* – pauvre cher Willie – *(elle éprouve avec le pouce ses incisives supérieures, voix indistincte)* – bon sang ! – *(elle soulève sa lèvre supérieure afin d'inspecter les gencives, de même)* – bon Dieu ! – *(elle tire sur un coin de la bouche, bouche ouverte, de même)* – enfin – *(l'autre coin, de même)* – pas pis – *(elle abandonne l'inspection, voix normale)* – pas mieux, pas pis – *(elle dépose la glace)* – pas de changement – *(elle s'essuie les doigts sur l'herbe)* – pas de douleur *(elle cherche la brosse à dents)* – presque pas – *(elle ramasse la brosse)* – ça qui est merveilleux – *(elle examine le manche, lit)* – pure… quoi ? – *(un temps)* – quoi ? – *(elle dépose la brosse)* – hé oui – *(elle se tourne vers le sac)* – pauvre Willie *(elle farfouille dans le sac)* – aucun goût – *(elle farfouille)* – pour rien – *(elle sort un étui à lunettes)* – aucun but – *(elle revient de face)* – dans la vie – *(elle sort les lunettes de l'étui)* – pauvre cher Willie – *(elle dépose l'étui)* – bon qu'à dormir – *(elle déplie les lunettes)* – rien de tel – *(elle cherche la brosse à dents)* – à mon avis – *(elle ramasse la brosse)* – je l'ai toujours dit – *(elle examine le manche de la brosse)* – que ne l'eussé-je ! – *(elle examine le manche, lit)* – véritable… pure… quoi ? – *(elle dépose la brosse)* – bientôt aveugle – *(elle enlève ses lunettes)* – enfin – *(elle dépose ses lunettes)* – assez vu – *(elle cherche son mouchoir dans son corsage)* – sans doute – *(elle sort le mouchoir plié)* – depuis le temps – *(elle déplie le mouchoir en le secouant)* – quels sont ces vers merveilleux ? – *(elle s'essuie un œil)* – malheur à moi – *(l'autre œil)* – qui vois ce que je vois – *(elle cherche ses lunettes)* – hé oui – *(elle ramasse les lunettes)* – m'en passerais bien – *(elle essuie les lunettes avec le mouchoir en soufflant sur les verres)* – pas si sûr – *(elle essuie)* – sainte lumière – *(elle essuie)* – noire plongée – *(elle essuie)* – faire surface – *(elle essuie)* – fournaise d'infernale lumière. *(Elle s'arrête d'essuyer, renverse la tête, regarde le ciel, ramène la tête à la verticale, se remet à essuyer, s'arrête, se renverse en arrière et à sa droite.)* Hou-ou ! *(Un temps. Elle a un tendre sourire tout en revenant de face et en se remettant à essuyer. Fin du sourire.)*

# XXVIII

# JOUVET

## LA RESPIRATION DU TEXTE

Louis Jouvet, *Molière et la comédie classique*,
© Gallimard, « Pratique du théâtre », 1965, p. 29-30.

Louis Jouvet metteur en scène s'est toujours intéressé au répertoire contemporain, en collaborant notamment avec Jean Giraudoux (qu'il considérait comme « son » auteur), depuis *Siegfried* (1928) jusqu'à ses dernières pièces, à la Comédie des Champs-Élysées puis à l'Athénée, ou en créant, en 1947, *Les Bonnes* d'un Genet qui était alors quasiment inconnu (voir texte IX). Mais son nom est plus encore attaché au répertoire classique, et tout particulièrement au théâtre de Molière, dont il monta entre autres *L'École des femmes* (1936), *Tartuffe* (1951) et surtout un *Dom Juan* (1947) qui remporta un succès triomphal – deux cents représentations, soit le double du nombre de représentations auxquelles la pièce avait donné lieu depuis sa création par Molière – et dans lequel, âgé de soixante ans, il interprétait le rôle-titre.

Louis Jouvet acteur et professeur de théâtre a cherché sinon à théoriser, du moins à fixer quelques éléments d'une réflexion ininterrompue sur l'art de l'acteur et le travail du texte. Deux types d'écrits en conservent la mémoire. Ce sont d'une part les notes que Jouvet jetait le soir, au sortir des représentations, comme ce soir après *Ondine* où « tout caparaçonné encore de [s]a cuirasse de carton [...], soufflant et suant, tout ému encore physiquement et nerveusement », il dit s'être « assis à [s]on bureau pour noter quelques impressions, quelques sensations particulières éprouvées durant le jeu » (*Le Comédien désincarné*, Flammarion, 1954, rééd. 2002, p. 18), notes réunies ensuite en différents volumes. C'est d'autre part la sténographie de cours donnés au Conservatoire entre 1939 et 1940, rassemblés et publiés dans deux livres, *Tragédie classique et théâtre du XIX^e^ siècle* (1968) et *Molière et la comédie classique* (1965). Dans ce dernier recueil, la partie consacrée aux séances de travail autour de la seconde scène d'Elvire dans *Dom Juan* a d'ailleurs fourni la matière d'*Elvire/Jouvet 40*, spectacle mis en scène par Brigitte Jaques en 1986 au théâtre de l'Athénée et qui confrontait au personnage de Louis Jouvet celui de la jeune comédienne travaillant le rôle d'Elvire.

Comme Jacques Copeau, dont il fut le disciple puis l'assistant, et avant Jean Vilar et Jean-Louis Barrault, Jouvet considère que l'acteur et le metteur en scène doivent être au service du texte et que leur tâche consiste, non pas à imposer leur « conception » de l'œuvre mais à en révéler la vérité. Les deux volumes tirés des cours qu'il a dispensés livrent ainsi une admirable archéologie de l'art de l'acteur selon Jouvet, c'est-à-dire des étapes concrètes par lesquelles le comédien doit passer pour parvenir à jouer au mieux son rôle. Au commencement est la respiration, respiration « mécanique » du texte, imposée par sa versification, sa ponctuation, son rythme propre ; c'est d'elle que naît ensuite la respiration « psychophysiologique » ou l'état respiratoire propre au personnage, ici celui de l'homme en colère qu'est Alceste à l'ouverture du *Misanthrope*. Et si cette conception d'abord pneumatique du travail de l'acteur n'est pas sans liens avec le spiritualisme hérité des symbolistes dont les écrits de Jouvet témoignent souvent, elle n'a ici pour fonction que de subordonner très fortement l'art du comédien aux exigences du texte.

Ta respiration mécanique est insuffisante. On sent, tout le long du morceau, que tu es gêné respiratoirement. Et cela parce que tu ne prends pas assez d'inspiration. Tu le sens ? Tu as une respiration abdominale, ce qui est bien, mais on sent que tu comprimes ton abdomen pour arriver au bout du morceau. *Si ta respiration n'est pas bonne, pas bien établie* – je ne dis pas respiration sensible – tu n'auras jamais une véritable *respiration physique* ou *psychologique du personnage*. Je vais t'expliquer : ce qui est magnifique, dans ce morceau, c'est que si tu le respires comme il faut, si tu as suffisamment de souffle pour arriver au bout dans une inflexion juste, si tu ne halètes pas, tu atteindras, petit à petit, un état respiratoire avec un mouvement, un rythme. Ce rythme, enregistré à l'oscillographe, te donnerait l'amplitude de ta respiration, et si tu prenais en même temps celle d'un homme en colère, que tu prennes de lui le même graphique, tu verrais que tu aurais exactement les mêmes sillons, la même courbe.

Si tu dis ce texte avec le rythme, la respiration qu'il implique, au bout d'un certain temps tu auras naturellement cet état d'indignation qui fait que les pectoraux se gonflent. *C'est ce que j'appelle l'état psycho-physiologique du personnage.* C'est un des systèmes du comédien. Il y a un autre système : tu joues, par exemple, une comédie « supérieure » d'un des nombreux auteurs dramatiques modernes – ne nommons personne –, tu sais qu'il faut que tu entres en scène pour engueuler la partenaire. Tu te mets dans un état respiratoire, en coulisse, avant d'entrer en scène. Il faut que tu fasses cela parce que le texte ne te donnera rien. Parce qu'il n'y a pas de texte, ce sont des miettes de répliques ; tu es obligé de te mettre, toi-même, dans l'état d'indignation, parce ni le texte, ni la situation dramatique ne te donneront cet état. Ni le texte, ni la situation dramatique ne te touchent, lorsqu'il s'agit par exemple de la scène que tu joues avec Mademoiselle…

MICHEL : On a tous compris !

L.J. : Alors que dans *Le Misanthrope* tu as un texte dans lequel tu n'as nullement besoin de t'immiscer. Tu n'as qu'à *essayer de dire ce texte comme il est écrit. Au bout d'un certain temps, tu seras touché par le texte, tu sentiras en toi-même l'état physique dans lequel se trouve le personnage.* Après cela, tu pourras développer ce sentiment ; tu sentiras que tu as en toi une vraie indignation, que tu as une violence qui est naturelle. Quand tu sentiras cette violence, cette indignation, un état que tu auras obtenu par des procédés loyaux, par des procédés égaux à ceux de l'auteur, tu pourras être sûr que tu joueras la scène.

*Ta respiration sensible*, ta respiration que je disais psychophysiologique, *te viendra d'une respiration mécanique juste.*

À l'heure actuelle, ta respiration mécanique n'est pas juste parce que tu n'as pas l'amplitude pour aller au bout du vers.

Autre remarque à ton égard ce matin : tu es mal parti. Si on n'attaque pas une scène juste, elle est fichue. Tu es mal parti respiratoirement, tu n'étais pas dans le ton, alors tu as mal placé ta voix et tu t'es légèrement enroué.

## XXIX

## VITEZ

### LA MISE EN SCÈNE DES CLASSIQUES

Antoine Vitez, échange avec Danielle Kaisergruber, *Dialectiques*, n° 14, été 1976 ; « Cycle Molière. *L'École des femmes*, *Le Tartuffe*, *Don Juan* [sic], *Le Misanthrope*. Souvenirs anticipés », programme du spectacle, théâtre de la Porte-Saint-Martin, 1979, dans *Le Théâtre des idées*, éd. D. Sallenave et G. Banu, © Gallimard, « Le Messager », 1991, p. 188, 190-191 et 371-373.

« Jouer les classiques ne va pas de soi. Le temps du théâtre est le présent » (B. Dort, « Le présent des classiques », *La Représentation émancipée*, Actes Sud, « Le Temps du théâtre », 1988, p. 51). La question de « l'usage des classiques » (*ibid.*) et, d'abord, de la pertinence de la mise en scène des textes classiques, a accompagné pendant vingt-cinq ans la réflexion et le travail d'Antoine Vitez.

Loin d'être exclusif d'autres formes et traditions théâtrales, le répertoire classique français occupe une place de prédilection dans la carrière de Vitez et, au sein de ce répertoire, deux auteurs particulièrement : Molière et Racine. De ce dernier, Vitez commence par monter en 1971 une *Andromaque* expérimentale, pour laquelle les acteurs jouent tous les rôles tour à tour et font précéder leurs interventions d'un « Je joue Andromaque » ou « Je joue Pyrrhus », manière de transcription du « gestus de monstration » empêchant l'identification de l'acteur et du personnage que préconisait Brecht (voir texte XIII).

Délaissant par la suite ce type de mises en jeu, Vitez n'en continue pas moins, lorsqu'il traite par exemple comme une tétralogie *L'École des femmes*, *Le Tartuffe*, *Dom Juan* et *Le Misanthrope* en 1978, à fonder la représentation sur un travail collectif du texte et sur les effets de sens qui se font jour au cours des répétitions. Celles-ci font surgir, entre des pièces qu'on a pris l'habitude de lire et de jouer séparément, une cohérence nouvelle, « des échos sans fin, d'une comédie à l'autre », fondés notamment sur une forme de retour des personnages, ou plus exactement des mêmes acteurs interprétant des personnages différents. Et cette liberté du metteur en scène est, en un sens, illimitée : « On pourrait aussi jouer *Le Tartuffe* après *Dom Juan*, renverser l'ordre de la composition, le même acteur, ayant joué Don Juan, réapparaîtrait en Tartuffe, ce serait lui, ayant dit l'éloge de l'hypocrisie au cinquième acte, ayant échappé à l'Enfer, qui reviendrait sur la Terre sous le masque du dévot, et c'est bien lui en effet » (« Cycle Molière », art. cité, p. 375).

La mise en scène des classiques telle que la conçoit Vitez repose, de fait, sur une position complexe : elle ne cherche pas plus à actualiser le texte qu'à en reconstituer l'utopique « vérité » mais veut « montrer les fractures du temps », l'irrémédiable distance qui nous sépare de ces œuvres du passé tout en désignant certaines des utilisations modernes que l'on peut en faire. Le travail sur l'alexandrin et, plus largement, sur la langue, est l'un des vecteurs privilégiés, selon Vitez, de cette mise à distance des textes de théâtre, laquelle permet en retour une réflexion sur les enjeux contemporains. « Si le théâtre est bien le laboratoire des gestes et des paroles de la société, il est à la fois le conservateur des formes anciennes de l'expression et l'adversaire des traditions » (« Défense de la langue française », *Le Journal de Chaillot*, n° 6, juin 1982, repris dans *Le Théâtre des idées*, *op. cit.*, p. 110).

## Échange avec Danielle Kaisergruber

En ce sens le mot qui aujourd'hui m'irrite le plus est le mot de *dépoussiérage* (je veux dire : des classiques). Et non point parce que la mode change, mais parce qu'en effet, il dit quelque chose que je refuse : l'idée que les œuvres seraient intactes, luisantes, polies, belles, *sous une couche de poussière*, et qu'en ôtant cette poussière on les retrouverait dans leur intégrité originelle.

Alors que les œuvres du passé sont des architectures brisées, des galions engloutis, et nous les ramenons à la lumière, par morceaux, sans jamais les reconstituer, car de toute façon l'usage en est perdu, mais en fabriquant, avec les morceaux, d'autres choses. Églises romanes faites avec des morceaux de bâtiments antiques. Ou mieux encore, vieux hôtels du Marais transformés en magasins ou ateliers par des gens ingénieux, qui coupaient les chambres dans le sens de la hauteur, et malheureusement aujourd'hui restaurés. Le dépoussiérage, c'est la restauration. Notre travail à nous est tout au contraire de montrer les fractures du temps. [...]

L'alexandrin. La musique. Le chant. Non seulement chaque vers doit être dit séparément, pour être entendu séparément et faire sens aussi bien avec le vers qui précède qu'avec celui qui suit, mais la diction des douze pieds doit s'éloigner autant que possible de l'invraisemblable (oui, vraiment) banalité de la diction traditionnelle. Un Deux Trois/Quatre Cinq Six/Un Deux Trois/Quatre Cinq Six : voilà ce qui semblait raisonnable, ou vraisemblable, et puis invraisemblable, et que le goût bourgeois brade en se jetant les yeux fermés dans la prose, l'enjambement, l'abolition des diérèses ; on a honte de sa richesse, on voudrait passer inaperçu, ramener l'histoire de Bérénice à celle de Soraya [1], et parler comme les journaux (comme la vie, disent-ils). Au contraire, nous exalterons la différence, et par exemple en jouant les petits mots, articles, conjonctions, pronoms, tout ce qui n'a *pas de sens*. Comme pour reconstituer un langage perdu, et en effet il est perdu, et notre reconstitution sera tout à fait imaginaire. Presque la même

---

1. Impératrice d'Iran répudiée par le shah en 1958 pour cause de stérilité et surnommée la « princesse triste ». L'année où Antoine Vitez donna cet entretien (1976), Marie-Paule Belle chantait « Je veux pleurer comme Soraya »...

chose que l'original. Presque. Nous savons, bien sûr, que notre reconstitution est fausse, notre plaisir (à faire partager) est de montrer en tout cas au public l'art et l'artifice du poète, la différence d'avec la nature, et par conséquent, à une certaine profondeur, la nature.

## Cycle Molière

Nous avions répété les quatre pièces à la fois, comme s'il s'agissait d'une tétralogie, les répétitions étaient entrelacées, par exemple l'après-midi *Don Juan* [sic] et le soir *L'École des femmes*, puis *Le Misanthrope* dans l'après-midi suivant, puis *Le Tartuffe*, puis de nouveau *Le Tartuffe*, puis *L'École des femmes*, puis *Don Juan*, et ainsi dans un ordre à peu près régulier pour faire un bâti provisoire ; après, nous avions recommencé autour de chacun des acteurs l'un après l'autre, pour examiner le chemin – l'histoire – de chacun dans l'œuvre quadruple. Celui-ci, que lui arrive-t-il passant du grand seigneur au paysan, ou celle-ci de la dame à la servante ? Puis nous avions refait quatre machines singulières de tous ces morceaux épars, et nous les avions mises en marche, avec l'émerveillement d'entendre que le moteur tourne, ou que l'expérience imaginée sur le papier se produit bien comme on pensait, dans le temps même qu'on pensait.

Nous avions joué les quatre pièces en alternance, dans l'ordre de leur parution sur la scène du monde, et c'est ainsi qu'il est bon de les voir.

Sommes-nous arrivés à nous convaincre de cette nécessité ? Nous l'avions inscrite dans le déroulement même des œuvres par l'histoire du tonnerre. Un coup de tonnerre clôt *L'École des femmes* (quand l'homme, Arnolphe, coupable d'avoir aimé, tombe dans son Enfer), et le tonnerre gronde dans *Le Tartuffe* (avertissement du Ciel ou pure coïncidence), éclate à juste raison dans *Don Juan*, puis s'apaise, et l'aube se lève sur la première scène du *Misanthrope*, lendemain de fête, un dernier roulement dans la nuit au-delà du théâtre, tandis qu'entrent les flambeaux.

En vérité, cet ordre chronologique de la composition dit bien des choses sur les quatre comédies que nous avons données. De *L'École des femmes* au *Misanthrope*, le poète a changé : il avait écrit une tragédie-farce dans le goût du siècle passé, longs monologues adressés au public, intermèdes comiques, déplorations, et à la fin ce dénouement invraisemblable ; *Le Misanthrope* est plus délicat : tragédie de la conversation, il ne se passe rien, seulement un homme s'en va, grande tragédie nue, le banquet de Timon d'Athènes, mais aussi la vie comme elle est, les mœurs du temps, la morale des gens du monde, un peu à l'écart de la Cour où la grande histoire brille.

# XXX

# NOVARINA

## DANSER DANS LE TEXTE

Valère Novarina, *Lettre aux acteurs* (1979), repris dans *Le Théâtre des paroles*, © P.O.L., 1989, p. 18-20.

Depuis 1970, Valère Novarina érige patiemment une œuvre théâtrale d'une singularité radicale, dont la désignation même comme œuvre théâtrale ne va pas de soi dans la mesure où « la forme théâtrale sous laquelle naît la presque totalité des livres [de Novarina] ne les rend pas pour autant praticables à la scène » et que toutes les pièces qui ont été portées à la scène « sont à des degrés divers toujours adaptées » (A. Gay, « Une "spirale respirée" », dans *Valère Novarina. Théâtres du verbe*, José Corti, 2001, p. 164). Ces auto-adaptations pour la scène prennent la forme de prélèvements de parties sur un tout monstrueux par sa forme ou par sa longueur (*L'Animal du temps* et *L'Inquiétude* ont été extraits en 1993 du *Discours aux animaux*, publié six ans auparavant), ou de réécritures avec changements de titres (ainsi *L'Espace furieux* créé en 1997 et entré au répertoire de la Comédie-Française en 2005 est-il une réécriture de *Je suis*, publié en 1991). De sorte que le théâtre s'impose à Novarina de deux manières : d'une part comme le genre ou l'espace littéraire le plus propre à accueillir à la fois la réflexion qu'il mène sur le langage et plus encore sur la parole, et la langue qu'il invente pour la traduire ; d'autre part comme le lieu de « publication » idéal de son œuvre, ce qui induit une dépossession au profit de l'acteur, maître absolu (et seul maître) de la scène.

Valère Novarina rédige la *Lettre aux acteurs* au cours de l'hiver 1974, période pendant laquelle il assiste aux répétitions de *L'Atelier volant*, sa première pièce de théâtre, que met en scène Jean-Pierre Sarrazac. Ce texte forme avec *Pour Louis de Funès* – gigantesque proposopée où Novarina érige l'acteur comique au rang d'archétype de l'acteur tout court, et lui prête des propos aussi ambitieux qu'imaginaires – les deux versants d'un manifeste de l'acteur : les deux textes paraîtront dans une même édition en 1986. Ils seront publiés en 1989 avec d'autres textes théoriques, ou plus justement métadramatiques, dans *Le Théâtre des paroles*. L'auteur dramatique et poète (« un qui parle ») s'efface dans les deux cas devant celui-là seul qui fait advenir le texte à la scène (« un qui joue »), par un engagement physique qui réassigne au texte-livret une origine charnelle, bouche ou anus, respiration ou dernier souffle : « Montre le corps sortir par la parole. Montre la parole monter de lui », demande ainsi l'auteur à l'acteur dans *Pour Louis de Funès* (*Le Théâtre des paroles*, *op. cit.*, p. 127).

Nourrie de multiples références – à l'écriture mystique, à la philosophie, et bien sûr à Artaud –, la réflexion de Novarina sur l'acteur autant que sur les rapports entre le texte et la scène ne se contente pas de réactiver, dans une langue nouvelle, en partie néologique et surtout extraordinairement rythmée, des lieux communs attachés au discours sur l'acteur (voir « Acteur » dans le Vade-mecum) ou sur le texte de théâtre, tels les concepts d'incarnation ou de texte troué. Elle n'est en réalité que l'une des expressions d'un questionnement plus vaste sur le langage et sur le pouvoir, lequel traverse précisément le pré-texte de cette réflexion, *L'Atelier volant* : la pièce dramatise le conflit entre Monsieur et Madame Bouche, figures du patronat mais aussi représentants symboliques de la maîtrise sociale et politique du langage, et des ouvriers à qui la parole a été comme confisquée et qui inventent, aux marges du « beau langage », un « babil des classes dangereuses » (c'est le titre de la deuxième pièce de Novarina).

L'acteur n'est pas au centre, il est le seul endroit où ça se passe et c'est tout. Chez lui que ça se passe et c'est tout. Pourvu qu'on cesse de lui faire prendre son corps pour un télégraphe intelligent à transmettre, de cervelle cultivée à cervelle policée, les signaux chics d'la mise en ron des gloses du jour. Pourvu qu'il travaille son corps dans l'centre. Qui se trouve *quelque part*. Dans l'comique. Dans les muscles du ventre. Dans les accentueurs rythmiciens. Là d'où s'expulse la langue qui sort, dans l'endroit d'éjection, dans l'endroit d'l'expulsion d'la parole, là d'où elle secoue le corps entier.

Le théâtre n'est pas une antenne culturelle pour la diffusion orale des littératures mais l'endroit où refaire matériellement la parole mourir des corps. L'acteur, c'est l'mort qui parle, c'est son défunt qui m'apparaît ! Aïe à mes yeux, mal à mes ! Il me donne la maladie de ma perception. Au secours Docteur, y a toutes les langues qui meurent ! Aïe l'crrorps, Doctor, y a d'la langue qui r'sort… !

9 décembre. Suite des répétitions. Suite et faim. Parce que je suis bien avide qu'il me dise, l'acteur, comment c'est là-bas dedans. Je le dévore des yeux, je ne me rassasie pas de ses paroles. Est-ce parce qu'il me mange sur ce plateau ? Qu'il me dévore mes paroles ? Ça m'réactive mes mémoires de voir le corps se batailler avec le vieux livret, l'irriguer l'vieux textus, l'inonder l'cadavre, de leurs spermes masculines et féminines, l'incarner comme on dit…

J'ai pas écrit ça avec la main ou avec la tête ou avec la queue, mais avec tous les trous du corps. Pas d'l'écriture à plume, mais d'l'écriture à trou. Rien qui s'brandit et tout qui s'ouvre. Avec les trois sphincters nommés plus haut. C'est du texte à trou d'air, à appel d'air, féminin, vide, oral, ouvert, creux, ça appelle l'acteur au secours. Jet aspiré, trou d'air premier.

Faire des paroles de théâtre c'est préparer la piste où ça va danser, mettre les obstacles, les haies sur la cendrée, en sachant bien qu'il n'y a que les danseurs, les sauteurs, les acteurs qui sont beaux… Hé les acteurs, les actoresses, ça brame, ça appelle, ça désire vos corps ! C'est rien d'autre que le désir du corps de l'acteur qui pousse à écrire pour le théâtre. Est-ce qu'on l'entend ? Ce que j'attendais, ce qui me poussait ? Que l'acteur vienne remplir mon texte troué, danser dedans.

Un qui parle à un qui joue. Mais c'est pas tellement la différence des verbes (écrire, jouer) qui fait notre différence, c'est la différence des temps. Ces corps sont au travail où le mien ne l'est plus. C'est un paralysé qui parle à ceux qui dansent, c'est un dégosillé qui parle aux bons chanteurs. C'est un ex-danseur qui n'aurait jamais dansé qui parle, pas le signataire du truc, l'auteur du machin. Parce que, qui dit auteur dit auteur du machin, héritier d'cadavre, gestionnaire d'excrément, et que ce spectacle qui s'monte, c't'aventure, ne m'apporte pas la p'tite satisfaction de voir ma monnaie circuler, avoir enfin cours, mais la douleur d'avoir plus les pattes de vingt ans pour danser c'te danse-là et la jouissance de voir les acteurs haut valser.

Qu'est-ce que je, dans ma chaise de spectateur de répétition d'impotent à roulettes, peux bien dire à ceux qui dansent, qui sautent ?... Peux juste leur dire de. Veux juste leur dire que. L'acteur (n'importe quel) a au moins dix ans d'avance aujourd'hui sur tout. Sur tout ce qui s'écrit. Par le savoir qu'il tient de son corps. Mais c'est un savoir dont il ne peut pas encore bien parler. Parce qu'on l'empêche. Et aussi qu'un immobilisé peut dire quand même quelque chose du corps à ceux qui jouissent de tous leurs membres, parce qu'on en sait quelque chose, dans son corps entravé, à force de danser sans bouger et de chanter d'la bouche close.

# XXXI

# ARTAUD

## LE PARADIGME EXTRÊME-ORIENTAL

Antonin Artaud, « Sur le théâtre balinais »,
dans *Le Théâtre et son double* (1938),
© Gallimard, « Folio Essais », 1964, p. 81-83.

Artaud découvre le théâtre balinais en 1931 lors de l'Exposition coloniale qui se tient à Paris. Après l'expérience et l'échec du théâtre Alfred Jarry (1927-1929), cette découverte agit comme un catalyseur ; Artaud trouve dans ce théâtre une incarnation possible de la réforme dont il rêve après Gordon Craig (voir texte I). C'est ce qu'il formule explicitement en ces termes : « la révélation du théâtre balinais a été de nous fournir du théâtre une idée physique et non verbale », aux antipodes de la conception occidentale d'un théâtre fondé sur le texte et considéré comme « une branche de la littérature, une sorte de variété sonore du langage » (« Théâtre oriental et théâtre occidental », dans *Le Théâtre et son double*, éd. citée, p. 105).

Rédigées dans un style descriptif et presque clinique, les pages dans lesquelles Artaud couche son expérience de spectateur déclinent de manière très précise les constituants de ce théâtre émancipé du jeu psychologique autant que du système illusionniste qui pouvait sembler parvenu à sa caricature dans son avatar naturaliste (les mises en scène d'Antoine et de ses émules), et fondé au contraire sur une codification très serrée, un jeu emphatique et une utilisation délibérément antinaturelle de la voix et du corps.

Loin de se limiter à la réflexion d'Artaud, le paradigme extrême-oriental traverse la plupart des réformes théoriques et pratiques qu'a connues le XX$^{e}$ siècle. Et, fait capital, il nourrit des projets que tout *a priori* oppose, celui d'un théâtre ayant renoué avec le sacré et la théâtralité comme celui d'un théâtre critique et politique fondé sur la distanciation (voir « Distanciation » dans le Vade-mecum). Dans *L'Achat du cuivre*, Brecht analyse ainsi les « effets de distanciation dans l'art dramatique chinois » et dit s'être inspiré de techniques issues du théâtre chinois. Plus récemment, entre 1981 et 1984, Ariane Mnouchkine s'inspirait de deux formes majeures du théâtre d'Extrême-Orient, le kabuki japonais et le kathakali indien, pour mettre en scène trois pièces historiques de Shakespeare au Théâtre du Soleil (*Richard II*, *La Nuit des rois* et *Henry IV*), sans chercher néanmoins à « exoticiser Shakespeare ». Selon Bernard Dort, ces emprunts « l'inscrivent dans un univers fictif, coupé de toute référence à une réalité identifiable. [...] C'est un lieu de paraboles [...], un espace d'utopie : une page blanche sur laquelle le moindre geste se détache et où s'inscrivent en lettres de soie les mouvements de l'histoire » (*La Représentation émancipée*, *op. cit.*, p. 56).

Le premier spectacle du théâtre balinais qui tient de la danse, du chant, de la pantomime, de la musique, – et excessivement peu du théâtre psychologique tel que nous l'entendons ici en Europe, remet le théâtre à son plan de création autonome et pure, sous l'angle de l'hallucination et de la peur.

Il est très remarquable que la première des petites pièces qui composent ce spectacle et qui nous fait assister aux remontrances d'un père à sa fille insurgée contre les traditions, débute par une entrée de fantômes, ou, si l'on veut, que les personnages, hommes et femmes, qui vont servir au développement d'un sujet dramatique mais familier, nous apparaissent d'abord dans leur état spectral de personnages, soient vus sous l'angle de l'hallucination qui est le propre de tout personnage de théâtre, avant de permettre aux situations de cette sorte de sketch symbolique, d'évoluer. Ici d'ailleurs les situations ne sont qu'un prétexte. Le drame n'évolue pas entre des sentiments, mais entre des états d'esprit, eux-mêmes ossifiés et réduits à des gestes, – des schémas. En somme les Balinais réalisent, avec la plus extrême rigueur, l'idée du théâtre pur, où tout, conception comme réalisation, ne vaut, n'a d'existence que par son degré d'objectivation *sur la scène*. Ils démontrent victorieusement la prépondérance absolue du metteur en scène dont le pouvoir de création *élimine les mots*. Les thèmes sont vagues, abstraits, extrêmement généraux. Seul, leur donne vie, le foisonnement compliqué de tous les artifices scéniques qui imposent à notre esprit comme l'idée d'une métaphysique tirée d'une utilisation nouvelle du geste et de la voix.

Ce qu'il y a en effet de curieux dans tous ces gestes, dans ces attitudes anguleuses et brutalement coupées, dans ces modulations syncopées de l'arrière-gorge, dans ces phrases musicales qui tournent court, dans ces vols d'élytres [1], ces bruissements de branches, ces sons de caisses creuses, ces grincements d'automates, ces danses de mannequins animés, c'est : qu'à travers leur dédale de gestes, d'attitudes, de cris jetés dans l'air, à travers des évolutions et des courbes qui ne laissent aucune portion de l'espace scénique inutilisée, se dégage le sens d'un nouveau langage physique à base de signes et non plus de mots. Ces acteurs avec leurs robes géométriques semblent des hiéroglyphes animés. Et il n'est pas jusqu'à la forme de leurs robes qui, déplaçant l'axe de la taille humaine, ne crée à côté des vêtements de ces guerriers en état de transe et de guerre perpétuelle, des sortes de vêtements symboliques, des vêtements seconds, qui n'inspirent, ces robes, une idée intellectuelle, et ne se relient par tous les entrecroisements de leurs lignes à tous les entrecroisements des perspectives de l'air. Ces signes spirituels ont un sens précis, qui ne nous frappe plus qu'intuitivement, mais avec assez de violence pour rendre inutile toute traduction dans un langage logique et discursif.

1. Élytre : l'une des ailes des coléoptères.

# VI

# LE THÉÂTRE ET LA CITÉ

# XXXII

# SOPHOCLE

## TRAGÉDIE ET DROIT DE LA CITÉ

Sophocle, *Antigone*, 2e épisode, scène 3, trad. R. Pignarre, éd. Ch. Guittard, GF-Flammarion, 1999, p. 60-64.

Née à un moment particulier de l'histoire de la démocratie athénienne, où les traditions mythiques et familiales et les valeurs religieuses cèdent la place à des valeurs laïques et au culte de la cité, la tragédie grecque serait, pour Jean-Pierre Vernant, le lieu même d'une réflexion sur cette mutation et sur la légitimité d'une telle substitution.

C'est ainsi que, sans prendre position pour l'un ou l'autre des protagonistes que sont Antigone et Créon – ce que ne feront pas toujours, loin s'en faut, les adaptateurs du sujet tels que Rotrou ou, plus près de nous, Jean Anouilh –, Sophocle donne à voir le conflit « entre deux types différents de religiosité : d'un côté une religion familiale, purement privée », qui s'illustre notamment par le culte des morts, « de l'autre une religion publique où les dieux tutélaires de la cité tendent finalement à se confondre avec les valeurs suprêmes de l'État » (J.-P. Vernant, « Tensions et ambiguïtés dans la tragédie grecque », dans J.-P. Vernant et P. Vidal-Naquet, *Mythe et tragédie en Grèce ancienne*, Maspero, 1972 ; rééd. La Découverte, 2001, p. 34).

S'il n'est certes pas indifférent que, dans le cas d'*Antigone*, les enjeux politiques et religieux de la pièce aient partie liée avec la production du tragique (voir *Le Tragique*, *op. cit.*, p. 67 *sq.*), on pourra surtout retenir la manière dont s'inscrit, dans la tragédie, la question politique, et la mise à profit de la structure fondamentale de l'*agôn* tragique (lutte ou conflit) autant que du rôle du chœur (voir « Chœur/choralité » dans le Vade-mecum), régulièrement pris à partie par une Antigone qui ne parvient pas à se faire entendre comme interlocutrice légitime de Créon.

CRÉON *(à Antigone)*. Et toi, maintenant réponds en peu de mots. Connaissais-tu l'interdiction que j'avais fait proclamer ?

ANTIGONE. Comment ne l'aurais-je pas connue ? Elle était publique.

CRÉON. Et tu as osé passer outre à mon ordonnance ?

ANTIGONE. Oui, car ce n'est pas Zeus qui l'a promulguée, et la Justice qui siège auprès des dieux de sous terre n'en a point tracé de telles parmi les hommes. Je ne croyais pas, certes, que tes édits eussent tant de pouvoir qu'ils permissent à un mortel de violer les lois divines : lois non écrites, celles-là, mais intangibles. Ce n'est pas d'aujourd'hui ni d'hier, c'est depuis l'origine qu'elles sont en vigueur, et personne ne les a vues naître. Leur désobéir, n'était-ce point, par un lâche respect pour l'autorité d'un homme, encourir la rigueur des dieux ? Je savais bien que je mourrais ; c'était inévitable – et même sans ton édit ! Si je péris avant le temps, je regarde la mort comme un bienfait. Quand on vit au milieu des maux, comment n'aurait-on pas avantage à mourir ? Non, le sort qui m'attend n'a rien qui me tourmente. Si j'avais dû laisser sans sépulture un corps que ma mère a mis au monde, je ne m'en serais jamais consolée ; maintenant, je ne me tourmente plus de rien. Si tu estimes que je me conduis comme une folle, peut-être n'as-tu rien à m'envier sur l'article de la folie !

LE CORYPHÉE. Comme on retrouve dans la fille le caractère intraitable du père ! Elle ne sait pas fléchir devant l'adversité.

CRÉON. Apprends que les volontés trop rigides se brisent le plus facilement. Le fer massif, si tu le durcis au feu, tu le vois presque toujours éclater et se rompre. Mais je sais aussi qu'un léger frein a bientôt raison des chevaux rétifs. Oui, l'orgueil sied mal à qui dépend du bon plaisir d'autrui. Celle-ci savait parfaitement ce qu'elle faisait quand elle s'est mise au-dessus de la loi. Son forfait accompli, elle pèche une seconde fois par outrecuidance lorsqu'elle s'en fait gloire et sourit à son œuvre. En vérité, de nous deux, c'est elle qui serait l'homme si je la laissais triompher impunément. Elle est ma nièce, mais me touchât-elle par le sang de plus près que tous ceux qui dépendent du Zeus de notre maison, ni elle ni sa sœur n'échapperont à une mort infâme. Car j'accuse également Ismène d'avoir comploté avec elle cette inhumation. Qu'on l'appelle : je l'ai rencontrée tout à l'heure dans le palais, l'air égaré, hors d'elle. Or ceux qui trament dans l'ombre quelque mauvais dessein se trahissent toujours par leur agitation... Mais ce que je déteste, c'est qu'un coupable, quand il se voit pris sur le fait, cherche à peindre son crime en beau.

ANTIGONE. Je suis ta prisonnière ; tu vas me mettre à mort : que te faut-il de plus ?

CRÉON. Rien. Ce châtiment me satisfait.

ANTIGONE. Alors, pourquoi tardes-tu ? Tout ce que tu dis m'est odieux – je m'en voudrais du contraire –, et il n'est rien en moi qui ne te blesse. En vérité, pouvais-je m'acquérir plus d'honneur qu'en mettant mon frère au tombeau ? Tous ceux qui m'entendent oseraient m'approuver, si la crainte ne leur fermait la bouche. Car la tyrannie, entre autres privilèges, peut faire et dire ce qu'il lui plaît.

CRÉON. Tu es seule, parmi ces Thébains, à professer de pareilles opinions.

ANTIGONE, *désignant le chœur.* Ils pensent comme moi, mais ils se mordent les lèvres.

CRÉON. Ne rougis-tu pas de te démarquer d'eux ?

ANTIGONE. Il n'y a point de honte à honorer ceux de notre sang.

CRÉON. Mais l'autre, son adversaire, n'était-il pas ton frère aussi ?

ANTIGONE. Par son père et par sa mère, oui, il était mon frère.

CRÉON. N'est-ce pas l'outrager que d'honorer l'autre ?

ANTIGONE. Il n'en jugera pas ainsi, maintenant qu'il repose dans la mort.

CRÉON. Cependant ta piété le ravale au rang du criminel.

ANTIGONE. Ce n'est pas un esclave qui tombait sous ses coups ; c'était son frère.

CRÉON. L'un ravageait sa patrie ; l'autre en était le rempart.

ANTIGONE. Hadès n'en réclamait pas moins ces rites.

CRÉON. Le méchant n'a pas droit à la part du juste.

ANTIGONE. Qui sait si ces distinctions sont reconnues comme sacrées aux yeux des morts ?

CRÉON. Un ennemi mort est toujours un ennemi.

ANTIGONE. Je suis faite pour partager l'amour, non la haine.

CRÉON. Descends donc là-bas, et, s'il te faut aimer à tout prix, aime les morts. Moi vivant, ce n'est pas une femme qui fera la loi.

# XXXIII

# MUSSET

## LA PAROLE COLLECTIVE

Alfred de Musset, *Lorenzaccio* (1834),
acte I, scène 2, dans *Lorenzaccio*,
*On ne badine pas avec l'amour et autres pièces*,
éd. B. Masson, GF-Flammarion, 1988, p. 174-178.

Contemporain de la monarchie de Juillet et de l'embryon de révolution qui la fonda (1830), le drame romantique est un genre politique où les déplacements chronologiques ou géographiques servent à mieux révéler les enjeux contemporains. Ainsi Victor Hugo, après avoir tenté, en vain, de braver la censure en représentant la monarchie française dans *Marion de Lorme* (1829) et *Le Roi s'amuse* (1832), prendra-t-il l'habitude de dramatiser des sujets historiques extra-nationaux et empruntés à des périodes lointaines pour faire valoir sa conception du théâtre comme « tribune » (Préface de *Lucrèce Borgia*). Dans *Lorenzaccio*, conformément à ces pratiques, « l'Italie de 1537 permet de représenter à distance la France de 1833 » (F. Naugrette, *Le Théâtre romantique. Histoire, écriture, mise en scène*, Seuil, « Points Essais », 2001, p. 214), et ce, avec d'autant plus de liberté que Musset n'écrit plus, après l'échec de *La Nuit vénitienne*, pour le théâtre de son temps – l'essentiel de son œuvre dramatique paraît en effet sous le titre générique « Un spectacle dans un fauteuil ».

Ce geste a au moins deux conséquences : il le libère des contraintes de la scène et de la dramaturgie contemporaines et lui permet d'échapper à une censure qui s'attaque prioritairement aux pièces destinées à la représentation, susceptibles de toucher un public nombreux et – au moins en partie – populaire. D'où l'extrême audace politique d'une pièce qu'on aurait tort de réduire au conflit personnel et passionnel entre le héros romantique victime du mal du siècle et son double maudit, et dont les thèmes majeurs sont le tyrannicide autant que les conditions de possibilité d'une véritable révolution politique et de l'instauration d'un gouvernement démocratique. D'où, aussi, l'inscription dramaturgique de ces questions politiques, qui se caractérise par la multiplication des séquences de deuxième voire de troisième plan faisant entendre, derrière celles des Médicis, des Strozzi ou des Cibo, les voix, diverses et contradictoires, du peuple florentin.

Pièce chorale en ce sens (voir « Chœur » dans le Vade-mecum), *Lorenzaccio* fait place aux bourgeois et aux marchands qui assistent en spectateurs lucides mais impuissants aux manifestations ostentatoires de débauche des grands, mais aussi aux bannis prononçant un adieu déchirant à « Florence la bâtarde, spectre hideux de l'antique Florence » (I, 5) ou aux étudiants. Dans une très courte scène du cinquième acte, ces derniers tentent de participer au vote qui doit décider du nom du successeur d'Alexandre de Médicis et y perdent un des leurs – cette scène, qui trouvera d'autres échos après 1848 et plus encore après le coup d'État de Louis Napoléon Bonaparte (2 décembre 1851), sera supprimée dans l'édition de la pièce qui paraîtra en 1853.

Présents au seuil du drame, comme commentateurs de la situation initiale, les personnages de l'orfèvre et du marchand de soieries feront retour au cinquième acte, pour témoigner avec amertume de l'immobilisme des républicains et de l'inutilité politique du tyrannicide.

L'ORFÈVRE. Entendez-vous les petits badauds [1] ? Je voudrais qu'un de mes apprentis fît un pareil métier !

LE MARCHAND. Bon, bon, père Mondella, où le plaisir ne coûte rien, la jeunesse n'a rien à perdre. Tous ces grands yeux étonnés de ces petits polissons me réjouissent le cœur. – Voilà comme j'étais, humant l'air et cherchant les nouvelles. Il paraît que la Nasi est une belle gaillarde, et que le Martelli est un heureux garçon. C'est une famille bien florentine, celle-là ! Quelle tournure ont tous ces grands seigneurs ! J'avoue que ces fêtes-là me font plaisir, à moi. On est dans son lit bien tranquille, avec un coin de ses rideaux retroussé ; on regarde de temps en temps les lumières qui vont et viennent dans le palais ; on attrape un petit air de danse sans rien payer, et on se dit : Hé, hé, ce sont mes étoffes qui dansent, mes belles étoffes du bon Dieu, sur le cher corps de tous ces braves et loyaux seigneurs.

L'ORFÈVRE. Il en danse plus d'une qui n'est pas payée, voisin ; ce sont celles-là qu'on arrose de vin et qu'on frotte sur les murailles avec le moins de regret. Que les grands seigneurs s'amusent, c'est tout simple, – ils sont nés pour cela. Mais il y a des amusements de plusieurs sortes, entendez-vous ?

1. Deux écoliers viennent de passer, qui cherchent à se mêler aux noceurs rentrant chez eux au petit matin.

LE MARCHAND. Oui, oui, comme la danse, le cheval, le jeu de paume, et tant d'autres. Qu'entendez-vous vous-même, père Mondella ?

L'ORFÈVRE. Cela suffit ; – je me comprends. – C'est-à-dire que les murailles de tous ces palais-là n'ont jamais mieux prouvé leur solidité. Il leur fallait moins de force pour défendre leurs aïeux de l'eau du ciel, qu'il ne leur en faut pour soutenir les fils quand ils ont pris trop de leur vin.

LE MARCHAND. Un verre de vin est de bon conseil, père Mondella. Entrez donc dans ma boutique, que je vous montre une pièce de velours.

L'ORFÈVRE. Oui, de bon conseil et de bonne mine, voisin ; un bon verre de vin vieux a une bonne mine au bout d'un bras qui a sué pour le gagner ; on le soulève gaiement d'un petit coup et il s'en va donner du courage au cœur de l'honnête homme qui travaille pour sa famille. Mais ce sont des tonneaux sans vergogne que tous ces godelureaux de la cour. À qui fait-on plaisir, en s'abrutissant jusqu'à la bête féroce ? À personne, pas même à soi, et à Dieu encore moins.

LE MARCHAND. Le carnaval a été rude, il faut l'avouer ; et leur maudit ballon m'a gâté de la marchandise pour une cinquantaine de florins [1]. Dieu merci ! les Strozzi l'ont payé.

L'ORFÈVRE. Les Strozzi ! Que le ciel confonde ceux qui ont osé porter la main sur leur neveu ! Le plus brave homme de Florence, c'est Philippe Strozzi !

LE MARCHAND. Cela n'empêche pas Pierre Strozzi d'avoir traîné son maudit ballon sur ma boutique, et de m'avoir fait trois grandes taches dans une aune de velours brodé. À propos, père Mondella, nous verrons-nous à Montolivet ?

L'ORFÈVRE. Ce n'est pas mon métier de suivre les foires ; j'irai cependant à Montolivet par piété. C'est un saint pèlerinage, voisin, et qui remet de tous les péchés.

LE MARCHAND. Et qui est tout à fait vénérable, voisin, et qui fait gagner les marchands plus que tous les autres jours de l'année. C'est plaisir de voir ces bonnes dames, sortant de la messe, manier et examiner toutes les étoffes. Que Dieu conserve Son Altesse ! La cour est une belle chose.

---

1. C'était l'usage au carnaval de traîner dans les rues un énorme ballon qui renversait les passants et les devantures des boutiques. [...] (*N.d.A.*)

L'ORFÈVRE. La cour ! le peuple la porte sur le dos, voyez-vous ! Florence était encore (il n'y a pas longtemps de cela) une bonne maison bien bâtie ; tous ces grands palais, qui sont les logements de nos grandes familles, en étaient les colonnes. Il n'y en avait pas une, de toutes ces colonnes, qui dépassât les autres d'un pouce ; elles soutenaient à elles toutes une vieille voûte bien cimentée, et nous nous promenions là-dessous sans crainte d'une pierre sur la tête. Mais il y a de par le monde deux architectes mal avisés qui ont gâté l'affaire, je vous le dis en confidence, c'est le pape et l'empereur Charles [1]. L'empereur a commencé par entrer par une assez bonne brèche dans la susdite maison. Après quoi, ils ont jugé à propos de prendre une des colonnes dont je vous parle, à savoir celle de la famille Médicis, et d'en faire un clocher, lequel clocher a poussé comme un champignon de malheur dans l'espace d'une nuit. Et puis, savez-vous, voisin, comme l'édifice branlait au vent, attendu qu'il avait la tête trop lourde et une jambe de moins, on a remplacé le pilier devenu clocher par un gros pâté informe fait de boue et de crachat, et on a appelé cela la citadelle. Les Allemands se sont installés dans ce maudit trou comme des rats dans un fromage ; et il est bon de savoir que tout en jouant aux dés et en buvant leur vin aigrelet, ils ont l'œil sur nous autres. Les familles florentines ont beau crier, le peuple et les marchands ont beau dire, les Médicis gouvernent au moyen de leur garnison ; ils nous dévorent, comme une excroissance vénéneuse dévore un estomac malade ; c'est en vertu des hallebardes qui se promènent sur la plate-forme, qu'un bâtard, une moitié de Médicis, un butor que le ciel avait fait pour être garçon boucher ou valet de charrue, couche dans le lit de nos filles, boit nos bouteilles, casse nos vitres ; et encore le paie-t-on pour cela.

LE MARCHAND. Peste ! peste ! comme vous y allez ! Vous avez l'air de savoir tout cela par cœur ; il ne ferait pas bon dire cela dans toutes les oreilles, voisin Mondella.

L'ORFÈVRE. Et quand on me bannirait comme tant d'autres ! On vit à Rome aussi bien qu'ici. Que le diable emporte la noce, ceux qui y dansent et ceux qui la font !

1. Charles Quint, maître de Florence par l'intermédiaire des troupes impériales et d'Alexandre de Médicis, qui lui est entièrement soumis.

# XXXIV

# CORNEILLE

## POLITIQUE ET TRAGÉDIE

Pierre Corneille, *Cinna* (1643), acte IV, scènes 2-3, dans *Œuvres complètes*, éd. G. Couton, Gallimard, « Bibliothèque de la Pléiade », 1980, t. I, p. 948-952.

Pourquoi la tragédie classique, et tout particulièrement la tragédie cornélienne, est-elle presque toujours politique ? Peut-on affirmer sans ambages que « la tragédie est politique parce que la politique est tragique » (M. Prigent, *Le Héros et l'État dans la tragédie de Pierre Corneille*, PUF, 1986, p. 27) ? Il apparaît que l'une des premières raisons qui permettent d'expliquer que la tragédie soit traversée par des enjeux politiques est plus simple : ce genre met en scène des rois et des princes, dont la politique est, par nature, l'une des activités principales et qui se trouvent de surcroît engagés dans des intrigues qui intéressent, au-delà de leurs personnes, les États dont ils ont la responsabilité. Corneille l'indique explicitement : « la dignité [de la tragédie] demande quelque grand intérêt d'État, ou quelque passion plus noble et plus mâle que l'amour, telles que sont l'ambition, ou la vengeance ; et veut donner à craindre des malheurs plus grands que la perte d'une maîtresse » (*Discours de l'utilité et des parties du poème dramatique*).

La tragédie cornélienne, toutefois, ne rivalise pas avec les traités de politique, d'abord parce que la politique ne fournit généralement que l'habillage thématique d'un sujet dont les données essentielles sont familiales (voir G. Forestier, *Essai de génétique théâtrale. Corneille à l'œuvre*, Klincksieck, 1996) ou, comme dans *Cinna*, pseudo-familiales (Émilie, fille adoptive de l'empereur Auguste, n'épousera Cinna, principal conseiller et ami d'Auguste, que s'il tue l'empereur) ; ensuite parce que la tragédie offre une mise en débat des questions politiques ou morales, les positions antagonistes étant prises en charge par des personnages.

*Cinna* contient ainsi plusieurs séquences de type délibératif exclusivement dévolues à des questions politiques, comme par exemple celle des mérites respectifs de la monarchie et de la démocratie, dont débattent Cinna et Maxime à l'invitation d'Auguste. La pièce présente toutefois deux spécificités : elle appartient à la catégorie des tragédies de la conjuration, remise à l'honneur par la multiplication des conspirations réelles fomentées, dans les dernières années du règne de Louis XIII, contre Richelieu ; dès lors, sa seconde spécificité tient à la manière dont Corneille s'approprie cette catégorie générique et au choix qu'il fait du sujet historique de la clémence d'Auguste, connu notamment par le *De clementia* de Sénèque. Vertu éminemment politique, vertu royale, et même comme le dit l'impératrice Livie, « la plus belle marque,/Qui fasse à l'Univers connaître un vrai Monarque », la clémence est aussi une « vertu transgressive » dont l'exercice se situe aux limites de la vraisemblance, sur le terrain même du sublime (voir encore G. Forestier, *Essai de génétique théâtrale*, *op. cit.*, p. 305-306). Où l'on voit que, chez Corneille, la politique peut encore servir de vecteur à l'éblouissement du spectateur.

## Acte IV, scène 2

AUGUSTE

Ciel, à qui voulez-vous désormais que je fie
Les secrets de mon âme, et le soin de ma vie ?
Reprenez le pouvoir que vous m'avez commis
Si donnant des Sujets, il ôte les amis,
Si tel est le Destin des grandeurs souveraines
Que leurs plus grands bienfaits n'attirent que des haines,
Et si votre rigueur les condamne à chérir
Ceux que vous animez [1] à les faire périr.
Pour elles [2] rien n'est sûr, qui peut tout, doit tout craindre.
Rentre en toi-même, Octave, et cesse de te plaindre,
Quoi, tu veux qu'on t'épargne et n'as rien épargné !
Songe aux fleuves de sang où ton bras s'est baigné,
De combien ont rougi les champs de Macédoine,
Combien en a versé la défaite d'Antoine,
Combien celle de Sexte, et revois tout d'un temps
Pérouse au sien noyée [3], et tous ses Habitants [4].
Remets dans ton esprit après tant de carnages
De tes proscriptions les sanglantes images,
Où toi-même des tiens devenu le bourreau

1. Animer : pousser, exciter.

2. Elles : les « grandeurs souveraines » dont il est question auparavant, c'est-à-dire les rois et autres empereurs.

3. Noyée dans son sang.

4. Évocation des guerres civiles qui opposèrent « Octave » (soit Auguste avant qu'il devienne empereur) à Brutus et Cassius, les assassins de César (« les champs de Macédoine »), à Antoine (épisode auquel appartient l'incendie de Pérouse et le massacre de ses habitants), et enfin à Sextus Pompée (dernier fils du Grand Pompée).

Au sein de ton Tuteur enfonças le couteau [1],
Et puis ose accuser le Destin d'injustice
Quand tu vois que les tiens s'arment pour ton supplice,
Et que, par ton exemple à ta perte guidés
Ils violent des droits que tu n'as pas gardés.
Leur trahison est juste, et le Ciel l'autorise,
Quitte ta Dignité comme tu l'as acquise,
Rends un sang infidèle à l'infidélité [2],
Et souffre des ingrats après l'avoir été.
Mais que mon jugement au besoin m'abandonne !
Quelle fureur, Cinna, m'accuse et te pardonne ?
Toi, dont la trahison me force à retenir
Ce pouvoir souverain dont tu me veux punir [3],
Me traite en criminel, et fait seule mon crime,
Relève, pour l'abattre, un Trône illégitime,
Et d'un zèle effronté couvrant son attentat,
S'oppose, pour me perdre, au bonheur de l'État ?
Donc jusqu'à l'oublier je pourrais me contraindre !
Tu vivrais en repos après m'avoir fait craindre !
Non, non, je me trahis moi-même d'y penser,
Qui pardonne aisément invite à l'offenser,
Punissons l'assassin, proscrivons les complices.
Mais quoi ! toujours du sang, et toujours des supplices !
Ma cruauté se lasse, et ne peut s'arrêter,
Je veux me faire craindre, et ne fais qu'irriter ;
Rome a pour ma ruine une Hydre [4] trop fertile.
Une tête coupée en fait renaître mille,
Et le sang répandu de mille conjurés
Rend mes jours plus maudits, et non plus assurés.
Octave, n'attends plus le coup d'un nouveau Brute [5],

1. Évocation ensuite des proscriptions qui eurent lieu après les guerres civiles et de l'assassinat par Auguste de son tuteur Toranius.

2. Donne ton sang, qui a été infidèle aux Romains (puisque tu as rompu la paix civile) à ceux qui te trahissent aujourd'hui (Maxime et Cinna – à ce stade de l'intrigue, Auguste ignore qu'Émilie est à la tête du complot).

3. Dans la première scène de l'acte II, Cinna a conseillé à Auguste, qui s'apprêtait à abdiquer, de conserver l'empire.

4. Allusion à l'hydre de Lerne, créature fabuleuse dont les têtes repoussaient quand on les coupait.

5. Brutus : assassin de César.

Meurs, et dérobe-lui la gloire de ta chute,
Meurs, tu ferais pour vivre un lâche et vain effort
Si tant de gens de cœur font des vœux pour ta mort,
Et si tout ce que Rome a d'illustre jeunesse
Pour te faire périr tour à tour s'intéresse :
Meurs, puisque c'est un mal que tu ne peux guérir,
Meurs enfin, puisqu'il faut, ou tout perdre, ou mourir.
La vie est peu de chose, et le peu qui t'en reste
Ne vaut pas l'acheter par un prix si funeste,
Meurs. Mais quitte du moins la vie avec éclat,
Éteins-en le flambeau dans le sang de l'ingrat,
À toi-même en mourant immole ce perfide ;
Contentant ses désirs, punis son parricide,
Fais un tourment pour lui de ton propre trépas,
En faisant qu'il le voie, et n'en jouisse pas.
Mais jouissons plutôt nous-mêmes de sa peine,
Et si Rome nous hait, triomphons de sa haine.
Ô Romains, ô vengeance, ô pouvoir absolu,
Ô rigoureux combat d'un cœur irrésolu
Qui fuit en même temps tout ce qu'il se propose,
D'un Prince malheureux ordonnez quelque chose.
Qui des deux dois-je suivre, et duquel m'éloigner ?
Ou laissez-moi périr, ou laissez-moi régner.

## Acte IV, scène 3

AUGUSTE, LIVIE

AUGUSTE

Madame, on me trahit, et la main qui me tue
Rend sous mes déplaisirs ma constance abattue.
Cinna, Cinna le traître…

LIVIE

Euphorbe m'a tout dit,
Seigneur, et j'ai pâli cent fois à ce récit.
Mais écouteriez-vous les conseils d'une femme ?

AUGUSTE

Hélas ! de quel conseil est capable mon âme ?

LIVIE

Votre sévérité sans produire aucun fruit,
Seigneur, jusqu'à présent a fait beaucoup de bruit.
Par les peines d'un autre aucun ne s'intimide :
Salvidien à bas a soulevé Lépide,
Murène a succédé, Cépion l'a suivi,
Le jour à tous les deux dans les tourments ravi
N'a point mêlé de crainte à la fureur d'Égnace [1]
Dont Cinna maintenant ose prendre la place,
Et dans les plus bas rangs les noms les plus abjets
Ont voulu s'ennoblir par de si hauts projets.
Après avoir en vain puni leur insolence,
Essayez sur Cinna ce que peut la clémence,
Faites son châtiment de sa confusion,
Cherchez le plus utile en cette occasion.
Sa peine peut aigrir une ville animée [2],
Son pardon peut servir à votre Renommée,
Et ceux que vos rigueurs ne font qu'effaroucher
Peut-être à vos bontés se laisseront toucher.

AUGUSTE

Gagnons-les tout à fait en quittant cet Empire
Qui nous rend odieux, contre qui l'on conspire ;
J'ai trop par vos avis consulté là-dessus,
Ne m'en parlez jamais, je ne consulte plus.
Cesse de soupirer, Rome, pour ta franchise [3],
Si je t'ai mise aux fers, moi-même je les brise,
Et te rends ton État après l'avoir conquis
Plus paisible et plus grand que je ne te l'ai pris.
Si tu me veux haïr, hais-moi sans plus rien feindre,
Si tu me veux aimer, aime moi sans rien craindre :

---

1. Ces noms sont ceux des conspirateurs qui se sont succédé pour tenter de mettre fin aux jours d'Auguste.

2. Évocation, fréquente dans la tragédie classique, des risques de soulèvement populaire que peut susciter la punition du héros ou du prétendant à ce rang.

3. Liberté.

De tout ce qu'eut Sylla de puissance et d'honneur,
Lassé comme il en fut, j'aspire à son bonheur [1].

LIVIE

Assez et trop longtemps son exemple vous flatte,
Mais gardez que sur vous le contraire n'éclate ;
Ce bonheur sans pareil qui conserva ses jours
Ne serait pas bonheur, s'il arrivait toujours.

AUGUSTE

Eh bien, s'il est trop grand, si j'ai tort d'y prétendre,
J'abandonne mon sang à qui voudra l'épandre.
Après un long orage il faut trouver un port,
Et je n'en vois que deux, le repos, ou la mort.

LIVIE

Quoi ! vous voulez quitter le fruit de tant de peines ?

AUGUSTE

Quoi ! vous voulez garder l'objet de tant de haines ?

LIVIE

Seigneur, vous emporter à cette extrémité,
C'est plutôt désespoir, que générosité.

AUGUSTE

Régner, et caresser une main si traîtresse,
Au lieu de sa vertu, c'est montrer sa faiblesse.

LIVIE

C'est régner sur vous-même, et par un noble choix
Pratiquer la vertu la plus digne des Rois.

AUGUSTE

Vous m'aviez bien promis des conseils d'une femme ;
Vous me tenez parole, et c'en sont là, Madame.
Après tant d'ennemis à mes pieds abattus

---

1. Sylla avait abdiqué la dictature et fini sa vie heureux, éloigné du pouvoir.

Depuis vingt ans je règne, et j'en sais les vertus [1],
Je sais leur divers ordre, et de quelle nature
Sont les devoirs d'un Prince en cette conjoncture.
Tout son peuple est blessé par un tel attentat,
Et la seule pensée [2] est un crime d'État,
Une offense qu'on fait à toute sa Province,
Dont il faut qu'il la venge, ou cesse d'être Prince.

LIVIE

Donnez moins de croyance à votre passion.

AUGUSTE

Ayez moins de faiblesse, ou moins d'ambition.

LIVIE

Ne traitez plus si mal un conseil salutaire.

AUGUSTE

Le Ciel m'inspirera ce qu'ici je dois faire.
Adieu, nous perdons temps.

LIVIE

Je ne vous quitte point,
Seigneur, que mon amour n'ait obtenu ce point.

AUGUSTE

C'est l'amour des grandeurs qui vous rend importune.

LIVIE

J'aime votre personne et non votre fortune.

*Elle est seule.*

Il m'échappe, suivons, et forçons-le de voir
Qu'il peut en faisant grâce affermir son pouvoir,
Et qu'enfin la clémence est la plus belle marque
Qui fasse à l'Univers connaître un vrai Monarque.

1. Je connais les qualités qui sont nécessaires pour régner.
2. La seule pensée du crime.

# XXXV

# SARTRE

## UN THÉÂTRE DE SITUATIONS POLITIQUES

Jean-Paul Sartre, *Les Mains sales* (1948), V^e tableau, scène 3, dans *Théâtre complet*, dir. M. Contat, © Gallimard, « Bibliothèque de la Pléiade », 2005, p. 330-333.

À rebours d'un théâtre psychologique fondé sur les caractères, Sartre place au cœur de sa conception et de sa pratique du théâtre la notion de « situations ». Révélatrices des caractères des personnages en ce qu'elles donnent à voir l'exercice de libertés dans des conflits mettant en jeu des « droits qui se heurtent » (« Le style dramatique », dans *Un théâtre de situations*, Gallimard, « Folio Essais », 1973, rééd. 1992, p. 31), ces situations sont aussi la meilleure réponse que le dramaturge peut apporter aux questions de l'actualité et de l'utilité du théâtre, autant qu'à celle de l'unité idéale du public.

« Comme il n'y a de théâtre que si l'on réalise l'unité de tous les spectateurs, il faut trouver des situations si générales qu'elles soient communes à tous » ; c'est ce qu'a réussi Sophocle en inscrivant au centre de son *Antigone* (voir texte XXXII) le problème du choix entre les deux légitimités, celle du droit et de la cité d'une part, celle de la famille d'autre part. Et c'est l'exemple que doit suivre le dramaturge moderne, en l'adaptant aux problèmes qui sont ceux de notre temps (« celui de la fin et des moyens, de la légitimité de la violence, celui des conséquences de l'action, celui des rapports de la personne avec la collectivité, de l'entreprise individuelle avec les constantes historiques, cent autres encore ») ; car « c'est seulement ainsi que le théâtre retrouvera la résonance qu'il a perdue, seulement ainsi qu'il pourra *unifier* le public divers qui le fréquente aujourd'hui » (« Pour un théâtre de situations », *La Rue*, n° 12, 1947, repris dans *Un théâtre de situations*, *op. cit.*, p. 21).

*Les Mains sales* constitue un exemple de ce théâtre fondé sur la dramatisation de situations décisives mettant en jeu la vie entière d'un individu autant que sur la transformation en *fable* (voir « Fable » dans le Vade-mecum) d'une matrice thématique. Sartre lui-même a explicité ces deux aspects : « Un mot de Saint-Just m'a fourni le thème des *Mains sales* : "Nul ne gouverne innocemment." Partant de lui, j'ai mis en scène le conflit qui oppose un jeune bourgeois idéaliste aux nécessités politiques » (entretien avec J.-B. Jeener, *Le Figaro*, 30 mars 1948, dans Sartre, *Théâtre complet*, éd. citée, p. 364).

Dernier ingrédient de cette pièce que Sartre dit n'être pas une pièce politique mais « très exactement *sur* la politique » (entretien avec Guy Dornand, *Franc-Tireur*, 25 mars 1948, dans *ibid.*, p. 363) : l'élaboration d'une fiction qui entretient des échos multiples – et complexes, ce qui explique les malentendus auxquels la pièce a donné lieu, dans les milieux communistes notamment – avec l'actualité, puisqu'elle évoque à la fois la Trêve de Paris, les conflits internes à la Résistance, déchirée entre communistes et anticommunistes, le stalinisme… Le nœud de la pièce est la préparation et la justification de l'assassinat par Hugo – jeune homme nouvellement acquis à la cause du parti prolétarien d'un pays imaginaire, l'Illyrie – de l'un des chefs du parti, Hoederer. Pour épargner des vies humaines, celui-ci prône l'alliance avec la bourgeoisie et avec le gouvernement de collaboration, celui du « Régent ».

HOEDERER. […] Un parti, ce n'est jamais qu'un moyen. Il n'y a qu'un seul but : le pouvoir.

HUGO. Il n'y a qu'un seul but : c'est de faire triompher nos idées, toutes nos idées et rien qu'elles.

HOEDERER. C'est vrai : tu as des idées, toi. Ça te passera.

HUGO. Vous croyez que je suis le seul à en avoir ? Ça n'était pas pour des idées qu'ils sont morts, les copains qui se sont fait tuer par la police du Régent ? Vous croyez que nous ne les trahirions pas, si nous faisions servir le Parti à dédouaner leurs assassins ?

HOEDERER. Je me fous des morts. Ils sont morts pour le Parti et le Parti peut décider ce qu'il veut. Je fais une politique de vivants, pour les vivants.

HUGO. Et vous croyez que les vivants accepteront vos combines ?

HOEDERER. On les leur fera avaler tout doucement.

HUGO. En leur mentant ?

HOEDERER. En leur mentant quelquefois.

HUGO. Vous… vous avez l'air si vrai, si solide ! Ça n'est pas possible que vous acceptiez de mentir aux camarades.

HOEDERER. Pourquoi ? Nous sommes en guerre et ça n'est pas l'habitude de mettre le soldat heure par heure au courant des opérations.

HUGO. Hoederer, je… je sais mieux que vous ce que c'est que le mensonge ; chez mon père tout le monde se mentait, tout le monde me mentait. Je ne respire que depuis mon entrée au Parti. Pour la première fois j'ai vu des hommes qui ne mentaient pas aux autres hommes. Chacun pouvait avoir confiance en tous et tous en chacun, le militant le plus humble avait le sentiment que les ordres des dirigeants lui révélaient sa volonté profonde et, s'il y avait un coup dur, on savait pourquoi on acceptait de mourir. Vous n'allez pas…

HOEDERER. Mais de quoi parles-tu ?

HUGO. De notre parti.

HOEDERER. De notre parti ? Mais on y a toujours un peu menti. Comme partout ailleurs. Et toi Hugo, tu es sûr que tu ne t'es jamais menti, que tu n'as jamais menti, que tu ne mens pas à cette minute même ?

HUGO. Je n'ai jamais menti aux camarades. Je… À quoi ça sert de lutter pour la libération des hommes, si on les méprise assez pour leur bourrer le crâne ?

HOEDERER. Je mentirai quand il faudra et je ne méprise personne. Le mensonge, ce n'est pas moi qui l'ai inventé : il est né dans une société divisée en classes et chacun de nous l'a hérité en naissant. Ce n'est pas en refusant de mentir que nous abolirons le mensonge : c'est en usant de tous les moyens pour supprimer les classes.

HUGO. Tous les moyens ne sont pas bons.

HOEDERER. Tous les moyens sont bons quand ils sont efficaces.

HUGO. Alors, de quel droit condamnez-vous la politique du Régent ? Il a déclaré la guerre à l'U.R.S.S. parce que c'était le moyen le plus efficace de sauvegarder l'indépendance nationale.

HOEDERER. Est-ce que tu t'imagines que je la condamne ? Il a fait ce que n'importe quel type de sa caste aurait fait à sa place. Nous ne luttons ni contre des hommes ni contre une politique mais contre la classe qui produit cette politique et ces hommes.

HUGO. Et le meilleur moyen que vous ayez trouvé pour lutter contre elles, c'est de lui offrir de partager le pouvoir avec vous ?

HOEDERER. Parfaitement. Aujourd'hui, c'est le meilleur moyen. *(Un temps.)* Comme tu tiens à ta pureté, mon petit gars ! Comme tu as peur de te salir les mains. Eh bien reste pur ! À qui cela servira-t-il et pourquoi viens-tu parmi nous ? La pureté, c'est une idée de fakir et de moine. Vous autres, les intellectuels, les anarchistes bourgeois, vous en tirez prétexte pour ne rien faire. Ne rien faire, rester immobile, serrer les coudes contre le corps, porter des gants. Moi, j'ai les mains sales. Jusqu'aux coudes. Je les ai plongées dans la merde et dans le sang. Et puis après ? Est-ce que tu t'imagines qu'on peut gouverner innocemment ?

HUGO. On s'apercevra peut-être un jour que je n'ai pas peur du sang.

HOEDERER. Parbleu : des gants rouges, c'est élégant. C'est le reste qui te fait peur. C'est ce qui pue à ton petit nez d'aristocrate.

HUGO. Et nous y voilà revenus : je suis un aristocrate, un type qui n'a jamais eu faim ! Malheureusement pour vous, je ne suis pas seul de mon avis.

HOEDERER. Pas seul ? Tu savais donc quelque chose de mes négociations avant de venir ici ?

HUGO. N-non. On en avait parlé en l'air, au Parti, et la plupart des gens n'étaient pas d'accord et je peux vous jurer que ce n'étaient pas des aristocrates.

HOEDERER. Mon petit, il y a malentendu : je les connais, les gars du Parti qui ne sont pas d'accord avec ma politique et je peux te dire qu'ils sont de mon espèce, pas de la tienne – et tu ne tarderas pas à le découvrir. S'ils ont désapprouvé ces négociations, c'est tout simplement qu'ils les jugent inopportunes ; en d'autres circonstances ils seraient les premiers à les engager [1]. Toi, tu en fais une affaire de principes.

HUGO. Qui a parlé de principes ?

HOEDERER. Tu n'en fais pas une affaire de principes ? Bon. Alors voici qui doit te convaincre : si nous traitons avec le Régent, il arrête la guerre ; les troupes illyriennes attendent gentiment que les Russes viennent les désarmer ; si nous rompons les pourparlers, il sait qu'il est perdu et il se battra comme un chien enragé ; des centaines de milliers d'hommes y laisseront leur peau. Qu'en dis-tu ? *(Un silence.)* Hein ? Qu'en dis-tu ? Peux-tu rayer cent mille hommes d'un trait de plume ?

HUGO, *péniblement* : On ne fait pas la révolution avec des fleurs. S'ils doivent y rester…

HOEDERER. Eh bien ?

1. Ce qu'ils feront après l'assassinat de Hoederer, comme l'apprendra Hugo à sa sortie de prison.

HUGO. Eh bien tant pis !

HOEDERER. Tu vois ! tu vois bien ! Tu n'aimes pas les hommes, Hugo. Tu n'aimes que les principes.

HUGO. Les hommes ? Pourquoi les aimerais-je ? Est-ce qu'ils m'aiment ?

HOEDERER. Alors pourquoi es-tu venu chez nous ? Si on n'aime pas les hommes on ne peut pas lutter pour eux.

HUGO. Je suis entré au Parti parce que sa cause est juste et j'en sortirai quand elle cessera de l'être. Quant aux hommes, ce n'est pas ce qu'ils sont qui m'intéresse mais ce qu'ils pourront devenir.

HOEDERER. Et moi, je les aime pour ce qu'ils sont. Avec toutes leurs saloperies et tous leurs vices. J'aime leurs voix et leurs mains chaudes qui prennent et leur peau, la plus nue de toutes les peaux, et leur regard inquiet et la lutte désespérée qu'ils mènent chacun à son tour contre la mort et contre l'angoisse. Pour moi, ça compte un homme de plus ou de moins dans le monde. C'est précieux. Toi, je te connais bien mon petit, tu es un destructeur. Les hommes, tu les détestes parce que tu te détestes toi-même ; ta pureté ressemble à la mort et la révolution dont tu rêves n'est pas la nôtre : tu ne veux pas changer le monde, tu veux le faire sauter.

# XXXVI

# ROUSSEAU

## LA FÊTE CITOYENNE

Jean-Jacques Rousseau, *Lettre à d'Alembert sur son article « Genève »* (1757), éd. M. Launay, GF-Flammarion, 1967, p. 230-236, 238 et 240-242.

En 1757, Rousseau rédige une longue réfutation d'un passage de l'article « Genève » que d'Alembert avait composé pour l'*Encyclopédie* et où il appelait de ses vœux l'établissement d'un théâtre dans une cité-république à laquelle ne manquait que cette marque de civilisation. La *Lettre à M. d'Alembert sur son article « Genève »* se présente comme un virulent réquisitoire contre le théâtre, et plus particulièrement le théâtre classique, dans lequel Rousseau reprend les arguments des adversaires du théâtre qui, depuis Platon et Tertullien, s'élèvent régulièrement contre un art jugé d'autant plus dangereux qu'il prétend corriger les mœurs. Le débat avait été réactivé un siècle auparavant par la « querelle de la moralité du théâtre », qui visait l'auteur du *Tartuffe*, mais aussi et plus encore Corneille et Racine.

On aurait tort, toutefois, de faire de Rousseau le simple héritier de cette tradition pluriséculaire, à la fois parce que son approche de la question est laïque et plus encore sociale et politique, alors que la critique du théâtre émane jusque alors de milieux dévots qui en font une question de morale exclusivement, et parce que son réquisitoire est fondé sur un démontage serré des mécanismes d'identification et de purgation allégués par les défenseurs du genre au titre des vecteurs de la leçon morale. Rousseau, par exemple, ne croit pas à l'efficacité du dénouement distributif par lequel les méchants sont châtiés et les justes récompensés, inapte selon lui à corriger l'effet de la représentation du mal ou de l'amour qui s'impose aux spectateurs tout au long de l'action. Il reproche en outre à Molière d'avoir confondu les vices avec les ridicules, l'homme vertueux avec l'honnête homme et d'avoir raillé dans *Le Misanthrope* le « ridicule de la vertu » : « Molière n'a [...] point prétendu former un honnête homme, mais un homme du monde ; par conséquent, il n'a point voulu corriger les vices ; mais les ridicules. [...] après avoir joué tant d'autres ridicules, il lui restait à jouer celui que le monde pardonne le moins, le ridicule de la vertu : c'est ce qu'il a fait dans *Le Misanthrope* » (*Lettre à d'Alembert*, éd. citée, p. 96).

Enfin, Rousseau oppose au modèle négatif du théâtre, fondé sur la séparation de la salle et de la scène autant que sur la représentation d'une fiction, le modèle positif du spectacle participatif (voir « Spectacle » dans le Vademecum), c'est-à-dire de la fête populaire. C'est tout l'objet des dernières pages de la *Lettre à d'Alembert* où, après avoir repris les arguments essentiels du réquisitoire qui occupe la quasi-totalité de l'ouvrage, Rousseau définit ce qu'est, à ses yeux, la forme idéale de spectacle dont une république comme Genève doit se doter. Cette fête collective et citoyenne – dont le bal forme l'une des catégories majeures – possède un modèle réel : le souvenir d'une fête improvisée dont Rousseau a été le témoin dans son enfance, souvenir qui nourrit une longue note de l'avant-dernière page de la *Lettre à d'Alembert*. Plus encore, elle constitue rétrospectivement, selon Jean Starobinski, « la norme [...] selon laquelle Rousseau juge et condamne les autres spectacles », et qui réunit les critères d'innocence, mais surtout de transparence – « le théâtre et la fête s'opposent comme un monde d'opacité et un monde de transparence » – et de communion sans objet s'accomplissant dans « l'immédiateté absolue » (J. Starobinski, *Jean-Jacques Rousseau : la transparence et l'obstacle*, Gallimard, « Tel », 1971, p. 118 et 120).

Voilà, Monsieur, les considérations que j'avais à proposer au public et à vous sur la question qu'il vous a plu d'agiter dans un article où elle était, à mon avis, tout à fait étrangère. Quand mes raisons, moins fortes qu'elles ne me paraissent, n'auraient pas un poids suffisant pour contrebalancer les vôtres vous conviendrez au moins que, dans un aussi petit État que la République de Genève, toutes innovations sont dangereuses, et qu'il n'en faut jamais faire sans des motifs urgents et graves. Qu'on nous montre donc la pressante nécessité de celle-ci. Où sont les désordres qui nous forcent de recourir à un expédient si suspect ? Tout est-il perdu sans cela ? Notre ville est-elle si grande, le vice et l'oisiveté y ont-ils déjà fait un tel progrès qu'elle ne puisse plus désormais subsister sans spectacles ? Vous nous dites qu'elle en souffre de plus mauvais qui choquent également le goût et les mœurs ; mais il y a bien de la différence entre montrer de mauvaises mœurs et attaquer les bonnes : car ce dernier effet dépend moins des qualités du spectacle que de l'impression qu'il cause. En ce sens, quel rapport entre quelques farces passagères et une comédie à demeure [1], entre les polissonneries d'un charlatan et les représentations régulières des ouvrages dramatiques, entre des tréteaux de foire élevés pour réjouir la populace et un théâtre estimé où les honnêtes gens penseront s'instruire ? L'un de ces amusements est sans conséquence et reste oublié dès le lendemain ; mais l'autre est une affaire importante qui mérite toute l'attention du gouvernement. Par tout pays il est permis d'amuser les enfants, et peut être enfant qui veut sans beaucoup d'inconvénients. Si ces fades spectacles manquent de goût, tant mieux : on s'en rebutera plus vite ; s'ils sont grossiers, ils seront moins séduisants. Le vice ne s'insinue guère en choquant l'honnêteté, mais en prenant son image [2] ; et les mots sales sont plus contraires à la politesse qu'aux bonnes mœurs. Voilà pourquoi les expressions sont toujours plus recherchées et les oreilles plus scrupuleuses dans les pays les plus corrompus. S'aperçoit-on que les

1. Un théâtre permanent.

2. C'est l'une des idées qui se trouvent au fondement du réquisitoire de Rousseau contre le théâtre, et qui le conduit à fustiger bien plus la comédie et la tragédie (qui prétendent délivrer un enseignement moral) que des genres dramatiques mineurs, ouvertement grossiers et destinés au seul divertissement des spectateurs.

entretiens de la halle échauffent beaucoup la jeunesse qui les écoute ? Si font bien [1] les discrets propos du théâtre, et il vaudrait mieux qu'une jeune fille vît cent parades qu'une seule représentation de l'oracle [2].

Au reste, j'avoue que j'aimerais mieux, quant à moi, que nous pussions nous passer entièrement de tous ces tréteaux, et que petits et grands nous sussions tirer nos plaisirs et nos devoirs de notre état et de nous-mêmes ; mais de ce qu'on devrait peut-être chasser les bateleurs, il ne s'ensuit pas qu'il faille appeler les comédiens. Vous avez vu, dans votre propre pays, la ville de Marseille se défendre longtemps d'une pareille innovation, résister même aux ordres réitérés du ministre, et garder encore, dans ce mépris d'un amusement frivole, une image honorable de son ancienne liberté [3]. Quel exemple pour une ville qui n'a point encore perdu la sienne !

Qu'on ne pense pas, surtout, faire un pareil établissement par manière d'essai, sauf à l'abolir quand on en sentira les inconvénients : car ces inconvénients ne se détruisent pas avec le théâtre qui les produit, ils restent quand leur cause est ôtée, et, dès qu'on commence à les sentir, ils sont irrémédiables. Nos mœurs altérées, nos goûts changés ne se rétabliront pas comme ils se seront corrompus ; nos plaisirs mêmes, nos innocents plaisirs auront perdu leurs charmes, le spectacle nous en aura dégoûtés pour toujours. L'oisiveté devenue nécessaire, les vides du temps que nous ne saurons plus remplir nous rendront à charge à nous-mêmes ; les comédiens en partant nous laisseront l'ennui pour arrhes de leur retour ; il nous forcera bientôt à les rappeler ou à faire pis. Nous aurons mal fait d'établir la comédie, nous ferons mal de la laisser subsister, nous ferons mal de la détruire : après la première faute, nous n'aurons plus que le choix de nos maux.

Quoi ! ne faut-il donc aucun spectacle dans une République ? Au contraire, il en faut beaucoup. C'est dans les Républiques qu'ils sont nés, c'est dans leur sein qu'on les voit

1. Si font bien… : c'est bien ce que font, au contraire…

2. Rousseau semble avoir en tête une comédie de Saint-Foix intitulée *L'Oracle* (1740) qui met en scène la naissance de l'amour chez une jeune fille.

3. Comme d'autres municipalités, celle de Marseille résista, au milieu du XVIIIe siècle, à la volonté du pouvoir central qui voulait imposer la construction d'un théâtre.

briller avec un véritable air de fête. À quels peuples convient-il mieux de s'assembler souvent et de former entre eux les doux liens du plaisir et de la joie, qu'à ceux qui ont tant de raisons de s'aimer et de rester à jamais unis ? Nous avons déjà plusieurs de ces fêtes publiques ; ayons-en davantage encore, je n'en serai que plus charmé. Mais n'adoptons point ces spectacles exclusifs qui renferment tristement un petit nombre de gens dans un antre obscur ; qui les tiennent craintifs et immobiles dans le silence et l'inaction ; qui n'offrent aux yeux que cloisons, que pointes de fer, que soldats, qu'affligeantes images de la servitude et de l'inégalité. Non, peuples heureux, ce ne sont pas là vos fêtes ! C'est en plein air, c'est sous le ciel qu'il faut vous rassembler et vous livrer au doux sentiment de votre bonheur.

Que vos plaisirs ne soient efféminés ni mercenaires, que rien de ce qui sent la contrainte et l'intérêt ne les empoisonne, qu'ils soient libres et généreux comme vous, que le soleil éclaire vos innocents spectacles ; vous en formerez un vous-même, le plus digne qu'il puisse éclairer.

Mais quels seront enfin les objets de ces spectacles ? Qu'y montrera-t-on ? Rien, si l'on veut. Avec la liberté, partout où règne l'affluence, le bien-être y règne aussi. Plantez au milieu d'une place un piquet couronné de fleurs, rassemblez-y le peuple, et vous aurez une fête. Faites mieux encore : donnez les spectateurs en spectacle ; rendez-les acteurs eux-mêmes ; faites que chacun se voie et s'aime dans les autres, afin que tous en soient mieux unis. Je n'ai pas besoin de renvoyer aux jeux des anciens Grecs : il en est de plus modernes, il en est d'existants encore, et je les trouve précisément parmi nous. Nous avons tous les ans des revues ; des prix publics ; des rois de l'arquebuse, du canon, de la navigation. On ne peut trop multiplier des établissements si utiles [1] et si agréables ; on ne

---

1. Il ne suffit pas que le peuple ait du pain et vive dans sa condition. Il faut qu'il y vive agréablement : afin qu'il en remplisse mieux les devoirs, qu'il se tourmente moins pour en sortir, et que l'ordre public soit mieux établi. Les bonnes mœurs tiennent plus qu'on ne pense à ce que chacun se plaise dans son état. Le manège et l'esprit d'intrigue viennent d'inquiétude et de mécontentement : tout va mal quand l'un aspire à l'emploi d'un autre. Il faut aimer son métier pour le bien faire. L'assiette de l'État n'est bonne et solide que quand, tous se sentant à leur place, les forces particulières se réunissent et concourent au bien public ; au lieu de s'user

peut trop avoir de semblables rois. Pourquoi ne ferions-nous pas, pour nous rendre dispos et robustes, ce que nous faisons pour nous exercer aux armes ? La République a-t-elle moins besoin d'ouvriers que de soldats ? Pourquoi, sur le modèle des prix militaires, ne fonderions-nous pas d'autres prix de gymnastique, pour la lutte, pour la course, pour le disque, pour divers exercices du corps ? Pourquoi n'animerions-nous pas nos bateliers pour des joutes sur le lac ? Y aurait-il au monde un plus brillant spectacle que de voir, sur ce vaste et superbe bassin, des centaines de bateaux, élégamment équipés, partir à la fois au signal donné, pour aller enlever un drapeau arboré au but, puis servir de cortège au vainqueur revenant en triomphe recevoir le prix mérité. Toutes ces sortes de fêtes ne sont dispendieuses qu'autant qu'on le veut bien, et le seul concours les rend assez magnifiques. Cependant il faut y avoir assisté chez le Genevois, pour comprendre avec quelle ardeur il s'y livre. On ne le reconnaît plus : ce n'est plus ce peuple si rangé qui ne se départ point de ses règles économiques ; ce n'est plus ce raisonneur qui pèse tout à la balance du jugement, jusqu'à la plaisanterie. Il est vif, gai, caressant ; son cœur est alors dans ses yeux, comme il est toujours sur ses lèvres ; il cherche à communiquer sa joie et ses plaisirs ; il invite, il presse, il force, il se dispute les survenants [1]. Toutes les sociétés n'en font qu'une, tout devient commun à tous. Il est presque indifférent à quelle table on se mette : ce serait l'image de

---

l'une contre l'autre, comme elles font dans tout État mal constitué. Cela posé, que doit-on penser de ceux qui voudraient ôter au peuple les fêtes, les plaisirs et toute espèce d'amusement, comme autant de distractions qui le détournent de son travail ? Cette maxime est barbare et fausse. Tant pis, si le peuple n'a de temps que pour gagner son pain, il lui en faut encore pour le manger avec joie : autrement il ne le gagnera pas longtemps. Ce Dieu juste et bienfaisant, qui veut qu'il s'occupe, veut aussi qu'il se délasse : la Nature lui impose également l'exercice et le repos, le plaisir et la peine. Le dégoût du travail accable plus les malheureux que le travail même. Voulez-vous donc rendre un peuple actif et laborieux ? Donnez-lui des fêtes, offrez-lui des amusements qui lui fassent aimer son état et l'empêchent d'en envier un plus doux. Des jours ainsi perdus feront mieux valoir tous les autres. Présidez à ses plaisirs pour les rendre honnêtes ; c'est le vrai moyen d'animer ses travaux. (*N.d.A.*)

1. Le terme a ici le sens d'« étrangers », dans un emploi déjà très rare à l'époque de Rousseau.

celles de Lacédémone [1], s'il n'y régnait un peu plus de profusion ; mais cette profusion même est alors bien placée, et l'aspect de l'abondance rend plus touchant celui de la liberté qui la produit.

L'hiver, temps consacré au commerce privé des amis, convient moins aux fêtes publiques. Il en est pourtant une espèce dont je voudrais bien qu'on se fît moins de scrupule, savoir les bals entre de jeunes personnes à marier. Je n'ai jamais bien connu pourquoi l'on s'effarouche si fort de la danse et des assemblées qu'elle occasionne : comme s'il y avait plus de mal à danser qu'à chanter ; que l'un et l'autre de ces amusements ne fût pas également une inspiration de la Nature ; et que ce fût un crime à ceux qui sont destinés à s'unir de s'égayer en commun par une honnête récréation. [...]

Pour moi, loin de blâmer de si simples amusements, je voudrais au contraire qu'ils fussent publiquement autorisés, et qu'on y prévînt tout désordre particulier en les convertissant en bals solennels et périodiques, ouverts indistinctement à toute la jeunesse à marier. [...]

En perfectionnant ce projet dans les mêmes vues, sous un air de galanterie et d'amusement, on donnerait à ces fêtes plusieurs fins utiles qui en feraient un objet important de police et de bonnes mœurs. La jeunesse, ayant des rendez-vous sûrs et honnêtes, serait moins tentée d'en chercher de plus dangereux. Chaque sexe se livrerait plus patiemment, dans les intervalles, aux occupations et aux plaisirs qui lui sont propres, et s'en consolerait plus aisément d'être privé du commerce continuel de l'autre. Les particuliers de tout état auraient la ressource d'un spectacle agréable, surtout aux pères et mères. Les soins pour la parure de leurs filles seraient pour les femmes un objet d'amusement qui ferait diversion à beaucoup d'autres ; et cette parure, ayant un objet innocent et louable, serait là tout à fait à sa place. Ces occasions de s'assembler pour s'unir, et d'arranger des établissements [2], seraient des moyens fréquents de rapprocher des familles divisées et d'affermir la

---

1. Allusion aux *syssities* ou repas communs pris entre citoyens de même rang dans la Sparte antique. La cité-État de Lacédémone (ou Sparte) représente pour Rousseau un modèle de dévouement de l'individu à la patrie et aux valeurs de la cité.

2. Ici : mariages.

paix, si nécessaire dans notre État. Sans altérer l'autorité des pères, les inclinations des enfants seraient un peu plus en liberté ; le premier choix dépendrait un peu plus de leur cœur ; les convenances d'âge, d'humeur, de goût, de caractère seraient un peu plus consultées ; on donnerait moins à celles d'état et de biens qui font des nœuds mal assortis, quand on les suit aux dépens des autres. Les liaisons devenant plus faciles, les mariages seraient plus fréquents ; ces mariages, moins circonscrits par les mêmes conditions, préviendraient les partis, tempéreraient l'excessive inégalité, maintiendraient mieux le corps du peuple dans l'esprit de sa constitution ; ces bals ainsi dirigés ressembleraient moins à un spectacle public qu'à l'assemblée d'une grande famille, et du sein de la joie et des plaisirs naîtraient la conservation, la concorde, et la prospérité de la République.

# VADE-MECUM

## ACTEUR/COMÉDIEN

La question de l'acteur excède *a priori* le champ de la réflexion poétique sur le théâtre. À cela près que, depuis Aristote, l'acteur se distingue mal du personnage dans le lexique du théâtre : « la tragédie est représentation d'action [*mimèsis praxeos*] et [...] les agents en sont des personnages en action [*prattontes*] » (*Poétique*, éd. et trad. R. Dupont-Roc et J. Lallot, Seuil, « Poétique », 1980, chap. VI, p. 53 ; voir aussi « Personnage », *infra*). Et si la tragédie est, comme toute pièce de théâtre, « l'action de représenter des actions » (D. Guénoun, *Le Théâtre est-il nécessaire ?*, Circé, « Penser le théâtre », 1997, p. 22), on peut gager que l'acteur joue, dans ce dispositif, un rôle capital.

D'autant qu'il est le catalyseur principal de l'illusion théâtrale, celui qui, prêtant momentanément au personnage son corps et sa voix, fait oublier au spectateur qu'il est au théâtre et le porte à croire à l'existence de Rodrigue ou de Ruy Blas. Cette illusion, toutefois, est le produit d'un paradoxe, que Diderot a énoncé le premier : les « accents si plaintifs, si douloureux, que cette mère arrache du fond de ses entrailles, et dont les miennes sont si violemment secouées » ne sont pas le fruit du désespoir ; ils « font partie d'un système de déclamation ; [...] plus bas ou plus aigus de la vingtième partie d'un quart de ton, ils sont faux ; [...] pour être poussés juste, ils ont été répétés cent fois » ; une fois le spectacle terminé, il ne reste à l'acteur « ni trouble, ni douleur, ni mélancolie, ni affaissement d'âme ». « C'est vous, poursuit Diderot s'adressant au spectateur, qui remportez toutes ces impressions » car l'acteur « n'est pas le personnage, il le joue et le joue si bien que vous le prenez pour tel : l'illusion n'est que pour vous ; il sait bien, lui, qu'il ne l'est pas » (*Paradoxe sur le comédien* [1769], dans *Entretiens sur Le Fils naturel*, *De la poésie dramatique* et *Paradoxe sur le comédien*, éd. J. Goldzink, GF-Flammarion, 2005, p. 280-281). En d'autres termes, pour faire croire à une vérité du personnage, l'acteur mobilise des techniques de jeu d'autant plus efficaces qu'elles lui permettent de tenir à distance son personnage. Sans dommage pour lui, elles font merveille auprès du spectateur.

Solidaire d'une conception illusionniste des rapports entre la scène et la salle, cette analyse a été sérieusement ébranlée au XXe siècle, d'abord par la réforme du travail de l'acteur inaugurée par Stanislavski, qui préconise un engagement de l'acteur passant entre autres par le recours à la mémoire émotionnelle (l'acteur doit activer le souvenir d'émotions analogues à celles qu'éprouve le personnage), puis, dans le dernier quart du siècle – et sous l'influence notamment de la réflexion de Brecht –, par une remise en question des notions d'« incarnation » autant que de personnage. Parce que ce dernier se vide de tout substrat psychologique (chez Jarry comme chez Ionesco ou Beckett), qu'il se réduit à une parole (chez Valère Novarina par exemple), « ce qui attend l'acteur sur ces terres nouvelles où il débarque, c'est [...] une marionnette à animer, un fantoche à qui prêter ses membres, un débris d'être ou une figure emblématique derrière quoi disparaître ou encore, dans le cas le plus gratifiant pour sa personnalité, une énergie dont il faut épouser le dynamisme profond » (R. Abirached, *La Crise du personnage dans le théâtre moderne*, Grasset, 1978 ; rééd. Gallimard, « Tel », 1994, p. 424-425).

Mal distingué aujourd'hui du terme « acteur », celui de « comédien » est d'emploi plus tardif : jusqu'à la fin du XVII^e siècle, on recourait au substantif « acteur » pour désigner à la fois le personnage de théâtre et celui qui l'incarnait sur scène. À partir du XVIII^e siècle, l'emploi de « comédien » devient de plus en plus fréquent (Diderot théorise le « paradoxe sur le comédien » ; au XX^e siècle, les écrits de Louis Jouvet sur l'art de l'acteur ont été réunis sous le titre *Le Comédien désincarné*) et le terme peut avoir pour référent un statut social ou un métier alors que le nom « acteur » désigne, de manière privilégiée, le support d'une interprétation ou d'une mise en « acte ».

*Cf. Distanciation, Illusion théâtrale, Personnage.*

## CHŒUR/CHORALITÉ

Dans son acception étroite d'assemblée de personnages s'exprimant par le chant, voire la danse, à la fin des actes d'une pièce de théâtre, le chœur est un constituant historiquement circonscrit du spectacle théâtral. Élément capital dans la tragédie antique, à la fois comme noyau légendaire du genre – la tragédie passe pour être née du chœur – et comme l'une de ses parties, le chœur subsiste dans les tragédies de la Renaissance (celles de Jodelle, de Garnier et de La Taille) et des premières décennies du XVII^e siècle. Considéré comme une survivance archaïque et de surcroît coûteuse, il disparaît ensuite du théâtre français, de sorte que les pièces à chœurs dont l'histoire littéraire se souvient se limitent en définitive à deux *hapax*, dans l'œuvre de leur auteur comme dans l'esthétique de la tragédie classique : *Esther* et *Athalie*, tragédies mêlées de musique composées par Racine pour les pensionnaires de Saint-Cyr en 1689 et 1691.

On peut néanmoins considérer que, loin d'être une curiosité historique, le chœur est « l'un des invariants structurels de la scène dramatique occidentale » (M. Losco et M. Mégevand, *Lexique du drame moderne et contemporain*, dir. J.-P. Sarrazac, Circé, 2005, p. 40), et que cette situation de fait tient à la pluralité de ses fonctions et de ses éléments constitutifs. Personnage collectif, expression de la communauté et voix de sa mémoire et de son histoire, le chœur est aussi, en tant qu'il recourt à la musique et à la danse, un support essentiel du « spectacle total » et le vecteur d'un lyrisme et d'une forme de statisme qui entrent en contradiction avec la dynamique dramatique, celle de la progression de l'action comme celle de l'enchaînement serré du dialogue. Ces éléments constitutifs ont subsisté, en empruntant cependant d'autres formes : la forme chorale du dialogue, ou plus exactement de la distribution des répliques et des tours de parole (ainsi dans le dernier acte de *Pelléas et Mélisande* où Maeterlinck fait entrer tour à tour les voix de neuf servantes) ; la fonction chorale, c'est-à-dire la place laissée à la collectivité, qui trouve à se développer notamment dans nombre de drames romantiques, comme par exemple *Lorenzaccio* (voir Musset, texte XXXIII).

Le concept a subi une ultime et décisive mutation dans le drame moderne et contemporain avec l'avènement de la « choralité » qui désigne d'abord l'émergence, chez Brecht et dans le théâtre français des années 1960-1970, de personnages qui, désignés par leur fonction sociale, n'ont pas de voix propre, et « remplissent la [...] fonction de récitants de l'idéologie » (J.-P. Sarrazac, *L'Avenir du drame*, Lausanne, Éditions de l'Aire, 1981, p. 95). Dans ses développements les plus contemporains, la choralité – mode de profération du texte autant que principe de composition, fondé sur l'éclatement de l'action et du dialogue – s'est éloignée progressivement du chœur, au point d'en former parfois l'antithèse : « requérant une pluralité (un minimum de deux voix), elle contourne les principes du dialogisme [...] au profit d'une rhétorique de la dispersion (atomisation, parataxe, éclatement) ou du tressage entre différentes paroles qui se répondent musicalement (étoilement, superposition, tous effets de polyphonie). [...] En ce sens, la choralité est l'inverse du chœur. Elle postule la discordance, quand le chœur – ainsi du moins que l'entendaient les Grecs – porte toujours, plus ou moins explicitement dans son horizon, la trace d'un idéalisme de l'unisson » (M. Mégevand, « Choralité », dans *Nouveaux territoires du dialogue*, éd. J.-P. Ryngaert, Actes Sud « Papiers », 2005, p. 37-38).

## CONVENTION

*Cf. Illusion théâtrale, Unités, Vraisemblance.*

## DIALOGUE DRAMATIQUE

Le théâtre occidental s'est constitué historiquement comme un spectacle de la parole, fondé sur la marginalisation des éléments non verbaux et sur la promotion, au sein des formes possibles du discours théâtral, du seul dialogue. Plusieurs raisons peuvent expliquer cette situation : la disqualification du monologue et du chœur, formes lyriques et statiques qui entament la progression dramatique ; l'adéquation qui s'est trouvée entre la forme dialoguée et la nature de l'action dramatique ; la nécessité, par ailleurs, de limiter au nom de la vraisemblance et de l'illusion mimétique les formes de discours trop explicitement adressées au spectateur comme les monologues ou les *a parte* – parce qu'elles sont sans destinataire fictionnel – rendant perceptible, de fait, le dispositif énonciatif propre à la communication théâtrale. Couramment désigné par l'expression « double énonciation » – qui semble avoir été employée pour la première fois par Anne Ubersfeld (*Lire le théâtre*, t. I, Éditions sociales, 1977) –, ce dispositif est fondé sur un « emboîtement de situations d'énonciation ». Il est lié à l'existence d'une « *chaîne* d'émetteurs-récepteurs » (C. Kerbrat-Orecchioni, « Le dialogue théâtral », dans *Mélanges de langue et de littérature française offerts à Pierre Larthomas*, Collection de l'École normale supérieure de jeunes filles, n° 26, 1985, p. 237) : les personnages, interlocuteurs du dialogue théâtral – émetteurs et récepteurs fictifs que relaient, à un premier niveau, les émetteurs-récepteurs seconds que sont les acteurs – et, à l'une et l'autre extrémités de la « chaîne », le scripteur (dit aussi « archi-énonciateur ») ainsi que le spectateur. Dans la dramaturgie occidentale de type illusionniste, fondée sur une pseudo-autonomie de la fiction, la double énonciation doit fonctionner silencieusement : le spectateur est et doit demeurer un « destinataire indirect », c'est-à-dire secondaire – même s'il est, en réalité, pris en compte « pour encoder et produire le message » (*ibid.*, p. 238).

Appliqués au dialogue théâtral, les principes de vraisemblance et d'illusion sont à l'origine d'un autre lieu commun du discours critique : le dialogue théâtral doit fonctionner comme une conversation que surprendrait le spectateur, conversation « nettoyée » d'un certain nombre de scories qui empêcheraient son intelligibilité et sa fluidité, notamment les silences et les chevauchements. De sorte que tout ce qui forme écart par rapport au flux continu de cette pseudo-conversation qu'est l'échange théâtral est immédiatement signifiant et que les « accidents de langage » y sont parfaitement concertés (P. Larthomas, *Le Langage dramatique*, Armand Colin, 1972, p. 215-248). Quoique remise en cause dans certaines de ses conclusions, cette démarche est encore largement suivie par les linguistes et les spécialistes du théâtre qui, à l'instar d'Anne Ubersfeld (*Lire le théâtre*, t. III : *Le Dialogue de théâtre*, Belin, 1996), analysent le fonctionnement du dialogue théâtral et notamment l'économie du non-dit à la lumière des « lois conversationnelles » établies par la linguistique pragmatique.

La fonction centrale autant que l'efficacité pragmatique que les théoriciens du théâtre accordent au dialogue dramatique s'expliquent, dans tous les cas, par ce paradoxe inhérent à la *mimèsis* théâtrale depuis Aristote : représentation d'action et d'hommes en action (Aristote, *Poétique*, chapitres II et VI), la *mimèsis* théâtrale opère essentiellement par le biais du langage et plus précisément de la forme qui, par son fonctionnement interactif et son déroulement linéaire, est susceptible d'assurer au mieux cette fonction, soit le dialogue. C'est ce paradoxe qu'énonce l'abbé d'Aubignac : « Ce poème est nommé *drama*, c'est-à-dire *action*, et non pas *récit*. [...] Aussi est-il vrai que les discours qui s'y font doivent être comme des actions de ceux qu'on y fait paraître ; car là *parler*, c'est *agir* » (*Pratique du théâtre*, 1657 ; voir texte XXI). Pour Peter Szondi, le dialogue dramatique, lieu de l'interaction et expression privilégiée des « relations interhumaines » apparaît ainsi comme la forme-sens du drame moderne, c'est-à-dire du théâtre occidental tel qu'il s'est développé depuis la Renaissance (*Théorie du drame moderne*, trad. P. Pavis, Lausanne, L'Âge d'homme, 1983). Qu'advient-il dès lors que le drame lui-même est en crise, et que la fable, le personnage et l'action se délitent ? Le dialogue devient parole, flux verbal – ou aphasie –, cède la place à un nouveau « partage des voix » (J.-P. Sarrazac, « Le partage des voix », dans *Nouveaux territoires du dialogue*, *op. cit.*, p. 11-16), et l'on assiste au retour en force du monologue, de la choralité et plus encore de formes hybrides, nées du croisement entre des catégories et des régimes auparavant séparés tels que le discours des personnages et les didascalies.

*Cf. Chœur/Choralité, Didascalie, Drame.*

## DIDASCALIE

Tiré d'un verbe grec signifiant « instruire », le terme « didascalie » désigne l'ensemble des indications qui accompagnent le discours théâtral et renseignent principalement sur les conditions dans lesquelles s'effectue la communication théâtrale : lieu, identité des locuteurs, caractéristiques paraverbales, sous la forme notamment d'indications de gestes, de tons ou d'intensité. En ce sens, les didascalies comprennent tout ce qui n'est pas le discours des personnages, soit non seulement le texte en italique, mais également le paratexte liminaire – liste des personnages, précisions concernant le lieu et éventuellement le temps –, les rubriques de scène et les noms des personnages précédant chacune de leurs interventions. Il est cependant des didascalies qui se trouvent mêlées au discours des personnages : ce sont les didascalies « internes » (« Prends un siège, Cinna... »).

L'écriture didascalique possède, dès l'origine, un statut particulièrement instable, en raison tout à la fois de sa double destination – indications devant faciliter la représentation, et destinées donc aux praticiens du théâtre, les didascalies sont aussi, paradoxalement, ce qui échappe à la représentation et se donne comme texte à lire – et du caractère hybride de son régime énonciatif. Discours du scripteur venant doubler celui du locuteur-personnage, la didascalie s'apparente aussi à la description et présente des caractéristiques éminemment narratives. Une telle plasticité a, de fait, suscité très tôt l'intérêt des écrivains : sans quitter le cadre du dialogue érotique et moral, Crébillon fils exploite les potentialités de la voix didascalique, discours complice adressé au lecteur et récit sans cesse dérobé de l'action qui double le dialogue des personnages (voir texte XX) ;

Hugo multiplie quant à lui les didascalies-descriptions dans un vertige de détails qui témoigne de l'importance que le dramaturge accorde au devenir scénique de ses pièces autant qu'il manifeste la porosité de l'écriture dramatique et de l'écriture narrative.

Mais c'est surtout dans le théâtre moderne et contemporain que l'écriture didascalique donne sa pleine mesure, à la fois parce que le dialogue s'y épuise ou y devient problématique – au point que Beckett imaginera en 1956 et 1959, avec *Actes sans paroles*, un texte théâtral entièrement didascalique –, parce que le spectacle ou, à tout le moins, les langages non verbaux s'y trouvent revalorisés et enfin parce que les différences entre les formes et les parties traditionnelles du texte dramatique s'amenuisent (voir Beckett, texte XXVII). Ce théâtre, tout autant destiné à la lecture qu'à la scène, assume par ailleurs pleinement la duplicité du statut de la didascalie, laquelle peut trouver un prolongement sur scène dans la profération en voix *off* du texte didascalique (voir J. Danan, « Dialogue narratif, dialogue didascalique », dans *Nouveaux territoires du dialogue*, *op. cit.*, p. 42).

*Cf. Dialogue.*

## DISTANCIATION

L'expression allemande *Verfremdungseffekt*, traduite en français par « effet de distanciation », est un néologisme forgé par Bertolt Brecht pour nommer un processus qui n'est pas, à l'origine, spécifiquement théâtral ni même esthétique, mais bien plutôt philosophique et politique, et qui consiste à « rendre étranger » ce qui est familier pour en faire un objet de réflexion, dans un geste qui vise à prendre conscience, pour s'en libérer, de l'aliénation sociale et idéologique. C'est même cette problématique marxiste, fondamentale pour la mise en œuvre du concept, qui explique que Brecht ait senti la nécessité de forger un nouveau terme après avoir utilisé dans un premier temps celui de « processus d'éloignement » *(Entfremdung)*, le terme allemand ayant pris, dans son utilisation marxiste, le sens d'aliénation.

L'une des particularités de la notion de distanciation est, de fait, la diversité de son champ d'application, les applications esthétiques n'étant pas isolées des applications les plus quotidiennes et se trouvant toujours corrélées à une finalité politique. Selon Louis Althusser, Brecht voulait, par ce processus, « mettre le spectateur à distance du spectacle, mais dans une situation telle qu'il fût incapable de le fuir, ou d'en simplement jouir. Bref il voulait faire du spectateur l'acteur qui achèverait la pièce inachevée, mais dans la vie réelle » (« Le "Piccolo", Bertolazzi et Brecht. Notes sur un théâtre matérialiste », dans *Pour Marx*, Maspero, 1965 ; rééd. La Découverte, 1996, p. 146).

De même que le théâtre épique (voir « Épique/Dramatique », *infra*), concept qui subsume toute la réforme brechtienne, s'oppose au théâtre dramatique, la distanciation entendue comme processus intéressant l'esthétique théâtrale s'oppose à l'illusion et à son vecteur principal, l'identification du spectateur à la fiction par l'intermédiaire du personnage, lequel est « incarné » par l'acteur. Alors que la rupture de l'illusion théâtrale – qui se produit par exemple lorsque l'acteur s'adresse directement au spectateur ou que la scène, restée vide, apparaît dans sa matérialité – est éprouvée dans le système illusionniste comme un dysfonctionnement qui entame la crédibilité de l'action représentée, l'effet de distanciation qui est l'installation dans la durée de cette rupture est au contraire, dans la dramaturgie épique, la finalité absolue de la représentation. Tous ses constituants sont concernés (voir Brecht, texte XIII) : la figuration du lieu, non réaliste ; la continuité de la représentation, qui doit être régulièrement brisée par des chansons, des pancartes, etc., et au premier chef le jeu de l'acteur.

Brecht a consacré de très nombreux textes au jeu distancié, théorisé notamment au contact de l'acteur chinois Mei Lanfang qu'il observe alors que ce dernier est en tournée en Europe en 1935. S'il porte sur lui un regard qui n'est pas très différent, à première vue, de celui qu'au même moment Artaud porte sur le théâtre balinais (voir texte XXXI), on comprend surtout que le jeu de l'acteur chinois est le support d'une réflexion tournée vers les effets critiques de la distanciation : « L'artiste souhaite donner l'impression de l'étrange, voire de l'insolite. [...] Acte empreint d'art et d'artifice, ce comportement qui s'éloigne de lui pour s'observer empêche l'identification totale du spectateur [...] ; en l'amenant à s'identifier au comédien comme à un observateur, on cultive son attitude d'examinateur attentif » (« Effets de distanciation dans l'art dramatique chinois », *Sur la distanciation dans le jeu*, *Écrits sur le théâtre*, dir. J.-M. Valentin, Gallimard, « Bibliothèque de la Pléiade », 2000, p. 820-821).

Mais « pour qu'une distance naisse entre le spectateur et la pièce, il faut [...] que cette distance soit produite au sein de la pièce elle-même, et pas seulement dans son traitement (technique) » (L. Althusser, « Le "Piccolo", Bertolazzi et Brecht. Notes sur un théâtre matérialiste », art. cité, p. 147). Aussi la distanciation se trouve-t-elle également visée par le « montage » de la « fable », et étroitement corrélée à toutes les parties de la dramaturgie épique.

*Cf. Épique/Dramatique, Fable, Illusion théâtrale.*

## DRAMATIQUE

*Cf. Épique/Dramatique.*

## DRAME

« Le paradoxe du drame, en France, est de ne se point confondre avec le théâtre » (M. Lioure, *Le Drame de Diderot à Ionesco*, Armand Colin, 1973, p. 7) : là résident, en effet, les ambiguïtés d'un terme qui tantôt désigne un genre dramatique, tantôt renvoie à l'essence du théâtre, tantôt encore permet de nommer, à partir du XX^e^ siècle, l'ensemble des œuvres écrites pour la scène.

Mais le drame est-il même un genre dramatique ? Contrairement à la tragédie par exemple, qui connaît, de fait, des actualisations diverses (on parle de tragédie humaniste, de tragédie classique, de tragédie des Lumières...), les mutations historiques valent, dans le cas du drame, mutations esthétiques. Comme « genre », le drame endosse ainsi tour à tour les livrées bourgeoise, romantique, naturaliste, symboliste et moderne (c'est ce panorama que propose Michel Lioure, *ibid.*), sans qu'une série cohérente de constituants émerge et fasse sens – à l'exception du choix, régulier, du terme de « drame » et du critère négatif de la condamnation des clivages pluriséculaires entre tragédie et comédie.

Le positionnement par rapport aux deux grands genres n'est pas même uniforme. Alors que Diderot condamne la mixité générique et assigne à ce qu'il nomme non pas le drame, et encore moins le drame bourgeois (syntagme forgé *a posteriori*), mais le « genre sérieux », l'intervalle qui sépare, dans la gamme des tons et des registres, le tragique du comique (voir Diderot, texte XVI), Hugo, lecteur de Shakespeare et des romantiques allemands, conçoit un drame fondé sur la conjonction du sublime et du grotesque (voir Introduction, p. 37, et Hugo, texte V).

Nommer « drame » ce que l'on désignait auparavant soit par l'expression générale de « comédie » (au sens générique de « pièce de théâtre ») ou de « poème dramatique », soit en recourant aux sous-catégories génériques habituelles, c'est signifier, cependant, un retour aux sources du théâtre lui-même défini comme *drama*, soit « action ». De fait, l'adjectif « dramatique », dérivé de « drame », renvoie moins au genre qu'au théâtre dans son ensemble – c'est pour lever l'ambiguïté que Beaumarchais crée le néologisme « dramique » (voir texte XVII). Mais recourir à la notion de « drame », c'est aussi traverser les frontières géographiques, puisque le drame est un genre européen, dont les développements essentiels ont lieu dans l'Allemagne romantique (*Götz von Berlichingen* de Goethe, *Les Brigands* de Schiller) puis, à la fin du XIX^e siècle, dans les pays scandinaves (*Hedda Gabler* d'Ibsen ou *Mademoiselle Julie* de Strindberg), en Russie (*Les Trois Sœurs* et *La Cerisaie* de Tchekhov) et en Belgique (*Pelléas et Mélisande* de Maeterlinck).

Les années 1880, qui voient l'émergence de ces dramaturgies, sont aussi paradoxalement celles de la remise en question des constituants essentiels du drame. Dans un ouvrage capital, Peter Szondi le définit à la suite de Hegel non comme un genre dramatique historiquement circonscrit, mais comme « une certaine forme de poésie théâtrale » européenne dont l'essor se situe entre la Renaissance et la fin du XIX^e siècle, et plus encore comme un phénomène esthétique et anthropologique majeur de l'art et de la pensée occidentaux, qui, selon la perspective développée par Hegel dans *L'Esthétique*, succède à l'épique et au lyrique en les subsumant. Le drame donne à voir la reproduction de rapports interhumains dans un

« ici et maintenant » qui constitue la seule coordonnée spatio-temporelle du conflit et de sa résolution ; il est « absolu » et « primaire », ne présupposant pas l'existence d'un passé ou d'un futur non plus que d'un ailleurs, ne faisant aucune place à l'auteur et progressant par l'enchaînement du dialogue, dont tous les mots sont des « décisions » (P. Szondi, *Théorie du drame moderne*, *op. cit.*, p. 13-17).

« Forme poétique de l'événement (1) interhumain (2) dans sa présence (3) », le drame connaît, à la fin du XIXe siècle, une crise affectant « cette triade de concepts par leurs contre-concepts » (*ibid.*, p. 63) : le poids du passé, qui leste le présent et infléchit la forme de l'échange (monologue, discours de ressassement, récit des événements que le drame ne peut plus montrer), la difficulté de communiquer, qui hypothèque la possibilité de représenter des rapports interpersonnels, enfin la remise en question de l'action et du choix. Mais, dernier paradoxe attaché au terme, c'est au moment où les constituants propres au drame deviennent problématiques et quittent la scène que s'impose – faute de mieux ? – le seul terme de « drame » pour désigner l'ensemble des pièces écrites pour le théâtre.

## ÉPIQUE/DRAMATIQUE

Dans les premiers chapitres de la *Poétique*, Aristote distingue l'épique et le dramatique comme deux modes de la *mimèsis* ; en effet, la représentation peut être prise en charge par un narrateur (chapitre III) ou être « mise en œuvre par les personnages du drame », sans qu'on y ait « recours à la narration » (chapitre VI, éd. citée, p. 53). La suite de l'ouvrage et surtout l'histoire du théâtre occidental montrent toutefois que les frontières entre l'un et l'autre modes sont extrêmement poreuses, non seulement parce que, épique ou dramatique, la *mimèsis* est essentiellement considérée comme récit ou *muthos* (voir « Fable », *infra*), mais encore parce que le théâtre a toujours mêlé au dramatique strict des éléments épiques, ainsi du reste que des éléments lyriques, à commencer par les chants du chœur. Le drame est par ailleurs défini par Hegel à la fois comme la forme esthétique qui succède à l'épique et au lyrique et celle qui, dans la perspective dialectique qui est la sienne, les subsume.

La contamination du dramatique par l'épique ne prend pas seulement la forme, très localisée – généralement à l'ouverture et à la clôture du drame –, des récits (récit de la victoire de Rodrigue contre les Maures dans *Le Cid* de Corneille, ou de la mort d'Hippolyte par Théramène dans *Phèdre* de Racine) ; elle intéresse en réalité la construction même de l'intrigue telle qu'elle se manifeste dans les mystères médiévaux par exemple, ou dans la tragi-comédie baroque (*Le Cid* ou *Agésilan de Colchos* de Rotrou), qui, tout au contraire de la tragédie dramatisant une crise étroitement circonscrite dans l'espace et dans le temps, déroule depuis ses commencements jusqu'à son dénouement une action échevelée qu'elle emprunte précisément au roman ou à l'épopée moderne.

Il reste que la contamination du dramatique par l'épique et l'« épicisation » du théâtre connaissent un développement décisif grâce à la réforme brechtienne, largement héritière de la dialectique de Hegel, dont le levier est précisément constitué par la substitution au modèle dominant du théâtre dramatique d'un théâtre véritablement épique. Dans le tableau ci-dessous, qui a surtout le mérite d'en exposer clairement les enjeux, Brecht résume ainsi les divergences fondamentales entre l'une et l'autre forme (*Théâtre récréatif ou théâtre didactique* [1935] dans *Le Théâtre épique*, *Écrits sur le théâtre*, éd. citée, p. 215-216).

| FORME DRAMATIQUE | FORME ÉPIQUE |
|---|---|
| « La scène "incarne" un événement<br>Implique le spectateur dans une action<br>épuise son activité intellectuelle<br>lui est occasion de sentiments<br>[...] L'homme est supposé connu<br>L'homme immuable<br>Les événements se déroulent linéairement<br>[...] Le monde tel qu'il est<br>Ce que l'homme doit faire [...] » | « Elle le narre<br>Fait de lui un observateur mais<br>éveille son activité intellectuelle<br>l'oblige à des décisions<br>[...] L'homme est l'objet de l'analyse<br>L'homme qui se transforme et transforme<br>En faisant des méandres<br>[...] Le monde comme devenir<br>Ce que l'homme peut faire [...] » |

La réforme brechtienne porte à la fois sur la construction de ce qu'il n'est plus possible d'appeler l'intrigue, tant la « fable » brechtienne implique d'événements, sur la disposition non linéaire des événements ou des séquences qui composent la pièce et sur la relation de commentaire que l'auteur-scripteur ou l'archi-énonciateur, figuré par un ou plusieurs personnages, entretient avec cette histoire. Substituant à la structure du drame, laquelle s'ordonne presque toujours, même en dehors de la tragédie, à l'idée d'un destin (et donc d'un ordre des choses immuable), une structure ouverte, éclatée, et dans laquelle se mêlent fragments d'histoire et commentaires de cette histoire, la forme épique implique en outre un rapport critique et actif – en un mot « distancié » (voir « Distanciation », *supra*) – entre la scène et le spectateur, lequel est d'ailleurs fondamentalement conçu comme un homme susceptible d'action et non comme le récepteur passif d'un spectacle reproduisant implicitement l'idéologie dominante.

En mettant en œuvre une telle réforme, Brecht est doublement en accord avec les mutations esthétiques de son temps. D'une part, sa réforme coïncide avec la « romanisation de la littérature » décrite par Mikhaïl Bakhtine et qui signifie non pas exactement la soumission des autres genres, dont le théâtre, aux canons du roman – qui n'en a pas –, mais « leur libération de tout ce qui est conventionnel, nécrosé, ampoulé, amorphe, de tout ce qui freine leur propre évolution, et les transforme en stylisations des formes périmées » (M. Bakhtine,

« Récit épique et roman » [1941], repris dans *Esthétique et théorie du roman*, Gallimard, 1978, p. 472). D'autre part, la réforme brechtienne est en accord avec l'éclatement du récit et celui du point de vue qui affectent l'évolution du roman, en Allemagne avec Alfred Döblin notamment (*Berlin Alexanderplatz*, 1929), comme dans toute l'Europe – Brecht voit en Joyce un maître de la distanciation – et aux États-Unis, et qui font de ce roman nouveau un modèle pour penser l'organisation de la « fable » et son montage.

## FABLE

Traduction du grec *muthos*, concept majeur de la *Poétique* d'Aristote, le terme « fable » s'est imposé dans le lexique de la théorie dramatique pour désigner essentiellement la donnée narrative (et narrativisable) qu'une pièce dramatise et met en scène. La fable est, avec le personnage notamment, un des constituants du théâtre qui ont été le plus sérieusement ébranlés au cours du XX^e^ siècle. Toute la tradition théâtrale occidentale antérieure, fidèle à la doctrine aristotélicienne, voit en effet dans la fable le constituant essentiel du drame, auquel même les personnages sont subordonnés – le personnage n'étant que ce que l'action le fait être, ne parlant et ne pensant qu'en fonction de sa position dans l'action.

Aristote, toutefois, ne distingue pas nettement les deux niveaux fondamentaux sur lesquels opère la notion : la fable est à la fois le sujet, voire le récit légendaire à partir duquel ce sujet a été constitué, et la syntaxe des faits ou l'enchaînement causal des actions que le poète bâtit à partir de ce sujet et qui possède un commencement, un milieu et une fin. Il y a là une ambiguïté, que la réflexion menée par Brecht dans le *Petit Organon pour le théâtre* (1948) a en partie levée : le dramaturge y affirme simultanément que « nos théâtres ont perdu la faculté ou l'envie de raconter distinctement [des] histoires [...] c'est-à-dire de rendre crédible l'enchaînement des événements » (*Écrits sur le théâtre*, éd. citée, p. 358), mais aussi que « la grande affaire du théâtre est la "fable" », définie, dans la perspective du théâtre épique, comme « la composition d'ensemble de tous les processus gestuels » (*ibid.*, p. 378), autrement dit des séquences de l'action qui trouvent leur unité autour d'un matériau gestuel, d'une action physique, engageant des représentations sociales. Et la mutation essentielle concerne dès lors la manière dont ces différentes séquences se rattachent les unes aux autres, selon un principe qui ne doit plus rien à l'enchaînement causal mais au « montage ». Renforcé encore dans le théâtre contemporain, le montage se définit à la fois comme indépendance à l'égard du déroulement linéaire de l'action et exercice d'un point de vue qui prélève et donne à voir des événements, sans plus nécessairement les raconter (voir J.-P. Sarrazac, *L'Avenir du drame*, *op. cit.*, p. 62-69, et « Fable (crise de la) », dans *Lexique du drame moderne et contemporain*, *op. cit.*, p. 78-85).

À côté de ces expériences dramatiques qui, dans la lignée du théâtre de Brecht, préservent le sujet en substituant le montage à l'enchaînement causal, s'épanouit, depuis les années 1950 au moins, un théâtre où même cet emploi minimal de la fable se trouve aboli, un théâtre – celui de Samuel Beckett, Nathalie Sarraute ou Valère Novarina – qui ne raconte plus rien et donne exclusivement à voir et à entendre l'exercice de la parole.

*Cf. Épique/Dramatique.*

## ILLUSION THÉÂTRALE

Jusqu'à une période très récente, le théâtre occidental s'est défini comme théâtre d'illusion, visant à imposer au spectateur un simulacre de réalité (l'abbé d'Aubignac parle de la « vérité de l'action théâtrale » : voir texte VIII) auquel il accordera sa croyance pendant la durée de la représentation. Tous les constituants du texte comme du spectacle théâtral sont dès lors subordonnés à la fabrique de l'illusion : le dialogue dramatique est conçu comme conversation surprise, les coordonnées spatio-temporelles de la fiction sont réglées sur celles de la représentation – ce sont les unités de temps et de lieu –, la scène vide est interdite par la règle de la liaison des scènes (voir « Unités », *infra*), et le décor fait l'objet d'une conception de plus en plus réaliste, déjà perceptible dans le théâtre romantique et qui se radicalise dans le théâtre naturaliste, où la scène est supposée donner à voir une « tranche de vie ».

Diderot a donné à l'illusion théâtrale sa figuration métaphorique la plus durable en forgeant dans son essai *De la poésie dramatique* la notion de « quatrième mur » : « Imaginez sur le bord du théâtre un grand mur qui vous sépare du parterre. Jouez comme si la toile ne se levait pas » (*De la poésie dramatique*, chapitre XI, dans *Entretiens sur Le Fils naturel*, *De la poésie dramatique* et *Paradoxe sur le comédien*, éd. citée, p. 210-211 ; voir aussi Introduction, p. 20). Il n'est pas indifférent que chez Diderot, théoricien du paradoxe sur le comédien en même temps que du drame, le conseil s'adresse à la fois aux auteurs dramatiques et aux acteurs. À ces derniers, Stanislavski paraît avoir donné des consignes analogues, mais plus radicales encore, en les faisant répéter entre quatre murs, sans dire lequel serait ouvert sur la salle (O. Aslan, *L'Acteur au XX^e^ siècle*, Seghers, 1974 ; rééd. L'Entretemps, 2005, p. 89). C'est que l'illusion passe incontestablement par l'acteur ; mais, support de l'identification au personnage, celui-ci vient aussi rappeler régulièrement au spectateur qu'il n'est pas ce personnage.

L'abbé d'Aubignac avait pu ériger patiemment un système tout entier fondé sur l'illusion non pas véritablement absolue – c'est celle du spectateur naïf, figure repoussoir de toute réflexion sur l'illusion – mais continue, où il s'agissait à tout prix d'éviter que soit rompue ou suspendue la puissance d'autonomie de la « vérité de l'action théâtrale » (par de trop longs monologues, des apartés, etc.). Ses successeurs ont eu à cœur de démonter le fonctionnement complexe d'un processus qui n'est ni homogène – selon Marmontel, l'illusion, qui n'est jamais que « demi-illusion », mêle l'abandon à la « vérité » de l'action théâtrale et la conscience, esthétique, des moyens artistiques qui concourent à la production de cette vérité, au premier rang desquels l'art de l'acteur (voir texte XI) – ni continu et durable (voir Stendhal, texte XII).

C'est dire que toute réflexion sur l'illusion, même avant la réforme brechtienne, articule en réalité illusion et mise à distance, ce que Brecht nommera « effet de distanciation » et que la psychanalyse désignera par le terme de « négation » ou de « dénégation » (*Verneinung*). La dénégation ou le sentiment de l'irréalité du processus sont les conditions d'exercice de l'imaginaire et, dans l'interprétation psychanalytique, de la libération de l'inconscient : « il faut que ce ne soit pas vrai, que nous sachions que ce n'est pas vrai, afin que les images de l'inconscient soient vraiment libres » (O. Mannoni, « L'illusion comique ou le théâtre du point de vue de l'imaginaire », *Clefs pour l'imaginaire* [1969], Seuil, « Points », 1985, p. 166).

## LIAISON DES SCÈNES

*cf. Unités.*

## MISE EN SCÈNE

La mise en scène est un art autant qu'un concept dont on peut précisément dater l'acte de naissance : il remonte aux expériences menées à partir de 1887 au Théâtre-Libre puis au théâtre Antoine par André Antoine, que celui-ci théorise dans sa *Causerie sur la mise en scène* (1903). Antoine considère que la « besogne » du metteur en scène se divise « en deux parties distinctes : l'une, toute matérielle, c'est-à-dire la constitution du décor servant de milieu à l'action [...] ; l'autre immatérielle, c'est-à-dire l'interprétation et le mouvement du dialogue », et que la première doit décider de la seconde, « car c'est le milieu qui détermine les mouvements des personnages, et non les mouvements des personnages qui déterminent le milieu » (cité par M. Borie, M. de Rougemont et J. Scherer dans *Esthétique théâtrale*, SEDES, 1982, p. 228).

L'art d'Antoine est au service d'un répertoire spécifique, à savoir le théâtre naturaliste, et la théorie du milieu autant que la réforme du jeu de l'acteur qu'elle engage sont étroitement liés au courant naturaliste. Mais l'essentiel est ailleurs : dans l'avènement d'un art qui subordonne désormais tous les arts de la scène – scénographie, éclairage, costume, jeu de l'acteur – à l'« interprétation » du texte par un co-créateur, qui double désormais l'auteur. Le metteur en scène, en ce sens, ne saurait se confondre avec le régisseur, c'est-à-dire celui qui a en charge l'organisation matérielle du spectacle, non plus qu'avec le directeur de troupe (Molière, par exemple, ne fut pas « metteur en scène » au sens moderne du terme) : il est, fondamentalement, un archi-lecteur autant qu'un « archi-spectateur » (D. Guénoun), celui qui cherche à donner corps, sur scène, à sa lecture du texte et qui forme le foyer à partir duquel s'organise l'ensemble du spectacle. « Le metteur en scène est cette conscience subjective, qui prétend occuper la place habituelle de l'assemblée théâtrale, par condensation », et il n'est pas indifférent que « l'apparition du metteur en scène [...] soit exactement contemporaine de l'invention du cinéma. Car le metteur en scène tente de produire une position qui s'invente à côté de lui, au cinéma, en toute quiétude et en permanence : la position du sujet transcendantal de la représentation » (*Le Théâtre est-il nécessaire ?*, *op. cit.*, p. 128-129).

Il importe peu, dès lors, que cette « conscience subjective » se manifeste discrètement ou de manière visible, qu'elle projette sur le texte des préoccupations idéologiques ou psychanalytiques qui sont celles du metteur en scène ou de son époque, et qu'elle utilise le décor, le costume et la musique pour donner corps à cette lecture, ou qu'à l'inverse elle cherche à faire entendre le texte dans sa nudité, dans son fonctionnement pneumatique (voir Jouvet, texte XXVIII) ou affectif et ne donne à voir que le plateau nu. Comme le dit Vitez, « il y a deux familles de théâtre, au fond, il n'y en a que deux » : l'une qui est celle de la nudité, de l'espace vide, « de la machine à jouer qui se suffit à elle-même », l'autre, plus jeune, à laquelle appartiennent Antoine mais aussi Craig, celle de la richesse et du « miracle naïf des trois dimensions » (*Le Journal de Chaillot*, n° 7, juin 1982, repris dans D. Sallenave et G. Banu, *Le Théâtre des idées*, Gallimard, 1991, p. 111).

Si mettre en scène un texte, c'est toujours l'interpréter, alors il faut considérer que toute mise en scène est exercice d'une conscience transcendante, affaire de regard et de lecture, de va-et-vient entre le texte et ce qu'en font les acteurs – Antoine Vitez, à la suite de Giorgio Strehler, définit ainsi le metteur en scène comme un acteur qui s'est échappé du chœur des acteurs et qui regarde ses camarades travailler. Mais ce travail ne s'exerce évidemment pas dans les mêmes conditions selon que le texte appartient au passé, voire à un passé lointain (c'est tout l'enjeu de la mise en scène des classiques, qu'il s'agisse de les « actualiser » en faisant entendre leurs possibles échos ou prolongements modernes ou de montrer au contraire, dans la perspective de Vitez notamment, « les fractures du temps » : voir texte XXIX), ou que son auteur est vivant, voire que la mise en scène du texte est le fruit d'une collaboration véritable entre l'auteur et le metteur en scène (Jouvet montant les pièces de Giraudoux, ou Chéreau celles de Koltès).

## MONOLOGUE

*Cf. Dialogue.*

## PERSONNAGE DRAMATIQUE

L'étymologie lie très fortement la notion de personnage au champ théâtral puisque le latin *persona* désigne à l'origine le masque. Dans l'*Art poétique* d'Horace cependant, *persona* alterne avec *mos*, traduisant le grec *èthos*, « caractère », pour désigner le personnage de théâtre. La *Poétique* d'Aristote, de son côté, connaît deux manières de nommer les personnages : les *prattontes*, soit, littéralement, les « actants », et les *èthè* ou « caractères ». Ces désignations plurielles portent trace des traits propres au personnage de théâtre dont l'élaboration, tout d'abord, doit répondre au principe du *decorum* ou de la convenance : conformité à la représentation traditionnelle d'une figure historique ou légendaire dans le cas de la tragédie (« Que Médée soit farouche et indomptable,/Ino plaintive, Ixion perfide, Io vagabonde, Oreste sombre », Horace, *Art poétique*, v. 123-124, trad. F. Villeneuve, Les Belles Lettres, 1941, p. 208-209), convenance de nature à la fois anthropologique et morale dans le cas de la comédie, dont les personnages sont définis par l'âge, la condition sociale et le tempérament qui sont les leurs.

Dans les genres comiques, le « caractère » se fixe régulièrement en « type » : c'est ainsi que le *senex* (le vieillard) ou le *servus currens* (le serviteur) de la comédie latine n'ont que peu à voir avec un référent réel et se définissent essentiellement par leur fonction au sein de l'action (personnage-obstacle et, de ce fait, ridicule, d'un côté, principal adjuvant des amoureux de l'autre). La *commedia dell'arte*, qui pousse à l'extrême ce mouvement d'émancipation à l'égard des contraintes de la *mimèsis*, assouplit aussi la définition du type ou du masque (Arlequin, Polichinelle…), doté d'une certaine compétence ou emploi (celui de *zanni* ou valet pour Arlequin), mais qui peut remplir dans les pièces toutes sortes de rôles ou fonctions dramatiques (C. Bourqui, *La Commedia dell'arte*, SEDES, 1999, p. 48).

Les termes de *persona* et plus encore de *prattontes* sont porteurs de traits sémantiques qui trouvent leur unité dans la notion de représentation, d'actualisation scénique : s'il permet de constituer l'identité visuelle du personnage, le masque ou le costume est porté par l'acteur, lequel est le seul véritable « agissant », en ce qu'il met en action le personnage. De manière significative, l'ancienne langue (de la fin de la Renaissance jusqu'à Marivaux, qui place encore, comme Corneille, Molière ou Racine, une liste des « acteurs » en tête de ses pièces) a presque systématiquement nommé « acteur » à la fois le personnage de théâtre et le comédien. Cet usage ne s'explique pas seulement par le fait que le terme est un dérivé de l'*actio*, partie de la rhétorique précisément consacrée à la gestuelle et à la déclamation ou que « premier acteur » traduit, chez Corneille, le « protagoniste » aristotélicien, mais encore parce que les classiques, et notamment l'abbé d'Aubignac, ont perçu ce recouvrement du personnage par l'acteur et de l'acteur par le personnage (voir B. Louvat-Molozay, « Les noms du *personnage* de théâtre de Laudun à d'Aubignac », dans *Le Lexique métalittéraire français* (XVI^e^-XVII^e^ *siècles)*, éd. M. Jourde et J.-Ch. Monferran, Genève, Droz, 2006, p. 107-122).

À la suite de Diderot, les théoriciens modernes s'emploieront à définir la relation complexe qui unit le personnage à l'acteur, lequel actualise et surtout fédère des traits et informations disséminés dans les discours du personnage ou des autres personnages sur lui autant que dans les didascalies. Or cette actualisation présente la double particularité d'être appelée par le texte et en ce sens nécessaire en même temps que passagère : contrairement à leurs équivalents romanesques, les personnages de théâtre « ont besoin d'être reconnus charnellement, sous les dehors les plus imprévus, par un public qui les confondrait peut-être, pour un soir, avec Mounet-Sully, Laurence Olivier ou Charles Dullin » (R. Abirached, *La Crise du personnage dans le théâtre moderne*, *op. cit.*, p. 7).

Ainsi mis en mouvement, le personnage « existe à la jonction entre la scène et la salle, là où fusionnent la projection du comédien et la représentation mentale du spectateur. Il y a, chaque soir, presque autant de personnages que de réfractions individuelles » (O. Aslan, *L'Acteur au* XXe *siècle*, *op. cit.*, p. 76).

*Cf. Acteur/Comédien.*

## QUATRIÈME MUR

*Cf. Illusion théâtrale.*

## REPRÉSENTATION

*Cf. Spectacle.*

## SPECTACLE

L'histoire de la notion de spectacle et de ses relations complexes avec le théâtre trouve son origine dans le chapitre VI de la *Poétique* où Aristote définit l'*opsis* (« spectacle ») à la fois comme une partie de la tragédie (voir texte VI) et comme le mode distinctif selon lequel opère la *mimèsis* tragique : « il y a deux parties [l'expression et le chant] qui sont les moyens de la représentation, une qui en est le mode [le spectacle], trois qui en sont les objets [l'histoire, les caractères et la pensée], et il n'y en a pas d'autres en dehors de celles-là [...], puisque le spectacle implique tout : caractères, histoire, expression, chant et pensée également » (éd. citée, p. 55). Ayant ainsi donné une place décisive au spectacle, il le rejette cependant quelques lignes plus loin aux marges du théâtre et en abandonne l'exécution aux seuls techniciens : « Quant au spectacle, qui exerce la plus grande séduction, il est totalement étranger à l'art et n'a rien à voir avec la poétique, car la tragédie réalise sa finalité même sans concours et sans acteurs. De plus, pour l'exécution technique du spectacle, l'art du fabricant d'accessoires est plus décisif que celui des poètes » (éd. citée, p. 57).

Mais, par ailleurs, le spectacle – au double sens étymologique de « ce qui est offert à la vue » et de « divertissement » – constitue une catégorie esthétique subsumante et englobante, qui ravale le théâtre au rang de forme spectaculaire parmi d'autres, quantitativement plus importantes et, à certaines périodes de leur histoire, plus encouragées par le pouvoir que le théâtre. Ainsi la civilisation romaine fut-elle une « civilisation du spectacle » et le théâtre romain, tragédie et comédie confondues, conçu comme l'ensemble des « jeux scéniques » (voir F. Dupont, *L'Acteur-roi ou le Théâtre dans la Rome antique*, Les Belles Lettres, 1985) et non comme textes ; ainsi encore, le public français des XVII^e^ et XVIII^e^ siècles plébiscita, aux côtés des formes spectaculaires canoniques, des genres mêlant danse, musique et théâtre tels que le ballet de cour, la comédie-ballet, le vaudeville, la parade, l'opéra ou l'opéra-comique. En 1668, l'*Idée des spectacles anciens et nouveaux* de l'abbé de Pure pouvait ainsi réserver quinze pages au théâtre et plus de cent au ballet.

L'invention de la mise en scène à la fin du XIX^e^ siècle puis la promotion de la « théâtralité » permirent de redonner sa juste place au spectacle, sous la forme d'une valorisation des éléments visuels et de la scénographie, mais également d'une attention jamais démentie depuis au mode propre et irréductible de la *mimèsis* théâtrale. L'essor de la mise en scène, cependant, a eu pour effet de modifier aussi les relations entre la scène et la salle : en abolissant le système frontal de représentation et en faisant jouer les acteurs au milieu des spectateurs, en plaçant ces derniers de part et d'autre de la scène, en renouant avec l'esthétique des tréteaux ou le théâtre de rue, certains metteurs en scène (Julian Beck, Jacques Copeau, Ariane Mnouchkine, Patrice Chéreau...) ont profondément transformé les définitions et les attributions du spectacle – autant que du spectateur.

La période contemporaine semble connaître une crise essentielle dans ce partage des espaces et des fonctions, crise qui ne concerne plus l'architecture des théâtres ou la disposition interne aux salles de spectacle, mais le divorce entre un théâtre à faire, un théâtre participatif sans spectateurs (les ateliers de pratique théâtrale) et un théâtre à voir, face auquel le spectateur, même assis au milieu des acteurs, demeure passif (voir D. Guénoun, *Le Théâtre est-il nécessaire ?*, *op. cit.*).

## SPECTATEUR

*Cf. Illusion théâtrale, Spectacle.*

## TABLEAU

Dans la dramaturgie moderne, la notion de tableau intéresse la division du texte et, d'abord, du spectacle de théâtre ou d'opéra : sans généralement se substituer à l'acte, le « tableau » constitue une catégorie intermédiaire entre l'acte et la scène, un acte pouvant être constitué de plusieurs tableaux qui possèdent leur unité spatio-temporelle propre.

Emprunté au lexique de la peinture *via* la rhétorique, le tableau – dont l'équivalent en rhétorique est l'hypotypose – désigne cependant, dans son emploi originel, un effet esthétique analogue à celui que suscite la peinture, comme l'explicite Diderot, théoricien majeur (et premier) de la notion : « Une disposition des personnages sur la scène, si naturelle et si vraie, que rendue fidèlement par un peintre, elle me plairait sur la toile, est un tableau » (*Entretiens sur Le Fils naturel*, éd. citée, p. 79 ; voir aussi texte XVI).

Un tel effet est à l'œuvre dans des séquences qui, généralement fondées sur l'expression muette des émotions – la pantomime –, suspendent le déroulement dramatique et l'enchaînement du dialogue au profit d'une impression visuelle particulièrement propre à ébranler le spectateur. Comme le montre Pierre Frantz (*L'Esthétique du tableau dans le théâtre du XVIII*e *siècle*, PUF, 1998), l'esthétique du tableau opère un bouleversement radical dans la conception des éléments qui composent le spectacle théâtral et dans leur hiérarchie puisqu'elle ouvre sur une promotion du visuel, mais aussi de la pause, aux dépens de la progression linéaire de l'action (voir aussi « Tableau » dans *Lexique du drame moderne et contemporain*, dir. J.-P. Sarrazac, Circé, 2005).

## UNITÉS

Les unités d'action, de temps et de lieu sont, à juste titre, identifiées au modèle classique ; on gagne toutefois à les interpréter moins comme des contraintes externes et justifiées par le seul principe de l'imitation des Anciens – la *Poétique* d'Aristote, d'ailleurs, n'évoque que les unités d'action et de temps, et cette dernière par la formule elliptique « une seule révolution du soleil » (chapitre V, éd. citée, p. 49) – que comme l'expression la plus haute de l'exigence d'illusion et de vraisemblance qui caractérise la scène classique.

Ainsi la règle des vingt-quatre heures s'impose-t-elle, en 1630, au nom de l'adéquation entre la durée de la représentation et la durée de l'action qui doit faciliter l'illusion théâtrale et, partant, le plaisir et l'instruction du spectateur. Son promoteur essentiel, Jean Chapelain, considère en effet que « l'imitation en tous poèmes doit être si parfaite qu'il ne paraisse aucune différence entre la chose imitée et celle qui imite, car le principal effet de celle-ci consiste à proposer à l'esprit, pour le purger de ses passions déréglées, les objets comme vrais et comme présents » (*Lettre sur la règle des vingt-quatre heures*, dans *Temps de Préfaces. Le débat théâtral en France de Hardy à la Querelle du Cid*, éd. G. Dotoli, Klincksieck, 1996, p. 227).

La règle de l'unité de lieu fait l'objet d'un raisonnement analogue : il est « contraire à la vraisemblance, qu'un même espace et un même sol [ceux de la scène], qui ne reçoivent aucun changement, représentent en même temps deux lieux différents, par exemple la France et le Danemark, la Galerie du Palais et les Tuileries » (D'Aubignac, « De l'unité de lieu », II, 6, *La Pratique du théâtre*, éd. H. Baby, Honoré Champion, 2001, p. 156-157). Unité signifiant progressivement unicité du lieu, le théâtre classique ne connaît plus, à partir des années 1650, que trois lieux fictionnels, de fait largement conventionnels : le palais à volonté de la tragédie ; le carrefour urbain (celui de *L'École des femmes* ou des *Fourberies de Scapin*) ou l'intérieur bourgeois (la maison d'Orgon ou le salon de Célimène) pour la comédie.

À ces deux unités qui assujettissent les coordonnées spatio-temporelles de l'action à celles de la représentation s'ajoute la règle de la liaison des scènes, autrement dit de l'interdiction de la scène vide. Pièce maîtresse du système illusionniste, elle oblige à lier, à l'échelle d'un acte, toutes les scènes entre elles, en laissant au moins un personnage assurer la transition ou, au minimum, en recourant à l'artifice de la liaison de fuite, qu'elle soit de vue ou de bruit : le personnage sur scène aperçoit ou entend celui qui entre.

Quant à l'unité d'action, elle n'a jamais signifié, même dans les pièces les moins chargées de Racine, unicité de l'action : la doctrine classique de l'unité d'action consiste en une unification des actions principale et secondaire et un réglage de leur hiérarchie – qui peut varier en cours de pièce. La mise à plat des unités par les romantiques – à l'exception de l'unité de lieu, assouplie sous l'influence de l'opéra et de l'esthétique du tableau, les unités ne sont pas remises en question au XVIII^e^ siècle – épargne l'unité d'action : Hugo parle même, dans la Préface de *Cromwell*, des « deux unités », à ses yeux irrecevables parce que contraires au réel et au principe selon lequel « toute action a sa durée propre comme son lieu particulier » (éd. A. Ubersfeld, GF-Flammarion, 1968, p. 81 et 83).

Les réflexions des cinquante dernières années sur le drame, de Peter Szondi à Denis Guénoun, permettent de relativiser le caractère étroitement historique des unités et de mettre au jour la nécessité interne de ce qui constitue à bien des égards une véritable forme-sens ; si le drame se définit comme représentation d'une crise ou d'un basculement, il s'inscrit nécessairement et comme métaphysiquement dans un temps, un lieu et une action singulièrement circonscrits : « le drame se déroule selon une suite absolue de présents », succession qui interdit « la présence d'un monteur » et « l'entourage spatial doit être banni de la conscience du spectateur. Ainsi seulement on voit se constituer une scène absolue, c'est-à-dire dramatique » (P. Szondi, *Théorie du drame moderne*, *op. cit.*, p. 16). Ces caractéristiques trouvent un prolongement thématique et philosophique dans la « dramaturgie du resserrement » (*ibid.*, p. 87) et de l'enfermement qui s'épanouit dans le théâtre des années 1950, notamment chez Sartre.

## VRAISEMBLANCE

La vraisemblance n'intéresse pas en propre le domaine du théâtre ; ou plus exactement, une partie seulement de ses applications est spécifique au théâtre, celle qui regarde le réglage des rapports entre la scène et la salle et fait de la vraisemblance une désignation concurrente (mais appréhendée depuis un autre point de vue) du phénomène couramment nommé illusion théâtrale.

Dans une grande partie de ses emplois en effet, la vraisemblance du texte théâtral ne se distingue pas de celle qui régit la fiction littéraire depuis Aristote. Nommé aussi le « possible », le vraisemblable est, dans la *Poétique*, le domaine propre à la poésie (voir Aristote, texte VI). Il concerne en premier lieu la sélection des événements, dans la mesure où les poètes comiques, par exemple, « construisent leur histoire à l'aide de faits vraisemblables, puis ils lui donnent des noms pris au hasard » (chapitre IX, éd. citée, p. 65). Mais il engage aussi le réagencement de ces faits dans la représentation littéraire, laquelle relève de l'universel (« l'ordre du vraisemblable et du possible », distinct de celui de l'avéré) : selon Aristote, même les poètes tragiques – et, à pousser son raisonnement, les dramaturges adaptant des faits divers (voir Genet, texte IX, et Koltès, texte XIX) –, qui « s'en tiennent aux noms d'hommes réellement attestés » (*ibid.*) soumettent les événements réels à l'ordre du vraisemblable et du possible.

Le vraisemblable possède ainsi deux versants chez Aristote : un versant ontologique, corollaire de la définition de la représentation artistique comme universalisation du particulier, et un versant rhétorique assimilant le vraisemblable, ou plus exactement le possible, au persuasif : « le possible est persuasif ; or, ce qui n'a pas eu lieu, nous ne croyons pas que c'est possible, tandis que ce qui a eu lieu, il est évident que c'est possible » (*ibid.*).

C'est ce dernier domaine qui, à l'époque classique, s'est trouvé valorisé et surtout radicalisé, au point que la vraisemblance put s'y confondre avec la simple bienséance. Comme l'a montré Gérard Genette à propos de la Querelle du *Cid* et des débats autour de la scène de l'aveu de *La Princesse de Clèves*, la vraisemblance se définit alors en termes de conformité à un système de valeurs et même très précisément à une maxime comportementale que Georges de Scudéry explicite clairement dans ses *Observations sur Le Cid* : « Il est vrai que Chimène épousa le Cid, mais il n'est point vraisemblable qu'une fille d'honneur épouse le meurtrier de son père » (cité par G. Genette, « Vraisemblance et motivation », *Figures II*, Seuil, 1969 ; rééd. « Points », 1979, p. 71-99).

La vraisemblance, dès lors, est un principe éminemment prescriptif, et d'autant plus important à la scène que les faits et les comportements sont donnés à voir directement. C'est ce qu'énonce, fortement et à plusieurs reprises, le champion classique de la vraisemblance, l'abbé d'Aubignac : « La scène ne donne point les choses comme elles ont été, mais comme elles doivent être, et le poète y doit rétablir dans le sujet tout ce qui ne s'accommodera pas aux règles de son art » (*La Pratique du théâtre*, II, 1, éd. citée, p. 113).

C'est toutefois une autre forme de vraisemblance qui justifie, en amont, le système classique des trois unités. Car chez les théoriciens classiques la vraisemblance a pour effet et pour justification la production de l'illusion théâtrale (voir Marmontel, texte XI). Précisément, la vraisemblance désigne en ce sens l'image cohérente du « vrai » que la scène doit partout donner à voir et la fiction d'autonomie dont elle doit imposer la croyance au spectateur, en maquillant la réponse à ses besoins (défaut d'information, goût du spectacle, du pathétique, etc.) par des motivations internes à la fiction ou ce que l'abbé d'Aubignac nomme des « couleurs » (voir texte VIII), et en naturalisant ou en dissimulant les conventions théâtrales.

*Cf. Illusion théâtrale, Unités.*

# BIBLIOGRAPHIE

## OUVRAGES GÉNÉRAUX

Barthes, Roland, *Écrits sur le théâtre*, textes réunis et présentés par Jean-Loup Rivière, Seuil, « Points Essais », 2002 [ouvrage qui rassemble l'intégralité des articles que Barthes a consacrés au théâtre, essentiellement dans les années 1950. Voir aussi texte II].

Biet, Christian, et Triau, Christophe, *Qu'est-ce que le théâtre ?*, Gallimard, « Folio Essais », 2006 [une approche totalisante et exhaustive du fait théâtral, qui confronte le texte à sa mise en jeu et aux conditions concrètes de la représentation et de la réception du spectacle théâtral].

Borie, Monique, Rougemont, Martine de, et Scherer, Jacques, *Esthétique théâtrale. Textes de Platon à Brecht*, CDU SEDES, 1982 [anthologie particulièrement riche pour la période moderne et qui fait une place importante aux praticiens].

*Dictionnaire encyclopédique du théâtre*, sous la direction de Michel Corvin, Bordas, 1995.

Dort, Bernard, *Théâtre public*, Seuil, 1967 [recueil d'articles parus entre 1953 et 1966 consacrés pour une grande partie d'entre eux à Bertolt Brecht et à la mise en scène des classiques].

–, *La Représentation émancipée*, Actes Sud, 1988 [voir notamment les sections « le jeu du temps » et « la représentation émancipée »].

–, *Le Spectateur en dialogue*, P.O.L., 1995.

Kerbrat-Orecchioni, Catherine, « Le dialogue théâtral », dans *Mélanges offerts à Pierre Larthomas*, PUF, 1985 [article qui éclaire le dispositif énonciatif propre à la communication théâtrale et propose une première mise au point du « trope communicationnel », notion développée par C. Kerbrat-Orecchioni dans *L'Implicite*, Armand Colin, 1986].

Larthomas, Pierre, *Le Langage dramatique*, Armand Colin, 1972 [la première étude complète portant sur les spécificités du dialogue de théâtre, comparé notamment à la conversation « courante »].

Naugrette, Florence, *Le Plaisir du spectateur de théâtre*, Bréal, 2002 [le théâtre envisagé du point de vue du spectateur et de la nature complexe du plaisir qu'il y trouve].

Pavis, Patrice, *Dictionnaire du théâtre*, Éditions sociales, 1980 ; rééd. Armand Colin, 2002.

Roubine, Jean-Jacques, *Introduction aux grandes théories du théâtre*, Nathan, « Lettres sup. », 1990.

Souiller, Didier, Fix, Florence, Humbert-Mougin, Sylvie, et Zaragoza, Georges, *Études théâtrales*, PUF, « Quadrige », 2005 [une approche mêlant éléments d'histoire, de poétique des genres et de réflexion théorique et croisant les aires culturelles, les périodes et les disciplines].

Surgers, Anne, *Scénographies du théâtre occidental*, Nathan, 2000 ; rééd. Armand Colin, « Lettres Sup », 2005 [une histoire de la scénographie et de la figuration de l'espace, de l'Antiquité jusqu'au XIX^e siècle].

*Théâtralité et genres littéraires*, éd. Anne Larue, Poitiers, Publications de la Licorne, hors série – Colloques II, 1996 [réflexion sur les frontières du concept de théâtralité, notamment lorsqu'il est mis à l'épreuve de genres littéraires non dramatiques].

*Le Théâtre en France*, sous la direction de Jacqueline de Jomaron, Le Livre de Poche, « Encyclopédies d'aujourd'hui », 1992 [une histoire du théâtre français du Moyen Âge à la période contemporaine, écrite par des spécialistes d'études théâtrales].

Ubersfeld, Anne, *Lire le théâtre*, t. I, Éditions sociales, 1977 ; rééd. Belin, 1996 [réflexion générale sur le texte et la représentation, le temps, l'espace, le personnage au théâtre].

–, *Lire le théâtre*, t. II (*L'École du spectateur*), Messidor, 1981 ; rééd. Belin, 1996.

–, *Lire le théâtre*, t. III (*Le Dialogue de théâtre*), Belin, 1996.

## PHILOSOPHIE DU THÉÂTRE

Althusser, Louis, « Le "Piccolo", Bertolazzi et Brecht. Notes sur un théâtre matérialiste », dans *Pour Marx*, Maspero, 1965 ; rééd. La Découverte, 1996, p. 129-152 [à partir de l'analyse d'un spectacle mis en scène par G. Strehler, L. Althusser déplace la question de l'identification – et de la distanciation brechtienne – du plan psychologique au plan idéologique et social].

Duvignaud, Jean, *Sociologie du théâtre. Sociologie des ombres collectives*, PUF, « Quadrige », 1965 [une déclinaison des configurations que purent prendre les relations entre le théâtre et la cité au fil des siècles].

Gouhier, Henri, *L'Essence du théâtre*, Vrin, 1943 ; rééd. 2002 [le théâtre comme présence, et l'histoire des « hérésies » ou des déviances qui ont « menacé » cette « essence »].

Guénoun, Denis, *Le Théâtre est-il nécessaire ?*, Circé, « Penser le théâtre », 2002 [voir texte III].

–, *Actions et acteurs. Raisons du drame sur scène*, Belin, « L'Extrême contemporain », 2005 [recueil d'articles et de conférences qui trouve son unité autour de deux réflexions, l'une sur l'action dramatique et sa remise en question dans le drame moderne, et l'autre sur l'acteur].

Mannoni, Octave, « L'illusion comique ou le théâtre du point de vue de l'imaginaire », dans *Clefs pour l'imaginaire*, Seuil, 1969 [interprétation psychanalytique des mécanismes d'identification, de reconnaissance et de projection à l'œuvre dans l'illusion théâtrale].

Sartre, Jean-Paul, *Un Théâtre de situations*, Gallimard, 1973 ; rééd. « Folio », 1992 [réunion de tous les écrits de Sartre sur le théâtre, avec notamment les pages de *L'Idiot de la famille* consacrées à l'acteur].

Szondi, Peter, *Théorie du drame moderne*, trad. P. Pavis, Lausanne, L'Âge d'homme, 1983 [essai fondamental qui définit à la fois le drame, modèle esthétique et anthropologique qui se développe entre la Renaissance et la fin du XIXe siècle et la crise qu'il traverse depuis les années 1880 dans le domaine européen].

Taminiaux, Jacques, *Le Théâtre des philosophes*, J. Millon, 1995 [la construction de l'objet « tragédie » dans la philosophie allemande, par la médiation de Platon et d'Aristote].

## LES FORMES ET LES ÂGES DU THÉÂTRE

Abirached, Robert, *La Crise du personnage dans le théâtre moderne*, Gallimard, 1978 ; rééd. « Tel », 1994.

Baby, Hélène, *Poétique de la tragi-comédie de Corneille à Quinault*, Klincksieck, 2001.

Bourqui, Claude, *La Commedia dell'arte. Introduction au théâtre professionnel italien entre le XVIe et le XVIIIe siècle*, SEDES, 1999.

Demont, Paul, et Lebeau, Anne, *Introduction au théâtre grec antique*, Le Livre de poche, « Références », 1996.

Dupont, Florence, *L'Acteur-Roi ou le Théâtre dans la Rome antique*, Les Belles Lettres, 1985 [essai stimulant sur le théâtre romain et sur Rome comme civilisation du spectacle].

–, *Le Théâtre latin*, Armand Colin, « Cursus », 1988.

Escola, Marc, *Le Tragique*, GF-Flammarion, « Corpus », 2002.

Forestier, Georges, *Passions tragiques et règles classiques. Essai sur la tragédie française*, PUF, 2003.

Frantz, Pierre, *L'Esthétique du tableau dans le théâtre du XVIIIe siècle*, PUF, 1998.

Goldzink, Jean, *Comique et comédie au siècle des Lumières*, L'Harmattan, 2000.

*Lexique du drame moderne et contemporain*, sous la direction de Jean-Pierre Sarrazac, assisté de Catherine Naugrette, Hélène Kuntz, Mireille Losco et David Lescot, Circé Poche, 2005 (initialement paru sous le titre *Poétique du drame moderne*, Études théâtrales, 2001) [dans le prolongement de la réflexion de P. Szondi, un état actuel des invariants du théâtre autant qu'une recension des concepts qui permettent de penser le drame contemporain].

Lioure, Michel, *Le Drame de Diderot à Ionesco*, Armand Colin, 1973 [à défaut d'être une synthèse sur le genre, une étude en diachronie portant sur les drames bourgeois, puis romantique, naturaliste, symboliste et moderne].

Loraux, Nicole, *La Voix endeuillée. Essai sur la tragédie grecque*, Gallimard, 1999 [à rebours des lectures politiques du genre, une réflexion sur la valeur élégiaque ou déplorative d'un genre qui fait entendre la plainte et le deuil des femmes].

Louvat-Molozay, Bénédicte, *Poétique de la tragédie classique*, SEDES, « Campus », 1997.

Mazouer, Charles, *Le Théâtre français du Moyen Âge*, SEDES, 1998.

–, *Le Théâtre français de la Renaissance*, Honoré Champion, 1998.

Naugrette, Florence, *Le Théâtre romantique. Histoire, écriture, mise en scène*, Seuil, « Points/Essais », 2001.

Pasquier, Pierre, *La Mimèsis dans l'esthétique théâtrale du XVIIe siècle*, Klincksieck, 1995 [une réflexion sur les fondements des règles et principes qui régissent la dramaturgie classique, au premier rang desquels la vraisemblance et les unités de temps et de lieu].

Rey-Flaud, Bernadette, *La Farce ou la Machine à rire. Théorie d'un genre dramatique (1450-1550)*, Droz, 1984.

Rykner, Arnaud, *L'Envers du théâtre. Dramaturgie du silence de l'âge classique à Maeterlinck*, José Corti, 1996.

Ryngaert, Jean-Pierre, *Lire le théâtre contemporain*, Dunod, 1993.

Sarrazac, Jean-Pierre, *L'Avenir du drame*, Lausanne, Éditions de l'Aire, 1981 ; rééd. Circé Poche, 1999 [travail pionnier sur un corpus contemporain allant de Beckett à Vinaver ou Novarina et interrogeant, en même temps que l'héritage brechtien, le devenir de concepts clés de la poétique théâtrale comme la fable et le montage, le personnage ou le dialogue].

–, *La Parabole ou l'Enfance du théâtre*, Circé, « Penser le théâtre », 2002 [envisage la question des rapports entre le théâtre et le monde et de la figuration du réel à travers la forme de la parabole ou de l'écriture parabolique, chez Claudel, Brecht et Kafka. Permet aussi de penser ou revoir différemment la littéralité au théâtre et, à l'autre extrémité, le théâtre à thèse].

Scherer, Jacques, *La Dramaturgie classique en France*, Nizet, 1950.

Sternberg, Véronique, *Poétique de la comédie*, SEDES, « Campus », 1999.

–, *Le Comique*, GF-Flammarion, « Corpus », 2003.

*Théâtre : le retour du texte ?*, *Littérature*, n° 138, juin 2005 [contributions d'écrivains de théâtre, de praticiens autant que d'universitaires autour de l'une des voies explorées par le théâtre contemporain].

Thirouin, Laurent, *L'Aveuglement salutaire. Le réquisitoire contre le théâtre dans la France classique*, Honoré Champion, 1997 [analyse serrée des argumentaires et des enjeux à la fois moraux, esthétiques et anthropologiques de la querelle de la moralité du théâtre].

## PRATIQUES DU THÉÂTRE

Brecht, Bertolt, *Écrits sur le théâtre*, Gallimard, « Bibliothèque de la Pléiade », 2000 [voir texte XIII].

Brook, Peter, *L'Espace vide*, Seuil, 1977.

–, *Points de suspension*, Seuil, 1992 [deux recueils de brefs essais, souvent consacrés à l'analyse des mises en scène de P. Brook].

Jouvet, Louis, *Le Comédien désincarné*, Flammarion, 1954 [réflexions sur le métier d'acteur].

–, *Molière et la comédie classique*, Gallimard, 1965.

–, *Tragédie classique et théâtre du XIX^e^ siècle*, Gallimard, 1968 [comme le précédent, notes issues de cours donnés au Conservatoire entre 1939 et 1940. Voir texte XXVIII].

*Le Mémoire de Mahelot*, éd. P. Pasquier, Honoré Champion, 2005 [répertoire des décors et accessoires utilisés au théâtre de l'hôtel de Bourgogne depuis les années 1630 jusqu'aux années 1680].

Vitez, Antoine, *Le Théâtre des idées*, anthologie proposée par D. Sallenave et G. Banu, Gallimard, « Le Messager », 1991 [voir texte XXIX].

# REMERCIEMENTS

Tous mes remerciements vont à Claude Bourqui, qui a choisi et traduit le scénario de *commedia dell'arte* figurant dans l'anthologie, ainsi qu'à Luc Boucris, Gérard Lieber et Florence Naugrette pour leurs conseils avisés ; merci enfin à Marc Escola pour son indéfectible soutien.

GF Flammarion

14/04/189143-IV-2014 – Impr. MAURY Imprimeur, 45330 Malesherbes.
N° d'édition L.01EHPNFG3077.C003 – Juin 2007 – Printed in France.